JN084624

法と言語

法言語学へのいざない

橋内 武・堀田秀吾 編著

改訂版

くろしお出版

はしがき

始まり始まり。法言語学の世界にようこそ。ここは法と言語の出会いのひろば。扉を開ければ，新しい学際的分野が眼の前に拡がるのである。

「法と言語」または「法言語学」と称される分野は，欧米で1960年代末に成立したが，90年代には急速に発展した。国際法言語学者協会が誕生し，学術雑誌や研究書が次々に刊行されるようになった。当分野の草分け的存在であるMalcolm Coulthard, John Gibbons, Roger Shuyなどの著作は知れわたっている。近年では英文の入門書・概説書やハンドブックも出版され，法言語学は成熟しつつある。この学問は，心理言語学や社会言語学と同じく，応用言語学の一分野である。

日本では，林大・碧海純一編『法と日本語』に代表されるように，一般市民の法と言語への関心は，法令用語と判決文に限られていた。ところが，21世紀に入って司法制度改革が進んだこともあり，幅広い関心が高まった。日弁連のプロジェクトチームによって「法律用語の日常語化に関するプロジェクト」が行われる一方で，法廷通訳の言語使用や商標の類否に関する研究も進んだ。2009年5月には裁判員制度施行を前にして，法と言語学会(JALL)が発足した。本書はそういう若々しい分野への入門書として企てられた。この度，2012年刊『法と言語—法言語学へのいざない』の初版を改訂して，再び世に送り出す。

想定する主な読者は，言語学または法学を学び始めた大学生(学部生)である。全14章としたのは，15回(2単位)の授業科目の教科書として使われることを前提にしている。しかしながら，法言語学の対象と方法を概観しようとする大学院生，司法過程の研究に言語学の方法を援用しようとする研究者，「法と言語」という学際的分野に関心のある法律実務家，そして法教育を担う教育関係者にも参考になるだろう。総じて，「法と言語に関心のある市民のために」である。

本書は目次にあるとおり3部構成で，序章・終章を挟んだ本編14章と「学習室」15室からなる。

第1部「法言語へのいざない」では，法律のことばや裁判のことばを取り上げる。これまで法律も裁判も難解な専門語・業界語で占められてきたが，市民にわかりやすい法律用語や裁判用語とはどのようなものであるかが示される。次いで，日本国憲法の言語的特徴が解き明かされる。司法改革の進展によって始まった裁判員裁判に関しては，①職業的裁判官と素人裁判員との間でのコミュニケーションがどのように行われるか，②司法通訳における言語使用は正確かつ公平なものであるか，という興味深い論題が扱われる。

第2部「法言語学の課題」は，本書の中核をなす。ここでは，実際の訴訟において争いとなる言語上の問題に焦点を当てる。①ことばの犯罪(特殊詐欺，偽証，名誉毀損)，②ことばの証拠(筆跡鑑定・話者同定と剽窃，商標の類否)，③ことばの誤解(意味内容の解釈をめぐる争い)，④ことばによる誤解(目撃証言における記憶のゆれ)である。

第3部「法と言語と社会」では，より広い視野の中で法と言語の問題を捉える。例えば，言語権と言語法・言語政策，法言語教育である。最後に「法言語学の成立と展開」という題目のもとに，法と言語研究の流れを顧みて，この学問の現在を位置づけ，将来を展望する。—このように本編は概説書らしく盛り沢山の内容を含む。

以上の諸章とは別に，改訂版では「学習室」を15室用意した。その結果，法と言語に関する様々な基礎知識が得られることになった。①語学の達人と言語学者，②ことばの形式・意味・機能/レジスター，③ハンセン病関連法令における病名の変遷，④裁判と方言(地域語)，⑤法令用語と法令文の市民化，⑥法廷通訳人の資格・研修制度，⑦裁判官・検察官・弁護士，⑧ヘイトスピーチの蔓延と解消法，⑨製品の表示と注意書き，⑩言語学鑑定—コミュニケーションの証拠，⑪黙秘権，⑫子どもの目撃証言，⑬先住民族の言語権，⑭日本語教育推進法とその問題点，⑮日本手話と手話言語条例・法である。このうち，③⑤⑧⑨⑫⑬⑭⑮の8室は改訂版で増設したものである。休み時間にこれらの「学習室」に立ち寄り，各章の関連事項について自習してみよう。

では，本書はどのように読むべきであろうか。3つの方法を提案したい。

第一に，「法と言語」または「法言語学」の教科書として，シラバスで取り上げられる内容に該当する章を予習・復習したい。復習の折には，章末の課題を解いたり，代表的な関連文献に目を通すとよいだろう。
第二に，「応用言語学」や「社会言語学」などの併用読本として，シラバスが本書のような構成で展開しなくとも，関連図書として併読するに値する。その他の類似の講義や演習においても，課題図書に指定し得るだろう。
第三に，「法と言語」の要点を知るために，この分野の基本事項や考え方を気軽に入手したい向きにも役立つ。章や節の見出し，キーワード，リード文は，要点を把握する上で必読である。「学習室」は豆知識を得るのに格好な小部屋である。しかしながら，「法と言語」や「法言語学」のすべてを書き込んだわけではないので，各章末に掲げた推薦図書も読んで，この分野の学際的な見方を膨らましていただきたい。本書はこの道の出発点であり，行先を示す道標である。

本書の企画は，法と言語学会が誕生した2009年直後から始まっていた。というのも，この分野を広く社会に知ってもらうためには，学術論文や研究書の形だけでなく，入門書・概説書の類が不可欠であると思われたからである。そこで，理事の一人である橋内が早々と出版企画を練った。初版に引き続き堀田秀吾氏が編集の仕事を助けてくれた。2010年12月に開かれた法と言語学会第2回大会の基調講演において，橋内が本書の構想「法と言語―法言語学への誘い」を明らかにした。
共著者には，法言語学や司法通訳の研究を進めてきた国内の研究者を中心に，法学者・実務家にも加わっていただいた。執筆者のうち，大河原眞美氏・首藤佐智子氏・堀田秀吾氏・Richard Powell氏の4氏は，第一線の法言語学者であり，水野真木子氏と中村幸子氏は司法通訳の先進的研究者である。五所万実氏は新進の商標言語学者，中村秩祥子氏は振り込め詐欺の分析に長けた語用論学者，札埜和男氏は国語(科)教育に携わる法言語教育学者である。藤田政博氏は法学と心理学の双方に通じている。法学界からは，渡辺修氏が加わり，刑事訴訟(黙秘権)に関するコラムを担当した。さらに，海外の法言語学者にも声をかけたところ，オーストラリアはメルボルンに在住のJohn Gibbons氏と中根育子氏から玉稿が寄せられた。改訂版で開設した新たな「学習室」には，寺井悠人氏，仲 真紀子氏，杉本篤史氏，岡本能里子氏，森 壮也氏の5氏が執筆陣に加わってくださった。以上，本書の企画に賛同し，協力してくださった共編者・共著者全員を紹介し，御礼を申し上げる。

編著者の橋内は，談話分析・テクスト言語学や社会言語学の法への応用という観点から，そしてハンセン病問題とヘイトスピーチへの社会的関心から，「法と言語」に目を向けている。なお，本稿の表現と文字・表記の選択については，執筆者諸氏の専門性に鑑み，各自にお任せすることにした。

版元のくろしお出版は，法と言語（または法言語学）という若い学問に理解を示して，本書の出版を快諾してくださった。特に，初版では斎藤章明氏に，この第二版（改訂版）では池上達昭氏に編集の労をおかけした。謹んで謝意を表すものである。

2023 年 9 月 1 日（関東大震災百周年の日）
編著者を代表して　橋内 武

法律は圧倒的に言語による制度体系である。－ Gibbons（2003）

目　次

第1部　法言語へのいざない

第3部　法と言語と社会

序章
法と言語を学ぶ前に

橋内 武

1 はじめに

「法はことばで書かれ，裁判はことばで争われる。」──この当たり前の現実を正面から受け止めて，探究するところに「法と言語」または「法言語学」の研究が始まる。この分野は現代の言語学と法学の間に成り立つ学際的言語学である。「法言語学」（forensic linguistics）は法令の言語と司法過程（主に裁判）の言語の言語学的研究を行うが，「法と言語」（language and the law）の研究はより広い文脈の中で法と言語の関係を明らかにしようとする。この両方を合わせて，仮に「法の言語学」と呼ぶことにしよう。

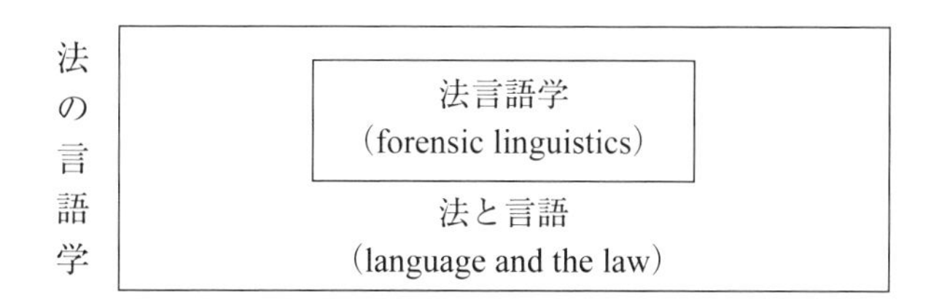

図1 「法言語学」と「法と言語」の関係

2 基礎学としての言語学

法の言語学を支える基礎学は，まずは言語学である。では，言語学とはそもそもどのような学問であろうか。言語学の性格と下位分野を要説する。

言語学は言語の科学である。その目的は人類の言語一般に通じる法則を探り出すとともに，日本語とか英語といった個々の言語のしくみとはたらきを記述・説明することにある。言語の科学であるから，個人的な印象批評は許されず，言語データ（言語事実）によって仮説が検証されなければならない。

言語は音声や文字などによって伝えられる。だから，言語音そのものを研究する「音声学」と文字を研究する「文字論」は独自の発達を遂げてきた。一般の読者は普通，文法よりも語彙（ある観点から捉えた語の集合）に興味を示すが，「文法論」も「語彙論」も言語学上一定の役割を果たしている。

言語研究を言語の単位の小さいものから大きなものへと進めるとなれば，伝統的に「音韻論」「形態論」「統語論」の3つの分野が確立している。

音韻論 ― 個々の言語において区別される音のしくみを明らかにする。
形態論 ― 語のしくみを解き明かすもの，語の構造と語形成を扱う。
統語論 ― 文のしくみとはたらきを明らかにするもの，文法の中核をなす。

音韻 ＜ 語 ＜ 文 ＜ 談話［文章］

図2　言語の単位

これらに加えて，「意味論」(言内の意味または表意を研究する分野)と「語用論」(言外の意味または文脈的意味・推意を研究する分野)が確立している。近年では，文よりも大きな単位である談話(またはテキスト)の構造と機能を研究する広義の「談話分析」(会話分析・コミュニケーションの民族誌・インターアクションの社会言語学など)も盛んである。「文体論」(言語表現の類型的・個人的特徴を明らかにする)は，談話分析と紙一重である。

なお，言語学においては，ことばの形式と機能と意味がはっきりと区別される(学習室②を参照)。「一般言語学」と「個別言語学」，「共時的言語学」と「通時的言語学」(歴史言語学)，「理論言語学」と「応用言語学」の別についての解説は，学習室①に譲る。法言語学は応用言語学の一分野である。

その他，言語学には次の5分野がある。初めの3つは通言語的研究である。

言語類型論――言語構造の特徴をもとに世界の言語を分類する研究
比較言語学――諸言語の比較により，言語間の親族関係を証明する研究
対照言語学――親族関係のない言語の間で行われる共時的対照研究
言語地理学・方言地理学――方言地図をもとに言語の史的変化を推論する研究
コーパス言語学――言語データの集積であるコーパスを活用した言語研究

以上述べた言語学の諸分野が，法の言語や裁判の言語の分析に利用し得る。

ところで，言語といっても，次のように様々な言語とその変種がある。

① 「人類の言語」と「動物のことば」――前者が言語学の研究対象。
② 「生きた言語」と「滅んだ言語」―― 21世紀初頭において，少数言語が世界の言語の中で大多数を占め，その多くが絶滅の危機に瀕している。

③「無文字言語」と「文字言語」——前者が大多数で，後者が少数である。
④「音声言語」と「書記言語」——話しことばと書きことばの別である。
⑤「共通語」と「地域語・方言」——全国で通用する言語と地域で使われる言語。なお，方言(言語変種)には，地域方言と社会方言がある。
⑥「母語」と「第2言語」と「外国語」——母語は第1に身につけた言語をいう。第2言語は国内公用語の1つとして学習し，日常生活で使われる。他方，外国語は国内公用語ではなく，教科として学ぶ言語である。

言語学を学ぶには，言語学入門(6ページ参照)を読み，専門用語は言語学辞典で調べることである。言語研究は，課題設定・言語データ収集・分析・考察という過程を踏み，口頭発表・論文執筆で研究成果を報告する。

3 基礎学としての法学

法の言語学のもう1つの基礎学は法学である。法学の研究対象は，法(法律)と裁判(訴訟)である。以下Aで法律，Bで裁判を取り上げる。

A．不文法(判例法・慣習法)はさておき，成文法には4つの分類法がある。

①「公法」(憲法・行政法・刑法・訴訟法など)と「私法」(民法・商法など)と「公私混合法」(労働法・社会保障法・経済法)の別がある。
②「一般法」と「特別法」の別は，例えば，民法に対して商法・借地借家法，刑法・刑事訴訟法に対して少年法である。後者は前者に優先する。
③「実体法」と「手続法」 前者は権利・義務の所在を定める法律(例，民法と刑法)であり，後者は実体法によって権利が確認された権利の強制的実現に関する規則を定めた法律(例、民事訴訟法と刑事訴訟法)である。
④「組織法」と「行為法」 機関の組織を定めたものが組織法である。例えば，国会の組織を定めた法律が国会法である。それに対して，公職選挙法は，国会議員の選挙の手続きや選挙違反などの行為を定める点で，行為法である。同様に，裁判所法は組織法，刑法と民法は行為法である。
⑤「国内法」と「国際法」 以上①から④までの法はその効力が国内にしか及ばないので，国内法に分類される。他方，「国際法」は国家間の関係を規定する法である。別称「国際公法」。なお，「国際私法」は国際結婚や貿易取引などの渉外私法事件に関する準拠法を定める。

ところで，法学における議論では，何が問題になるのであろうか。第1には，法が抽象的であるため，**法解釈**が必要になる。法解釈は，条文の文法的意味を確定するところから始まる。第2には，裁判においては，**事実認定**によって法が適用される。だが，事実は立証されないと，認定されない。

法学の中心をなすのが，「法解釈学」である。これは実定法である憲法・民法・刑法などの条文を解釈するのが目的である。これにはあるべき**当為**(Sollen)への価値判断を伴うので，厳密な意味では科学と言い難い。法解釈学の中には，公法学・民事法学・社会法学・経済法学・国際私法学・国際法学が含まれる。それに対して，「法社会学」は社会の中の法をあるがままの**存在**(Sein)として法則的に捉えようとする点で，科学といえるだろう。

すべての法律を貫いて，法に対する見方・考え方を提供するのが「基礎法学」である。それには，法哲学・法社会学・法心理学や法史学(法制史)・比較法学が含まれる。これらが基礎法学として一定の地位を確立しているように，今後は法言語学も基礎法学の一領域をして認知されるべきであろう。

法には段階がある。国内法においては，「憲法」(国の最高法規)が土台にあり，これを踏まえて「法律」が国会で制定され，「規則」と「政令」(内閣)と「条例」(地方公共団体)は法律に従って定められる。そして，「省令」は政令に基づいて定められる。下位の法は上位の法に反してはならない。

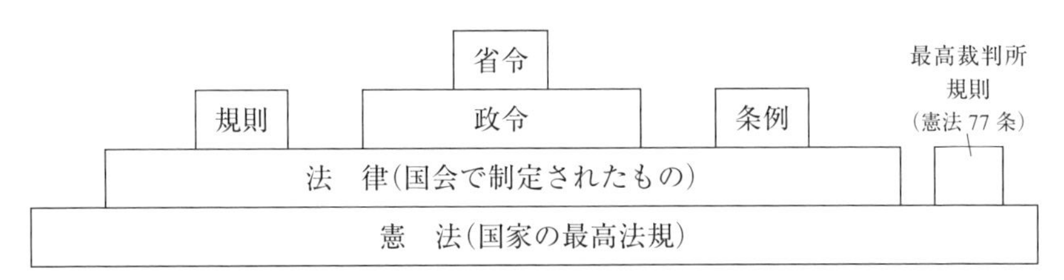

図3　法の段階

B．裁判(訴訟)

法学の第2の研究対象は，司法過程（主に裁判）である。裁判は裁判所への訴えによって行われるが，それには刑事裁判と民事裁判(広義には，行政裁判を含む)がある。裁判とは，事件を解決するために，裁判官が法に基づいて当事者を裁くものである。裁判所には，下級裁判所(簡易裁判所・家庭裁判所・地方裁判所・高等裁判所)と最高裁判所がある。下級裁判所での判決に不服の場合はより上の裁判所に3回まで上訴し得る。これを**三審制度**という。なお，2009年5月から**裁判員制度**が実施され，国民の中から選任された裁判員が裁判官とともに刑事裁判の審理(公判・評議・評決・判決)に係わることになった。法学を学ぶ上では，①「六法」(有斐閣，三省堂，岩波書店)と②法学用語辞典と③リーガル・リサーチ・ハンドブックが不可欠なツールである。日頃から裁判を傍聴したり，判例集を読んだりして，リーガルマインドを養いたい。

4 学際的・実用の学としての法言語学

学際的言語学は，言語学と隣接科学の境界に成立する。例えば，心理言語学は言語学と心理学の間に，社会言語学は言語学と社会学の間に成り立つ。

① 「心理言語学」は，ことばと記憶・心的辞書・文章の理解・文章の産出・非言語の理解と産出・言語獲得・言語と思考などについて研究する。
② 「社会言語学」は，言語と社会の諸問題(言語の変異，言語と社会的変種，言語行動，言語意識，言語接触，多言語社会，言語政策など)を扱う。

では，「法言語学」の研究対象と研究方法は何か。主に法(法令)の言語と司法過程(主に裁判)の言語を対象とし，それらを言語学の方法で実証的に分析・考察するものである。それゆえ，法解釈学とも法哲学とも明らかに異なる学問分野である。具体的には，第1部～第3部の諸章で取り上げる。

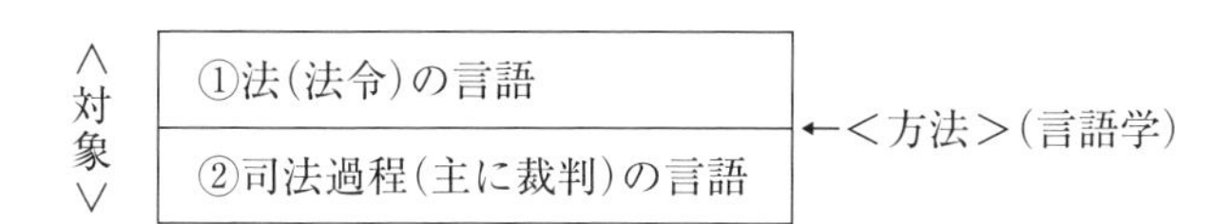

図4 法言語学の対象と方法

「法と言語」の研究は言語権，言語法，法務翻訳，法言語教育等に目を向ける。総じて「法の言語学」は実用の学であり，法の世界で活用されている。

① 法律文書や警察・裁判の言語を言語学の観点から分析・考察する。
② 司法通訳制度を改善して，通訳の質を向上させるように提言を行う。
③ 司法過程において被る言語的不利益を軽減するために支援する。
④ 談話・文章を含む言語に関する専門知識に基づき，言語鑑定を行う。
⑤ 法律文書の作成や司法通訳翻訳においてわかりやすい表現を助言する。

以上5点は国際応用言語学会(AILA)法言語学学術委員会による。なお，1992年に国際法言語学者協会が設立された。

「法の言語学」はまだ若く，今後の成長が大いに期待される。法の言語と裁判の言語の分析に留まらず，法と言語に関する諸問題の解決に役立てるのである。では，これからの学びが読者の糧になることを願って序章を開く。

■ 課題 ■

1. 次の用語を説明しなさい。

　A．表意と推意　B．刑事訴訟と民事訴訟

2. 法言語学の学際的性格と実用的性格について簡潔に述べなさい。

さらに学びたい人のために

〈言語学〉

■ 大津由紀雄編著(2009)『はじめて学ぶ言語学』ミネルヴァ書房.
　☞全 17 章，各論をそれぞれの分野の専門家が執筆。読み応えのある内容。

■ 庵功雄(2012)『新しい日本語学入門　第 2 版』スリーエーネットワーク.
　☞日本語の文法を中心に日本語学の諸分野を丁寧に解説。

■ 井上史雄・田邉和子編(2022)『社会言語学の枠組み』くろしお出版
　☞変異理論と談話研究という 2 つの枠組みに基づく社会言語学入門書。

■ 小池生夫他編(2003)『応用言語学事典』研究社.
　☞応用言語学の本格的用語辞典。だが，法言語学への言及はない。

〈法学〉

■ 田中成明(2023)『法学入門　第 3 版』有斐閣.
　☞法システムの全体像を示す。

■ 緒方桂子・豊島明子・長谷河亜希子編（2017）『日本の法』日本評論社.
　☞九つの法分野を解説し，司法制度と法制史にも言及する法学入門である。

■ 金子宏・新堂幸司・平井宣雄(2008)『法律学小辞典 第 4 版』有斐閣.
　☞ 8261 の項目を含む網羅的な法学辞典。執筆者 195 人を動員して制作。

■ いしかわまりこ・藤井康子・村井のり子(2016)『リーガル・リサーチ　第 5 版』日本評論社　☞法情報の定番ハンドブック。

学習室① 語学の達人と言語学者

1. 演奏家と音楽学者の喩え

英語ではことばに通じている人のことを 'linguist' という。しかし，この語には2つの語義があり，曖昧である。一つには「語学の達人」，もう一つは「言語学者」を指す。日本の一般読者も，言語学者を語学の達人と混同しがちである。そこで，2つの基本用語について定義づけ，説明しておこう。

「語学の達人」と「言語学者」の関係は，「演奏家」と「音楽学者」の関係に似ている。演奏家とはある楽器(例えば，ピアノ，バイオリン，フルートなど)を奏でる者であるのに対して，音楽学者は音楽理論や音楽史の研究者であって，器楽演奏に長けているかどうかは問われない。つまり，前者はいかに楽器を見事に奏でるかという演奏力を高めるように日々励むのに対して，後者の仕事は何よりも音楽芸術そのものを研究することにある。なお，声楽家は身体を楽器にして奏でる人だ。

2. 語学の達人

「語学の達人」とは，複数の外国語をうまく使える人('polyglot')のことをいう。外国語が流暢であるということ自体に価値があり，その能力ゆえに語学に苦手な者からは羨ましがられ，重宝がられる。しかし，ヨーロッパ諸国では，5ヵ国語(例えば，英語，ドイツ語，フランス語，スペイン語，イタリア語)が使える職業人はごく普通に見かける。EU では，2023 年現在 24 の公用語があり，多言語通訳や多言語翻訳の集団は，まさに「語学の達人」といえるだろう。語学の達人とは，定義上多言語の運用能力に富む人であるが，言語学の研究者ではない。

3. 言語学者と言語学

他方，「言語学者」とは，言語を科学的に研究する人のことをいう。その場合，語学力に長けていることに越したことはないが，その力が必要不可欠ではない。だからこそ，音楽学者と演奏家に喩えられるのである。

言語学者は人類の言語を記述・説明しようとする人である。ここで一括りに「言語」と言っても，様々な言語がある。通常，人工言語ではなく自然言語を指す。それには，21 世紀現在の地球上で使われている「生きた言語」だけでなく，もはや話者が一人としていない「消滅した言語」も含まれる。現在世界には 7,097 の言語が使われている(Ethnologue 21st edition, 2017)というが，その大多数が消滅の「危機にある言語」(endangered languages)であるから，言語学者に与えられた課題は甚大である。アイヌ語や琉球諸語が該当する。

ところで，言語学は他の学問と同じように専門分化が進んでいる。それゆえ，研究の対象となる言語ごとに，日本語学・英語学・ドイツ語学・フランス語学・中国語学・朝鮮語学などが確立していて，総じて「個別言語学」と称される。他方，人類の言語一般を説明しようとすることで，「一般言語学」も存在する。言語横断的なアプローチを採れば，「言語類型論」「比較言語学」「対照言語学」という分野も眼前に拡がる。言語学の関連分野に文献学・詩学・記号学がある。

同時代の言語の構造（音韻・文法・語彙・意味・談話など）を記述・説明しようとする「共時的言語学」に対して，言語の歴史的変化に注目すれば「通時的言語学」が成立する。日本語史・英語史などの研究は後者に属す。

4．応用言語学としての法言語学

言語学には，「理論言語学・記述言語学」と「応用言語学」の別がある。前者は人間の言語を説明・記述することを目指すのに対して，後者の定義は一枚岩ではなく，多様な立場が拮抗している。代表的な捉え方には，次の５つがある。

⑴　言語学を言語教育（特に，外国語または異言語の教育）に応用するもの
⑵　言語理論を言語使用の実際に適用して，実証的研究を進めるもの
⑶　言語と人間に関わる諸現象を学際的に研究するもの（学際的言語学）
⑷　言語問題の本質に探りを入れて，その改善・解決を図るもの
⑸　言語専門職をそれに必要な言語知識と言語技能の観点から研究するもの

このうち，「法と言語の研究」または「法言語学」は，言語学と法学の中間領域に成立するため，⑶の学際的言語学に位置づけられる。その中には，法令のことば，裁判のことば，ことばの犯罪，ことばの証拠などの研究課題が含まれる。司法通訳・翻訳の言語使用や法言語教育は，法言語学の応用的課題であろう。この分野を志す者は，その研究対象と方法ゆえに，言語学の訓練を十分に受けた上で，法学の基礎知識を併せ持つことが望ましい。法学徒の場合はその逆である。改めて，「序章　法と言語を学ぶ前に」を読み返してみよう。

（橋内 武）

第1部　法言語へのいざない

「法律のことば」と「裁判のことば」は，素人には難解とされるが，どのような特徴を帯びているだろうか。
「第1部　法言語へのいざない」では，この問いに答えることに力点が置かれる。「日本国憲法のことば」「裁判員裁判のことば」「司法通訳」については，独自の章を立てて，その特質を明らかにしてみたい。

第1章

法律のことば

大河原眞美

● Keywords ●

法律用語，造語，借用語，古語，翻訳語，同音異義語，異音同義語，異音異義語，多義語，類義語，縄張語

本章のねらい

法律用語が難しいのは言うまでもないことである。本章では，この専門用語がなぜ難しいかについて，市民の目線から分類して考えてみよう。

1 日常語からの乖離（かいり）

次のやりとりは，アメリカのある弁護士事務所での一場面である。ジョーンズさんは，自分が関わっている事件について，正式な手続きに則って相手方の弁護士に呼ばれて証言をすることになった。

Q: Mrs. Jones, is your appearance this morning pursuant to a deposition notice which I sent your attorney?

A: No, this is how I dress when I go to work.

(Tiersma 1999: 112)

Q(弁護士)　：ジョーンズさん，今朝のあなたの appearance は，私があなたの弁護士に送付した通知書に従ったのですよね。

A(ジョーンズ)：いいえ，これは，私が仕事に行く時の appearance です。

(大河原眞美訳)

一見成立しているように見えるが，実は成立していないやりとりである。その原因は，appearance の解釈の違いである。英語の appearance は，日常語では「服装などの外見」を指すが，司法の場面で使われれば「出頭」や「出廷」など「出向くこと」という意味になる。ジョーンズさんは，この言い回しがわからず，事務所への出頭について尋ねられた質問を，自分の服装について

尋ねられたものと誤解してしまったのである。このように，法律用語の意味が日常語と異なるケースは，英語だけでなく日本語にもある。

2 法律用語

日常から乖離した法律用語を解説する前に，法律用語の書き取りテストをしてみよう。

① コウソジジツ

② ハンコウノヨクアツ

コウソジジツと聞いて「控訴事実」，ハンコウノヨクアツは「犯行の抑圧」と書いた人が多いのではないだろうか。正解は，①が「公訴事実」で，②が「反抗の抑圧」である（①については本章 2.5 節「同音異義語」で，②については 2.1 節「造語」で解説する）。法律用語は，このように必ずしも難解な漢字を使っているわけではないが，意外な漢字の組み合わせの用語が多い。この意外な組み合わせ方は，司法領域の思考過程に基づいているため，日常語から見ると特異である。本章では，この特異な当てはめ方を，日常語の分類方法を応用して概観する。分類項目は，造語，借用語，古語，翻訳語，同音異義語，異音同義語，異音異義語，多義語，類義語，縄張語の 10 項目である。造語については，さらに，派生語，複合語，転換語，短縮語に分けて解説する。

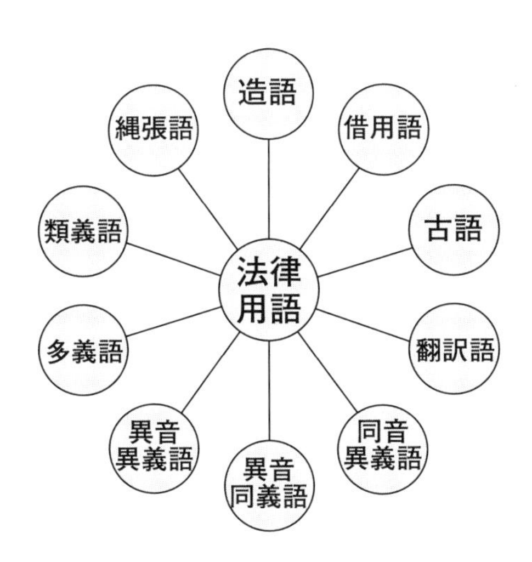

2.1　造語

⑴ 派生語(語基＋接辞)「語基＋能力」「語基＋刑」

①「＋能力」

刑事事件の報道でよく聞く用語に**責任能力**がある。犯行時の精神状態が，自分の行動に責任が負えるようなものであるとされれば，責任能力有りで，処罰の対象となる。「＋能力」という派生語は，法律上の資格や能力のような意味である。**行為能力**(権利・義務を持つための行為を，1人で行うことができる資格)，**権利能力**(権利や義務を持つことのできる資格)，**意思能力**(物事を判断し，それに基づいて意思決定できる能力)，**証拠能力**(法廷で取調べることができる証拠としての適格性)などがある。

日常語にも「＋力」という派生語はあり，「仕事力」「法律力」などのようによく使われる。では，「仕事力」が「ない」ことはどう表すかというと，単に「仕事力がない」であって，否定を表す派生語はない。日常語では，「ある」ことが前提なので，力がないことを一口で言い表す用語は必要ない。

ところが，司法領域では，能力が「ない」ことは「ある」ことと同じくらい重要である。例えば，責任能力があれば処罰の対象になり，なければ処罰の対象にならない。つまり，責任能力の有無が裁判の争点となる。そこで，弁護人側も互角に戦うために，「責任能力がない」ことを一言で表す用語が必要になる。しかし，一語で表すのは難しい。「気力がない」ことを「無気力」というのと同様に「責任能力」に「無」をつけると「無責任能力」になり，「無責任である能力」と誤解されてしまう。そこで司法領域では，「責任」と「能力」の間に「無」を入れて，責任無能力という用語を作っているのである。

②「＋刑」

次に刑罰の派生語について見てみる。**自由刑**とはどんな刑だろうか？　自由な行動が許される軽めの刑？　それとも自由にさせることで犯罪者を苦しませる刑？……いろいろ考えられる。正しくは，「身体の自由を剥奪する刑」のことである。つまり，**懲役**(刑務所に拘置されて刑務作業も強制される刑)，**禁錮**(刑務所に拘置されるが刑務作業はない刑)，**拘留**(刑務所に1日以上30日未満拘置される刑)の刑をさし，「自由がなくなる刑」である。

次に，**生命刑**について考えてみよう。生命だけは守られる刑？ 死刑にはならないということ？……そうではない。生命刑とは生命を奪う刑で，死刑のことを指す。**財産刑**も同様で，財産を奪う刑，つまり罰金などの刑である。「＋刑」は，刑罰なので，「○○を奪う」という発想から作られている。「奪われるもの」「なくなるもの」に刑をつけて派生させているのである。

「ある」ことでなく「ない」ことを前提とした用法は，「認知症」のような日常語にもある。認知症は「認知に障害がある症状」のことであり，以前は「痴呆」という用語が使われていた。高齢者に対して侮辱的であるということで，2004年の厚労省の用語検討委員会で言い換えが求められた行政用語である。「認知言語学」や「認知心理学」という生体の認知を研究領域としている分野も既にあり不適切という批判も多いが，「＋刑」も混乱を招く法律の派生語である。

⑵ 複合語（名詞の組み合わせ）

派生語のように用語が増えていくのではなく，語基と語基を複合させている用語がある。それらの語基が日常語であると，日常語で理解してわかったように錯覚してしまうが，実は，日常語にない法律概念が入っている。

①「期待＋可能性」

期待可能性は，普通の人がきちんとした行動をとれるという**期待**が**可能**なときに法律に反することをすると罪に問えるという場面で使われる用語である。例えば，オウム真理教による地下鉄サリン事件の場合，実行犯の信者は教祖のマインド・コントロールにかかっていたので，適切な行動をとることの期待ができないとして，期待可能性に欠けるから殺人の責任を問えなくなると，無罪を主張するのである。

②「反抗＋の＋抑圧」

複合語は，2つ以上の単語が結びついて別の1語を形成するものであるが，冒頭の書き取りテストで紹介した**反抗の抑圧**は，「語基＋語基」ではなく「語基＋の＋語基」で1語として使用されている例である。

反抗の抑圧は，強盗事件の起訴状の公訴事実で必ず使われる用語である。強盗は，相手の暴行や脅迫を行って他人のものを奪うことなので，危害や脅迫を加えないで盗む窃盗より凶悪な犯罪である。反抗の抑圧は，加害者が被害者を物理的あるいは精神的に抵抗できないような状態にすることを意味する。法廷では，「反抗を抑圧するに足りる程度の暴行・脅迫があったのか」などと使われ，認められれば強盗罪が成立する。強盗罪が成立すれば5年以上の有期懲役になり，減軽されない限り執行猶予がつかなくなってしまう。

窃盗罪だけであれば，10年以下の懲役か50万円以下の罰金で，刑務所で拘置されない可能性も十分ある。

反抗の抑圧という用語が特殊なのは，「誰が」「何をする」のかがわかりにくいことである。「反抗」は，「逆らうこと，はむかうこと」を意味し，「従うべきとされてきたものに逆らう」というイメージがある。「親に反抗する」などである。よって，一般人の思考過程では，被害者が加害者に襲われて抵抗することを「反抗」と呼ぶのは無理がある。また，「抑圧」は，「行動・欲望などを無理に抑えつけること」であり，「言論の自由を抑圧する」というように，「本来認められるべきものを無理に抑えこむ」というイメージがある。

「逆らう」（＝反抗）と「本来認められるべきものを抑えこむ」（＝抑圧）は，本来結びつかない語のため，この連語には違和感があり，「反抗の抑圧」でなく「抵抗を抑え込むこと」とすべきであろう。しかし，「反抗の抑圧」には被害者の抵抗を無理矢理抑えつける場合だけでなく，被害者が怖くて抵抗しようという気がおきず結果として抵抗行動がなかった場合も含むので，法律家の観点からは，日常語の「抵抗を抑え込むこと」では不十分なのである。

⑶ 複合語（名詞と活用語の組み合わせ）

形容詞や動詞や副詞を複合させた漢語（複合名詞）がある。

① 酒臭（しゅしゅう）……「名詞＋形容詞」

酒臭いことである。「酒臭が強い」というように使う。

② 受傷（じゅしょう）……「動詞＋名詞」

傷を受けることである。「受傷状況」や「凶器が胸部にあたり受傷した」などと使う。

⑷ 複合語（活用語の組み合わせ）

① 焼損（しょうそん）……「動詞＋動詞」

「建造物の一部または全部が焼けて壊れること」で，「建物を焼損させたとは言えない」などと使用する。放火罪で処罰の対象となるのは，建物を焼損させる行為である。

② 公知（こうち）・私知（しち）……「副詞＋動詞」

公知は，公に知られていること。公知に対して，限られた者だけに知られていることは**私知**という。「特許出願前に既に公知となっていた」「裁判官の私知とは，裁判官が訴訟外で知りえた私的な知識」というように使う。

⑸ 転換語

転換語は，品詞の使われ方を転換させてしまった用語である。例えば，

『原告と被告とを離婚する』

これは，離婚事件の判決文である。日常語で表現しようと思うと，「原告と被告とを離婚させる」あるいは「原告と被告とは離婚する」となるであろう。しかし，裁判所の判決で「～とを離婚させる」や「～は離婚する」などといえば，国家は単に「離婚が行われるべき」と宣言したことにとどまり，離婚が「予定」の状態になってしまう。しかも「～とは離婚せよ」などの命令形はふさわしくない。判決を言い渡した瞬間から効力を発生させるには，この一言で「離婚が完結する」というような文にしなければならず，「離婚する」という自動詞に転換させたようである。

⑹ 短縮語

① 婚費(こんぴ)

婚姻費用の略で，婚姻の婚と費用の費を残した語である。就活(就職活動)や婚活(結婚活動)とよく似ている。しかし，法律用語の婚姻と日常語の婚姻は異なる。日常語の婚姻費用は，結納とか嫁入り道具とか結婚するまでにかかる「結婚前」のための費用を指すが，司法界では，結婚してから夫婦が生活していくための「結婚後」の費用のことである。結婚しているのであれば，別居中であっても，妻の生活費などは婚姻費用となる。

② 犯情(はんじょう)と情(じょう)

若者ことばの「あけおめ」は，「あけましておめでとう」の略で，最初の2語だけを取り出している。法律用語において，最初と最後の漢字だけ残している事例に**犯情**がある。犯情は，**犯**行の事**情**のことで，**情**は事情を指す。犯人の気持ちとか，犯行の時の気持ちなどではない。また，「情を知らないは……」は，薄情という意味ではなく，事情を知らないことである。

2.2 借用語

日常語と同じ形式だが，異なる意味で使用されている法律用語である。

善意と悪意

法の世界では，善意とは，ある事実を知らないこと。悪意とは，ある事実を知っていることである。例えば，友人からもらった時計が，実は友人の弟のものだと知らずに使っていたとしよう。法律では，知らなかったということで，善意で過失がないとされ，返さなくてもいいことになる。一方，知っていて使っていたなら悪意とみなされ，友人の弟に返す義務が生じる。

このように，法律用語の善意と悪意は，道徳的な価値判断は含まれない。知っていたか，知らなかったかだけが問題なのである。

2.3　古語

古語について，漢語と和語の両方から類例を紹介する。

⑴ 漢語

① 宥恕(ゆうじょ)

寛大な心で相手を許すという意味である。「甲は，乙の本事件行為を**宥恕**し，乙の刑事処分を望まない」などと和解合意書に使われる。

② 強談威迫(ごうだんいはく)

相手を従わせようとして強引に談判し脅かすことで，暴力団関係の裁判で使われている。

⑵ 和語

① こもごも

共犯の証明をする際には，「かわるがわる」という意味合いで使われる。

② みだりに，ほしいままに

「法的除外理由がなく」や「正当な理由がなく」という意味で，日常語の「むやみやたら」ではない。「覚せい剤をみだりに所持する」と言えば，正当な理由なく覚せい剤を所持していることであり，医師や研究者が正当な治療・研究目的のために覚せい剤を所持することは含まれない。

⑶ 分類語

資料冊子のページ番号を特定したり，事件関係者を他と区別する語である。

① 葉(よう)

ページのこと。「本葉(ほんよう)の写真は，前葉(ぜんよう)の写真を……」

のように使うが「本ページの写真は前ページの写真を……」の意味である。

② **甲乙丙丁**(こうおつへいてい)

中国の陰陽五行説に基づく，順位を表す10の要素(十干(じっかん))のうちの最初の4つだが，法律文書では関係者の役割を示す語である。前述の和解合意書の宥恕条項「甲は，乙の本事件行為を宥恕し，乙の刑事処分を望まない」のように，甲は一方の当事者，乙はもう一方の当事者を表す。また，賃貸借契約では，甲は賃貸人，乙は賃借人，丙は連帯保証人である。連帯保証人が2人いれば，丙が連帯保証人(1)で丁は連帯保証人(2)となる。甲乙の順番が逆での説明になるが，刑事裁判で乙号証とは被告人の供述調書と身上関係の証拠で，甲号証はそれ以外の証拠である。甲号証も乙号証も検察官や警察官が集めたものである。

2.4 翻訳語

西欧の法律用語を直訳したため，誤解を招く法律用語がある。

① **天然果実**(てんねんかじつ)，**法定果実**(ほうていかじつ)，**毒樹の果実論**(どくじゅのかじつろん)

法律用語の**天然果実**には，くだものだけでなく，森林から伐採した材木，乳牛から搾った牛乳，鉱山で採掘した石炭など，自然界(天然)からの産出物すべてが当てはまる。一方，**法定果実**は自然の物ではなく，使用の対価として受ける地代や家賃，利息のことをいう。この特異な法律用語は，くだものだけでなく土壌産物や利益まで含む意味の広いラテン語のfructusを，日本語のくだものの意味しかない**果実**に翻訳したために起きてしまった。

天然果実以外に，**毒樹の果実論**という奇妙な翻訳語がある。毒樹は，拷問などの違法な方法で得た証拠のことで，毒樹(証拠)から実った果実(証拠)も裁判で使ってはいけないということである。毒樹の果実論は，英語の法理論に登場するfruit of the poisonous treeの直訳である。100年前のアメリカの裁判で，裁判官が聖書のマタイ伝の「よい木からよい実ができるが，腐った木からは価値のない実しかできず，実を見て見分けて，腐った木は火の中にくべる」の箇所を引用して，「騙して集めた証拠は，法廷で証拠として通用しない」と言ったことに由来する。

② **合理的な疑い**(ごうりてきなうたがい)

合理的な疑問のことである。何についての疑問かというと，検察官の被告人を有罪とする主張についての疑問である。検察官の主張に少しでも疑問があったら有罪にできないというのは，刑事裁判の原則である。このことばは，英語の reasonable doubt の翻訳である。doubt は double と同語源のラテン語まで遡り，「2 つから 1 つを選ぶ」という意味から「迷う」「疑問に思う」「疑う」という中立的なニュアンスがある。しかし，日本語の「疑い」には犯罪にまつわる意味があるため，法廷で「合理的な疑いがある」と聞くと，検察官の証明ではなく「被告人は犯罪を行った疑いがある」と誤解されるおそれの強い用語である(第 14 章も参照)。

2.5　同音異義語

語の読みは同じであるが，漢字と意味が異なる語である。

① 公訴と控訴

検察官が被告人を裁判所に訴えることを**公訴**と言い，1 審の判決を不服として 2 審を求めることを**控訴**と言う。公訴は，刑事裁判でしか使わないが，控訴は，刑事でも民事でも使う。控訴には「控訴する」のように動詞形があるが，公訴にはないため，「公訴を提起する」のように他の動詞を添える。

② 科料と過料

科料は，刑法に定められた軽い刑罰で，金額は 1,000 円以上 1 万円である。**過料**は，刑罰ではなく行政処分で，額は法律によってまちまちである。同音異義語であるため，「とがりょう」(科料)，「あやまちりょう」(過料)と，湯桶読みにして読み分けている。

③ 減刑と減軽

一般人がよく耳にする**減刑**は，恩赦の一種で，既に刑の言い渡しを受けている者に対して刑が軽くなることである。これに対して，**減軽**は，自首などの法律上の理由，または裁判官の判断により，法律に定められている刑罰より軽くすることで，刑の言い渡しのときに裁判官が言及する。

2.6　異音同義語

一般で使われている用語と意味は同じだが，音が異なる語である。

① 競売(けいばい)

一般には「きょうばい」だが，司法界では「けいばい」と読む。

② **遺言**(いごん)

司法界では「ゆいごん」と読まず，「いごん」と読むのである。法律用語事典では，「いごん」の見出しで引かないと説明がない。

2.7 異音異義語

漢字は同じだが，語の読みが異なり意味も異なる語である。

① **居所**(きょしょ)

日常語では「いどころ」だが，司法界では「きょしょ」と読み，ある程度継続して住む場所のこと。具体的には仮住まいの部屋や仮設住宅などを指す。

② **入会権**(いりあいけん)

日常語では「にゅうかいけん」だが，司法界では「いりあいけん」。「いりあいけん」は，ある地域の住民が一定の山林・原野を共同して使用し，収益する権利のことである。

2.8 多義語

① **器物破損罪(無生物＋生物)**

他人の所有物や所有動物に損壊や傷害することを言うが，物には生き物も含まれる。

② **情状(有利＋不利)**

犯行の動機・被告人の性格・年齢・境遇など，刑を決めるために考慮される具体的な事情のことで，有利な事情だけでなく不利な事情も指す。

③ **遺産(プラスとマイナスの財産)**

人が死亡当時持っていた財産であるが，土地や家屋や預貯金などのプラスの財産の他に借金や住宅ローンなどのマイナスの財産も含む。

2.9 類義語

① **略取**(りゃくしゅ)**と誘拐**(ゆうかい)

略取は，暴行や脅迫によって人を連れ去ること。これに対して，騙したり甘いことばで誘い出して連れ去ることを**誘拐**という。市民にとっては，どちらも「誘拐」と思いがちだが，法廷では連れ去る手段によって区別している。

② **所有と所持**

所有は自分の物であることを意味するが，**所持**は自分の管理下，すなわち，自分が処分できる状態にあることを意味し，必ずしも自分の物とは限らない。例えば，ある人がスーツケースを開けたら，なぜか覚せい剤が入っていたのがわかり，たまたま警察官の職務質問を受け，覚せい剤が発見されてしまった。この場合は，その人は覚せい剤を所有してはいないが，所持していたことになり，処罰の対象になってしまうことがある。

2.10　縄張語

刑事事件と民事事件で定義が異なる語である。

① 自白

刑事事件の自白は，「自分のやった悪いことを自分から述べること」であるが，民事事件の自白は，「自己に不利益な法律関係の基礎となる事実を認めること」(『法律用語辞典』有斐閣)である。具体的には，自分が悪いことをして訴えられていたが，裁判に出ても勝てないからと裁判の呼び出しに応ぜず無断欠席をすると，相手側の主張を全面的に認めたことになり，すなわち，**自白**したとされる。

② 胎児

民法では，「胎児は，相続については，既に生まれたものとみなす。」(民法886条)とあって，母親が最初の子どもを妊娠中に父親が病死した場合，その子が生きて産まれた場合，父親の遺産の2分の1が相続できる。刑法では，母胎にすっぽりと入っている胎児を死なせた場合は堕胎罪で1年間以下の懲役だが，母胎から胎児が一部でも出ているときに胎児を死なせれば殺人罪で，「死刑，又は，無期若しくは5年以上の懲役」(刑法199条)と重い刑になる。

刑法でも民法でも，その基本的な定義としては，「胎児は人間ではない」ということになるが，刑法では，殺人罪を考慮し，胎児の身体の一部が母胎から少しでも出たときをもって人間とみなす。一方，民法では，完全に身体から出たときをもって人間とみなす。刑法と民法で「胎児」の意味がちがうことになるが，それは個々の縄張から出た定義のためである。

3　奇妙な法律用語

法律用語は，規範を安定して施行させるため，ことばを厳格に用いて定義している。そのため，日常語を用いても日常語とは全く異なった意味で使われている。また，法律用語の多くは，日本固有の概念になく西欧の法律用語の概念の輸入によるものが多い。このような場合は，直訳して使うため，「天然果実」のように奇妙なことばが出現してしまう。しかし，その由来を考えると，奇妙なことばが愛嬌のあることばに見えてくるのである。

■ **課題** ■

【基本問題】

1.「居所」の法律用語と日常語の読み方と意味の違いを調べなさい。
2. 法律用語の「緊急避難」の意味について調べて，分類についても考察しなさい。
3. 連帯保証で使われる「各自」の意味について調べて，分類についても考察しなさい。

【発展問題】

1.「未必の故意」と「認識ある過失」ということばの意味について調べたうえ，これらのことばがどういう場面で使われているかを考察しなさい。
2. 起訴状から法律用語の特色を抜き出して，分類しなさい。

さらに学びたい人のために

■ 大河原眞美(2009)『裁判おもしろことば学』大修館書店.
☞言語学者(法律学者でなく)が，言語関係の出版社(法律の出版社でなく)から法律用語についての解説書を出したというのがウリ。

■ 日弁連裁判員制度実施本部法廷用語日常語化プロジェクトチーム編(2008)『やさしく読み解く裁判員のための法廷用語ハンドブック』三省堂.
☞法の素人である裁判員を念頭に置いて，難解な刑事裁判用語を，よくわかる「日常語」で読み解いたものである。法律家・言語学者・ジャーナリストによる共同研究の成果。『裁判員時代の法廷用語』の姉妹編。

■ Mellinkoff, D. (2004). *The language of the law.* Resource Publications.
☞英語の法律用語について言語的な視点から書かれた最初の本。著者は弁護士。

■ Tiersma, P. (1999). *Legal language.* Chicago: The University of Chicago Press.
☞司法界で使用されていることば全般について歴史的背景なども踏まえて，ユーモアを入れながら書いてある本。

学習室② ことばの形式・意味・機能 / レジスター

ことばには形式と意味と機能の三側面があり，これらの３つが相俟ってその立体像が見えてくる。

1．ことばの形式

ことばの形式とは表現の形式そのもののことをいう。

例えば，「トラガコイヲクッタ」という文では，この音連続(または文字連続)自体がことばの形式である。この形式は，「トラガ」と「コイヲクッタ」の２つの部分が主部＋述部の順で並ぶ「構造」をなす。この構造は，「コイヲクッタ」＋「トラガ」のような主従逆転の倒置文ではない。

前半は「トラ」(名詞)＋「ガ」(助詞)という名詞句構造をなし，後半の「コイヲクッタ」は「コイヲ」(名詞句)＋「クッタ」(動詞句)の形式である。「コイヲ」はさらに「コイ」(名詞)＋「ヲ」(助詞)に「クッタ」は，「クッ」(動詞連用形)＋「タ」(助動詞)の形式に分けられる。このような形式は，全体として大箱(文)の中に中箱(句)が，中箱の中に小箱(語)が入る「入れ子構造」をなす。なお，スポーツ記事の見出しなどでは，「トラ，コイを食う」というような省略表現も用いられる。

2．ことばの意味―字義通りの意味と比喩的意味

ことばの意味には，言語表現そのものの表意と場面による文脈的意味・推意がある。

「トラ，コイを食う」の字義通りの表意は，トラという猛獣がコイという淡水魚を餌食にするということである(トラのあとに助詞「が」が省略されている。「食う」は「食べる」よりもくだけた表現である)。

一方，言語表現が比喩的意味を含む場合には，文脈から推移が生じる。スポーツ記事の文脈においてこのような見出しがでていたらば，どのような意味を引き出すか。トラはプロ野球セ・リーグの阪神タイガースを，コイは広島カープを指すから，「(トラ，コイ)を食う」は，「(タイガース，カープ)に勝つ」であると理解できる。このように，比喩的意味は言語使用の領域に依存した推意である。

ことばの意味は，言内の意味と言外の意味に分けることもできる。言内の意味は，文そのものの形式から判断して得られる意味であるのに対して，言外の意味は文に場面・状況が加わった発話から判断される意味である。例えば，元旦の朝トラックの運転手が交通事故に遭い，「新年早々めでたい話だ」と言って自嘲する場合，言内の意味よりも言外の意味のほうが重要である。

3．ことばの機能

ことばは発せられた場面によって，それなりの機能（つまり，はたらき）がある。では，ロマン・ヤコブソン（Roman Jakobson, 1960）によれば，次の６つがあるという。各々の定義と例は以下に示したとおりである。

① 情動的機能―話者の喜怒哀楽を表すもの。例，「あら」「まあ」
② 動能的機能―相手に行動を起こさせるもの。例，「来い」「乾杯」
③ 間接的機能―ある事柄について叙述・説明するもの。例，「本日休業」「一人の生命は地球よりも重い」（最高裁判所）
④ 交話的機能―儀礼的挨拶・雑談などのはたらき。例，「おはよう」「じゃまた」
⑤ メタ言語的機能―ことばをことばで説明するはたらき。例，「証拠能力とは，法廷で証拠として採用し，取調べのできること」（定義づけ）
⑥ 詩的機能―ことばそれ自体を楽しむはたらき。例，「たけやがやけた」（回文），「マスク顔たれそれ知らず声を掛け」（川柳）

以上のうち，③は情報伝達の機能であり，ことばの主な機能と考えられている。２.の冒頭に挙げた例文「トラ，コイを食う」には，このはたらきがある。

4．レジスター

レジスター（register，言語使用域）とは，場面の違いによることばの使われ方（帰納的変種）を指す。レジスターには，３つの側面がある。

① 話題・領域によるもの―日常語・一般語と専門語・業界語・職業語・職場語
② 媒体によるもの―音声言語（話しことば）・書記言語（書きことば）・SNS 言語
③ 話者・筆者の姿勢によるもの―くだけたことばとよそゆきことば

裁判官は，司法の専門語（裁判用語）を使い，書きことばの伝統を踏まえて，形式に則った硬い表現で論告する。例えば，次の判決文（民事裁判）の主文を見ていただきたい。

> 主文
> 1　原告の請求を棄却する。
> 2　訴訟費用は，原告の負担とする。

この中で使われている漢語の「主文」「原告」「棄却」「訴訟費用」は，司法の専門語（裁判用語）であり，市民の日常生活には馴染みが薄いものである。

（橋内 武）

第2章

日本国憲法のことば

堀田秀吾

● Keywords ●

日本国憲法，法助動詞，トピック・コメント構造，マッカーサー，翻訳，受動態，能動態

本章のねらい

国の最高法規である憲法(constitution)は，その国の政治的伝統及び歴史的環境の影響を色濃く反映し，書かれる言語も種々の伝統や時代背景，制定された状況を如実に反映する注)。したがって，憲法に書かれていることばを詳細に分析することによって，その憲法がどのような時代・社会・政治・文化的背景のもとに書かれたのか，どのような人々がどのような思いを持って草案に取り組んだかなどを垣間見ることができるだろう。逆に，そういった状況や要因がどのようにことばに表れているかを探るのも可能である。本節は，そのような試みの代表として，イノウエ(1994)による優れた分析を中心に紹介していく。

1　憲法のことばへのアプローチ

法律を木に喩(たと)えるならば，憲法はその中心となる幹である。憲法はその国の法律を規律する法律でもある。あらゆる法律は憲法に定められた方針に基づいて作られる。日本の憲法は，国が採る主義，国家統治の体制，人権などの諸外国と共通する条項に加えて，訴訟法と呼ばれる分野に関わる条文まで盛り込んでいる点で，他国の憲法とは一線を画していると言われている。

さて，憲法の言語学的分析を行うにあたり，どのようなアプローチがあり得るか考えてみよう。他の言語分析と同様に，まず使用語彙，音のしくみ(音韻論)，語構成(形態論)，句・文の構成(統語論)，談話の流れや構成(談話分析)のような構造分析や，発話行為分析(発話行為は speech act の訳で「言語行為」とも言われる)を含む語用論的分析が挙げられる。また，使用文字，文体(スタイル)，レジスター(言語使用域)，言語変種(社会方言・地域方言)に関わる社会言語学的な分析などが可能である。さらに，「ことば」を軸にして，文化人類学，民俗学，社会学，心理学，教育学，政治学などの隣

接科学の方法を駆使した分析を行うことも可能であろう。憲法の分析には，他の法言語学的分析同様，前提となる法律知識が全く必要ない分析方法が豊富にある。

言語の観点から言えば，①ことばだけを見て行くか，②ことばを窓にしてそこから見える社会・文化・心理的現象を見ていくか，あるいは逆に，③社会・文化・心理的現象がことばにどのように反映されているか，の視点のいずれかに分類できるだろう。本章で見ていくイノウエ(1994)の分析は，3番目の視点に近いものといえる。

2 イノウエ(1994)による日本国憲法の分析

イノウエ・キョウコは，アメリカ在住の研究者で，イノウエ(1994)は法コンテクストにおける言語使用を徹底的に分析した草分け的存在である(ただし，1991年に出版された原著(Inoue 1991)は英語である)。イノウエの分析は，日本国憲法とGHQ(General Headquarter，連合国軍最高司令官総司令部)が作成した日本国憲法の英文草案，及び明治憲法やアメリカ合衆国憲法と比較するものである。アメリカ合衆国憲法と日本国憲法を比較する理由は，日本国憲法が，日本の敗戦後，アメリカ合衆国によってお仕着せ的に制定されたものではないかとされる史的背景があるからである。日本国憲法の草案を作る際に土台となっている合衆国憲法そしてGHQ側が用意してきた日本国憲法の英文草案に，合衆国の思惑がどのように表れているか，そして日本国憲法にどのように影響を与えたかを言語的・社会文化的観点から比較している。その意味で，イノウエの分析は，単なる憲法で使用されている言語の用法の分析から一歩踏み込んだものであり，言語社会学寄りの分析とも言える。また大日本帝国憲法(以下，明治憲法)との比較においては，その成立の時代的背景の類似性，及び国民の権利意識の変遷などについても議論を展開する。

2.1 日本国憲法成立の背景

明治憲法は，江戸幕府が西欧諸国と結んだ不平等条約を改正させるために，日本を西欧諸国と対等な国と認めさせようという目的の下，当時の指導者たちが，当時のヨーロッパで主流であった立憲君主制に基づいて作った日本で最初の近代憲法であった。立憲君主制は，天皇制を中心とした国家を築き上げようとしていた彼らの思惑にも合致していた。一方，日本国憲法は，第2次世界大戦敗戦後，日本をソ連を除く連合国に認められる民主国家にするために，GHQが中心となって起草したものであった。このように，両憲法とも外国に対して日本を立憲国家として認めてもらうために作られたこと，また，どちらの憲法の成立過程にも国民が直接関わっていないことなどの点で類似している。

2.2 法助動詞の分析

日本国憲法は，アメリカ人の指示のもとで新憲法の起草が行われ，GHQ側の起草者と日本側の起草者がいた。GHQ側が作ったものは，英文で書かれていた。以下，このGHQ側が作った憲法の英文草案を，「英文憲法」と呼ぶことにする。それに対し，日本側が作った日本語の憲法を「和文憲法」と呼ぶことにする。イノウエはこれらを比較するにあたり，言語学的側面としては，まず法助動詞の使い方に着目し，そこに見られる表現効力，及びその法助動詞の使い方を手掛かりにそれぞれの側の思惑について分析を展開している。

英語と日本語の憲法草案を法助動詞という側面から比較するにあたって，まずは，法助動詞の意味について簡単にまとめる。英語のwill, shall, may, can, mustのような助動詞は，**法助動詞**と呼ばれる。法助動詞には，根源的用法(root use)と認識的用法(epistemic use)がある。根源的用法というのは，主語が持つ意思，能力，義務，許可などを表す。例えば，You may leave now.という文は，「もうお帰りになっていいですよ。」という「許可」を表す。一方，認識的用法というのは，述べられている事柄の実現可能性を表すものである。言い換えれば，「～である」を「～かもしれない」「～にちがいない」というように断定を避ける言い方である。例えば，It may happen to you again.という文は，「君にまたそれが起こるかもしれない。」と，断定ではなく可能性を表す意味になる。

本節で重要なのは，法助動詞のshallである。したがってまずshallの意味を確認しておく。*Oxford English Dictionary*によれば，法助動詞shallは元来本動詞であった。そしてその時の意味は，「(金を)借りている(owe (money))」であった。それが発展し，「(義務を)負っている」(束縛)という意味になったとされる。「束縛」を与える要因は，神や人間，法律・規則のように他者の意思のようなものが存在する。そして，その意味が弱まってから，主語の意思とは関係ないところで運命的に起こると考えられる事柄についても用いられるようになった。

イノウエは，shall の意味を次の 4 つに分けている。

① I shall go to church on Sunday. のように未来に起こる出来事を述べる「単純な未来」
② You shall go to church on Sunday. のように，聞き手を日曜に教会に行かせるという話し手の決意や誓いを意味する「話し手の誓い」
③ Thous shalt not kill.（汝，殺すなかれ）のように「話し手が強要の権限を持つ命令や義務」
④ 契約文書の場合のように命令というより相互の合意によって生み出された義務のような「命令の叙述が弱いもの」

詳細は文法書などを参照することを勧めるが，ここで大切なのは③や④の意味である。特に③は，「立法の shall」（安藤 2005）とも呼ばれる用法で，法律・規則などによる束縛を表すもので，一般的に must などに置き換えられるものとされる。

次に，和文憲法は当然ながら日本語で書かれているため，日本語の時制についても触れておきたい。日本語の動詞には，現在時制と未来時制を表す「う」（例：歌う，買う）と「る」（例：見る，走る），そして過去を表す「た」という形態がある。現在時制と未来時制を表す「う」と「る」は，例えば，これから起こることを表して，「私は未来のいつか（例，「明日」）に学校へ行く」あるいは習慣的な行為を表して「私はいつも学校へ行く」のように用いることができる。

日本側の起草者は，英文憲法において shall を用いて書かれている条文の大部分を日本語の現在・未来時制の平叙文を用いて作成した。第 3 章の 72 の条項のうち 52 がこの形を採っており，英文憲法での shall の数もほぼ同数で，英文憲法での現在時制の平叙文はたったの 10 しかない。さきほど説明したように，shall には法律文にとって重要な意味合いがある。しかし，英文憲法で shall で書かれている文の多くが，和文憲法では日本語の現在・未来時制の平叙文を用いて訳されてしまっている。それによって，shall の持つ意味，そして shall に映し出されていた立法に関わる様々な背景的情報，ことばの持つ表現効力が失われてしまっていることが問題だ，とイノウエは指摘する。

実際の例として，第3章を見てみると，第三一条から第四〇条までの21文のうちで，18カ所でshallが命令の意味で用いられている。和文憲法では，そのうちの2つを除いてすべてが現在・未来の単純時制の日本語で翻訳されている。

Article 31. No person shall be deprived of life or liberty, nor shall any other criminal penalty be imposed, except according to procedure established by law.

第三一条　何人も，法律の定める手続によらなければ，その生命若しくは自由を奪はれ，又はその他の刑罰を科せられない。

Article 32. No person shall be denied the right of access to the courts.

第三二条　何人も，裁判所において裁判を受ける権利を奪はれない。

これらの条文は，訴訟手続きに関する規定である。これらの条文は，英文憲法においてはshallを用いて表されており，上述shallの用法③の「話し手が強要の権限を持つ命令や義務命令」を表す強い意味がある。一方，和文憲法では，「奪はれない」となっており，単にこれらの訴訟上の権利は否定されないと述べているだけである。言い換えれば，和文憲法では，政府はこれらの権利を守る責務を負っていると述べているだけである。この和文を，もし再度英文に翻訳しなおすと，isのような現在時制あるいはwill beのような単純な未来時制を表す表現になってしまうであろう。英文にあるような強い意味が失われてしまっているのである。実際のところ，日本国憲法に制限を課したのは日本国民ではなく，アメリカ側であったという事実を鑑みれば，その意味では，これらの文は実際の憲法が作成された時の状況を反映しているといえる。

日本語の「〜なければならない」という表現は，話し手の価値判断というよりも，「状況がそうすることを必要としている」，または「強いている」という意味を持ち，特に命令の意図を感じさせるものではない(これは英語のhave to goに対応している)。この「なければならない」という表現及びその否定形である「〜てはならない」という表現を日本側起草者が用いることによって，英文憲法に用いられていたshallに含意されている，非常に重要な「命令」の意味が，事実上失われてしまったことが問題なのである。

このような日英語文の比較だけでなく，英文憲法の法助動詞の使用に着目しても見えてくる背景がある。例えば，第一一条では，異なるshallの意味が同じ条項の中で用いられている。

Article 11.	The people shall not be prevented from enjoying any of the fundamental human rights. These fundamental human rights guaranteed to the people by this Constitution shall be conferred upon the people of this and future generations as eternal and inviolate rights.
第一一条	国民は，すべての基本的人権の享有を妨げられない。この憲法が国民に保障する基本的人権は，侵すことのできない永久の権利として，現在及び将来の国民に与へられる。

上記の英文憲法における第1文は，shallを使うことにより，基本的人権は侵してはならないと命じている。第2文は，shallを使うことにより，その権利を与える主体が，国民以外ということを示している。しかし，基本的人権と自由は，国民が生まれながらにして有しているものであり，誰かに与えられるものではない。そう考えるとこの条文は不適切に聞こえる。日本人は，アメリカ人のようにそれらの諸権利が生まれた時から持っているもの，当然のものと理解しているわけではないだろう。英文憲法の起草者たちが日本政府にこれらの憲法上の権利を保障するように命令する，あるいは教えようとしていると考えるならば，ここでのshallを使用している意味も理解できる。

和文憲法のほうは，日本国民は基本的人権が保障されていて，永久にその権利が与えられると単純に述べているだけである。しかし，これまで見てきた例と同様，日本語の現在・未来時制で書かれているので，その権利を誰が与えるのかが不明確である。

英文憲法と和文憲法の同様の違いは，以下の条文にも見られる。

Article 13. All of the people shall be respected as individuals.
(GHQ 案では Article 12.)

第一三条　全ての国民は，個人として尊重される。

英文憲法での shall の使用は，国民が個人として尊重されることを政府に教え，命令する意図が読み取れるのに対して，和文憲法では，単に政府が国民を個人として尊重する，あるいはするだろうという意味に変わっている。

次に，法助動詞の shall が単純な現在・未来時制ではなく，「なければならない」のように義務を表す意味に変えられている例を見てみたい。

Article 24. Marriage shall be based only on the mutual consent of both sexes and it shall be maintained through mutual cooperation with the equal rights of husband and wife as a basis.（GHQ 案では Article 23.）

第二四条　婚姻は，両性の合意のみに基いて成立し，夫婦が同等の権利を有することを基本として，相互の協力により，維持されなければならない。

英文憲法は，婚姻をする者同士で平等な婚姻を成し遂げるように命令している(あるいは教えている)と解釈するのが自然である。一方，和文憲法は，両性の平等が婚姻の基礎であり，この関係を日本人が維持することを奨励している。そして，これは，日本政府が(そしておそらく国民も)，新しい民主的な時代に変わっていく必要性を認識した結果であると考えることができるとイノウエは言う。

また，英文憲法で may で表されている部分を，和文憲法では英語の can にあたる「ことができる」にしてしまっている箇所があり，英文憲法と和文憲法の表現効力に非常に大きな差を作り出してしまっている。例えば，もともと日本人が原案を作成した第一七条と第四〇条を見てみたい。

第一七条　何人も，公務員の不法行為により，損害を受けたときは，法律の定めるところにより，国又は公共団体に，その賠償を求める<u>ことができる</u>。

Article 17. Every person ***may*** sue for redress as provided by law from the State or a public entity, in case he has suffered damage through illegal act of any public official.

第四〇条　何人も，抑留又は拘禁された後，無罪の裁判を受けたときは，法律の定めるところにより，国にその補償を求めることができる。

Any person, in case he is acquitted after he has been arrested or detained, may sue the State for redress as provided by law.

これらの和訳憲法の条文は，ここに示されている権利を相手に与える話者の権威を伝えておらず，単に可能性を述べているだけである。つまり，助動詞の認識的用法で，話者の意図がそこには見えない。一方，英文憲法の may は，「許可」を表している。「許可」は許可する主体の権威があって初めて成立するものである。may が暗示するその権威が，may に対応する和文を用いていないことによって，失われてしまっているのである。

以上のように，和訳憲法において現在・未来の単純時制を多く使用したこと，shall の部分に「なければならない」を使用したこと，そして may と shall の部分に「ことができる」を用いていたことによって，結局，英文憲法にあった政府に命令する国民の権威という意味を事実上排除することになった。しかし，日本国憲法はアメリカ側が中心になって起草したものであり，日本政府も日本国民も実質的な力を持っていなかったという事実を考えると，和訳憲法におけるこのような日本語の使い方は，憲法起草の過程を反映しているとも言える。

いずれにせよ，法助動詞の使い方だけで，憲法起草時の社会情勢や様々な状況，英語側・日本語側の思惑等を読み取れるイノウエの洞察の深さに感心する。言語には経済性の原理が働いており，存在する理由のないものは極力排除される。法助動詞が使われているからには，やはりそれなりの理由がある。その理由や意味を意識し，洞察をめぐらすことは法学を学ぶ者にとっても，ことばを学ぶものにとっても重要であろう。また，イノウエは，このような言語分析を単なる推察で終わらせないために，当時の政治家たちの議会や委員会での発言，関係者へのインタビューなどを引用して，しっかりと裏付けを行っているが，ここでは割愛する。

2.3　トピック・コメント構造

本節では，イノウエによるこのトピック・コメント構造の概念を援用した日本国憲法の分析を紹介する。トピック・コメント構造というのは，文法や談話分析等の理論でよく用いられる概念である。トピックとは，「主題」としばしば訳され，私たちが何かについて述べるときに，その述べる対象となるものである。つまり，文の中で，「〜について言えば」にあたる要素である。コメントというのは，トピックとして取り上げられた事物がどういうものかを説明する部分である。例えば，「魚は鯛が美味い」という文では，「魚は」がトピックで，「鯛が美味い」の部分がコメントである。主語と述語という概念に似ているが，コメントの内部で「鯛」が主語で「美味い」が述語と考えることもできるため，一概に同じとは言えない。また，トピックは，話し手と聞き手がお互いに何を指しているかわかる情報，すなわち「旧情報」を担い，コメントは話し手が聞き手に対して提供する新たな情報，すなわち「新情報」を担うとされる。

では，このトピック・コメント構造における新情報・旧情報の区別を念頭に明治憲法（大日本帝国憲法）に見られる「権利」「自由」の条文を見てみる（漢字は常用漢字に変更）。

> 第二一条　日本臣民ハ法律ノ範囲内ニ於テ移住及移転ノ自由ヲ有ス

明治憲法は，形式上，天皇によって授与されるものであるから，この文のトピックである「日本臣民ハ」は，天皇が臣民に話しかけているものと考えられる。話しかけられている「日本臣民」自身は，自分のことであるわけだから何を指しているかわからないはずがない。したがって，旧情報である。注目すべきは，コメントの位置，すなわち新情報の位置に「移住及移転ノ自由ヲ有ス」という，権利・自由に関する内容が来ていることである。つまり，権利自体が新しいものという意味になるわけである。明治憲法の二章「臣民権利義務」の全 15 条(第一八条～第三二条)のうち 12 条が「日本臣民ハ」がトピックとなっている。これは，日本の歴史において，初めて具体的に国民の権利と義務を定めた明治憲法の制定時の状況を反映しているといえるだろう。

一方，戦後の日本国憲法では，「国民」がトピックとして表されているものが大幅に少なくなっている。英文憲法の条文は，その多くが受動態で書かれており，しかも行為者が明示されていない。第 3 章の 71 の条項のうち，39 の条項がこのタイプの受動態で，しかもそのうちの 23 の条項が無生物がトピックとなっているものである。それらの無生物のトピックは，権利，自由，及び義務を表すもので，残りの文では国民がトピックとなっている。例えば，GHQ による英文憲法（マッカーサー草案）では，第 22 条として，

Article 22. Academic freedom and choice of occupation are guaranteed.

第二二条　学究上ノ自由及職業ノ選択ハ之ヲ保障ス

とされていた。日本語においてもトピックは，「学究上ノ自由及職業ノ選択ハ」となっており，権利，自由，及び義務は，話し手と聞き手とが共有している旧情報として表されている。すなわち，聞き手である国民にとって，既に共有しているものとして捉えられているのである。

日本側起草者が当初作成した草案では，明治憲法にならって大多数の条文を「全ての国民は」という能動態の文にしたという。しかし，アメリカ側は異議を唱え，GHQ の案をもとに再検討することを要請した。

しかし，日本語は，英語に比べて受動態の使用が少ないことで知られている。とある調査によると，日本語で受動態が使われるのは，英語の半分に満たないという。また，もともと日本語は，登場人物に人間と無生物がいる場合は，無生物を主語にするのを避ける傾向がある(久野 1978)。時制や相なども英語の受動態を日本語にする際には障害となることがしばしばある。したがって，同じ動詞を使っていても，英文憲法で用いられている受動態を日本語に訳すのには大きな問題があった。

例えば，次の文を見てもらいたい。

Academic freedom is guaranteed.

この受動態をそのまま日本語に訳すと，「学問の自由は保障される。」のようになるが，これでは「問題が起きた場合には学問の自由が保障される。」のような，未来の出来事について述べているような意味合いになってしまう。もし，英語のニュアンスにあるような，自由が存在している状態を表したいのであれば，「保障されている」のように，進行相を用いて表現しなければならない。

そのようなジレンマの中で，日本側の起草者たちがとった創造的な解決策が，トピック・コメント構造を利用した文である。能動態の文の中には，目的語にあたるものをトピックとし，その目的語の名詞句をうける指示詞＋助詞「これを」を挿入する構文があるが，受動態で書かれていた 17 条のうち 8 条をこの構造を用いて訳している。先ほどの文であれば，「学問の自由は，これを保障する。」のように訳出したのである。

これによって，日本国憲法の中で最も重要である個人の権利と自由に関する条文のいくつかを，旧情報を示すトピックの位置に置き，日本国民に身近なものであることを示し，かつ「これを」という指示詞＋助詞を利用して能動体の構造で表すことによって，受動態よりもずっと強い意味で自由や権利を保障する重要性を強調するニュアンスを与えることを可能にしているわけである。以下，比較されたい。

Article 20. Freedom of religion is guaranteed to all.（GHQ 案では Article 19.）

第二〇条　信教の自由は，何人に対してもこれを保障する。

Article 21. Freedom of assembly and association as well as speech, press and all other forms of expression are guaranteed.（GHQ 案では Article 20.）

第二一条　集会，結社及び言論，出版その他一切の表現の自由は，これを保障する。

Article 28. The right of workers to organize and to bargain and act collectively is guaranteed.(GHQ 案では Article 26.)

第二八条　勤労者の団結する権利及び団体交渉その他の団体行動をする権利は，これを保障する。

Article 29. The right to own or to hold property is inviolable.

第二九条　財産権は，これを侵してはならない。

1946 年の衆議院で憲法担当大臣・金森徳次郎議員は，「権利を有する」と書く場合と「保障する」と書く場合の意味の違いについて説明している。すなわち，「権利を有する」は，「ことばどおり権利があるということの宣言」で，「権利を保障する」というのは，「その権利がある，それをみだりに侵さない」という権利を前提として，「それに対して国家が不当なる干渉をしないということを意味して」いるというものである。この説明からも，イノウエの分析が正しい方向性を示していることが明らかであろう。

3　まとめ

以上，法助動詞の意味，トピック・コメント構造，受動態・能動態などの文法的要素を手掛かりに，英文憲法と和文憲法における表現効力の差異を見た。また，日本国憲法と明治憲法との比較などを通して，権利意識の時代による変遷などにも触れた。法律の翻訳という作業が，時に言語構造上の理由によって時に大きな困難を伴ったり，単純に翻訳することによって意味がどのように変化してしまうかなどを詳細な分析を通して指摘したイノウエの分析は，法律家にとっても示唆に富むものであるだろう。

イノウエの研究は，広義の法言語学，厳密には言語と法(language and the law)と呼ばれる分野に属するもので，その洞察と方法論は単に言語学という枠に囚われず，社会学や政治学にまで及んでいるといえる。英語を外国語として学習している日本語の母語話者の多くには，こういった法助動詞の使い方や意味にイノウエが指摘するようなニュアンスをすぐさま感じとるのは難しいかもしれないが，研究を行っていく際の方法論を学ぶ上で大いに参考になるだろう。なお，本章執筆にあたり，Inoue(1991)とその邦訳，イノウエ(1994)に負うところが大きかったことをここにお断りし，その原著者と訳者に謝意を表したい。

注

本章の主目的は日本国憲法の日英語対照分析にあった。そのため，日本国憲法制定における歴史的背景についてはほとんど触れなかった。そこで，ここでは「憲法」の語の系譜について付言しておこう。

漢語「憲法」の本義は「おきて・きまり」である。原(2004:5)によれば，「憲法」は古代中国の『管子』に遡るという。古代日本では，聖徳太子の「十七条憲法」(604年)と「養老律令」(718年)に「憲法」の文字が読み取れる。近現代では，国家の最高法規を指すものとして用いられる。

他方，「立ちあげる行為」を語源とするconstitutionという語は，12世紀のフランス語に現れ，15世紀に英語に入った。「憲法」はその訳語である。明治日本は，近代欧州(特にプロイセン)の立憲君主制を日本の天皇制の上に接ぎ木した。1868年には加藤弘之が『立憲政体略』を著し，1889年に大日本帝国憲法(明治憲法)が発布された。そして，終戦直後の1946年，占領下に制定されたのが，日本国憲法である。なお，前者は漢字片仮名表記，後者は漢字平仮名表記である。

「憲法」の語の系譜図

西洋	中国	日本
	紀元前7世紀『管子』など	
		604年　十七条憲法
	→	718年　養老律令「憲法」
constitution		↓
12世紀　フランス語		↓
15世紀　英語		↓
		1868年　加藤弘之『立憲政体略』
→	→	1889年　大日本帝国憲法
		1946年　日本国憲法

(原 2004: 5)

■ 課題 ■

1. 以下の日本国憲法第七条の条文を日本語と英語を比較し，分析しなさい。

第七条　天皇は，内閣の助言と承認により，国民のために，左の国事に関する行為を行ふ。

Article 7. The Emperor, with the advice and approval of the Cabinet, shall perform the following acts in matters of state on behalf of the people:

2. 以下の日本国憲法前文（一部）の英訳の動詞（句）に着目し，日本語と比較することによって，気がつくことを述べなさい。

日本国民は，恒久の平和を念願し，人間相互の関係を支配する崇高な理想を深く自覚するのであつて，平和を愛する諸国民の公正と信義に信頼して，われらの安全と生存を保持しようと決意した。

We, the Japanese people, desire peace for all time and are deeply conscious of the high ideals controlling human relationship, and we have determined to preserve our security and existence, trusting in the justice and faith of the peace-loving peoples of the world.

 さらに学びたい人のために

■ 安藤貞雄（2005）『現代英文法講義』開拓社.
☞英文法の名著。特に英語の法助動詞に関する説明が優れている。

■ イノウエ・キョウコ著，古関彰一・五十嵐雅子訳（1994）『マッカーサーの日本国憲法』桐原書店.
☞原著は英文（Inoue 1991）。本章の解説に利用した基本文献である。

■ 原秀成（2004, 2005, 2006）『日本国憲法制定の系譜』（全3巻），日本評論社.
☞日本国憲法成立史の決定版。図表豊富。特に，第1巻の図1－1「憲法」の語の系譜図（p. 5）と Figure 1. Genealogy of the Japanese Constitution が参考になる。

学習室③　ハンセン病関連法令における病名の変遷

0. 法制化以前に流布していた病名

ハンセン病は，手足や顔面などの末梢神経を侵す極めて弱い感染症である。この疾患は数千年前から記録されている。日本では，俗に「くされ」「物吉」「かたい(片居)」「どす(短刀)」「なりん坊(ぶうらぶら)」などと称された。「ライ」患者のいる家は「癩筋」というレッテルが貼られた。前世からの「業病」であるとか，「天刑病」(天罰による病)として，酷く蔑まれることもあった。近年まで「癩」「らい」または「癩病(lepra)」が一般的名称であったが，患者たちは「人に頼らざるを得ない病」という字義を嫌っていた。以上はすべて俗称・蔑称か旧称であり，現在は使われていない。

この感染症の病原菌が「らい菌」であることは，1873 年にノルウェーの医師・アルマウェル・ハンセン博士によって発見されていた。それゆえ，今では「ハンセン病」が正式名称であり，医学・法律用語にもなっている。なお，一時期「ハンゼン氏病」も使われた。

明治四十一(1907)年の法制化までは，篤志家・宣教師による私立療養所が各地に開設された。現存しているのは，御殿場にある神山(こうやま)復生病院(カトリック系)のみである。

1. 明治四十一年法律第十一号(「癩豫防(らいようぼう)ニ關(かん)スル件」)(1907 年)

幕末に神奈川・川口(大阪)・兵庫(神戸)などが開港すると，外国人居留地ができた。明治前期には，外国人の「内地雑居」が許された。各地の寺社で物乞いをする「浮浪癩」の患者が宣教師等の目を引いた。日露戦争後，国はこの事実を国恥として，彼等を指定した場所に隔離させる決定を下した。そして 1907 年 7 月に明治四十一年法律第十一号「癩豫防ニ關スル件」を公布した。これは「浮浪患者取締法」というべき法令であった。全国 5 個所に連合公立療養所を開設し，浮浪患者を収容することにした。「強制隔離政策」の始まりである。なお，本法は，縦書きであり，旧漢字・カタカナ混じり，旧仮名遣いの漢文調である。

2. 癩豫防法　法律第五十八号(1931 年)

法律第十一号を改正した 1931 年の「癩予防法」のねらいは，すべての患者を強制的に療養所に収容・隔離させることにあった。退所規定が欠如していたため，終生隔離を原則にしたのである。この法令に基づき，長島愛生園などの国立療養所が開設された。連合公立療養所はすべて国立に移管された。なお，この法律も旧漢字・カタカナ表記の漢文調である。

3. らい予防法　法律第214号(1953年)

戦後特効薬プロミンができて，「らい」は完治する感染症になった。全患協による闘争で，『「ハンゼン氏病法」の制定をかく願う』とした声明が出されたにもかかわらず，1953年の「らい予防法」は，それまでの強制隔離政策をほぼ踏襲した。それゆえ，漢字の「癩」をひらがなの「らい」に変えただけの法令であると，揶揄された。「らい」の字の上に「ヽ」を付けている。縦書きで，当用漢字・ひらがな混じりの口語体からなる。なお，『「らい予防法」に関する附帯決議』(1953年)には，「病名の変更については十分検討すること。」とあるが，本法が廃止される1996年まで法令上の変更はなされなかった。

強制隔離政策の特徴は，①辺地の療養所に強制収容・強制隔離・終生隔離，②徹底消毒，③偽名(園名)の使用，④有菌地帯・無菌地帯の別，⑤患者作業と慰労金(園内通貨)，⑥懲戒検束権による監禁(監房)，⑦断種と人工妊娠中絶，⑧特別法廷(出張裁判)，⑨火葬場と納骨堂の設置，⑩未感染児童を含む家族への差別などである。日本国憲法(1947年施行)の下にありながら，強制隔離政策によって，療養所入所者とその家族は基本的人権が著しく侵害され，差別と偏見に晒され続けた。汚名を着せられた病であったのだ。なお，沖縄が本土に復帰したのは，1972年である。

4. ハンセン氏病予防法(琉球政府)(1961年)

1961年に琉球政府(沖縄)は，本土とは異なる「ハンセン氏病予防法」を公布した。①病名は「ハンセン氏病」とした。②政府立療養所と指定病院からの「退所・退院規定」(第7条)が盛り込まれた。③軽症患者の「在宅予防措置」(第8条)も行われた。

5. らい予防法の廃止に関する法律　平成8年法律第28号(1996年)

① 1956年のローマ会議決議，② 1958年の第7回国際癩学会(東京)学術委員会報告，③ 1994年の大谷見解と所長連盟見解，④ 1995年の全患協の基本要求と日本らい学界の見解，⑤ 1996年の日弁連声明と全患協声明を経て，1996年3月に「らい予防法の廃止に関する法律」が公布された。立法府の不作為により，強制隔離政策は89年間継続し，ついに廃止された。その後「らい」という病名はすべての法令文から消え，「ハンセン病」に改められた。──全国には13の国立療養

所に私立療養所が 1 個所ある。入所者の総数は 2023 年 5 月 1 日現在 812 人（国立療養所 13 に 810 人，私立神山復生病院に 2 人）で平均年齢は 87.9 歳。今や療養所は終末期を迎えているのだ。

ハンセン病国賠請求訴訟原告勝訴とハンセン病家族訴訟原告勝訴を受けて，次の三法が成立・施行された。三法とも病名を「ハンセン病」と称していることを確認したい。

6. ハンセン病療養所入所者等に対する補償金の支給等に関する法律（2001 年）
7. ハンセン病問題の解決の促進に関する法律（2008 年）
8. ハンセン病元患者家族に対する補償金の支給等に関する法律（2019 年）

顧みるに，この感染症の病名には様々な俗称・蔑称があったが，法令上は「癩」「らい」「ハンセン氏病」（沖縄）を経て，「ハンセン病」に改められたのである。基礎資料である『ハンセン病問題関連法令等資料集』（増補改訂版）（国立ハンセン病資料館，2021）を参照。

（橋内 武）

第3章

裁判のことば　法言語学の元祖の研究

大河原眞美

● Keywords ●

供述調書，法言語学，レジスター，書きことば，裁判員裁判，証人尋問

本章のねらい

裁判という場で審理の対象となっていることばが，本当は，「誰のことば」なのかについて考えてみよう。供述調書のことばは，そこに署名をした被疑者のことばなのか。あるいは，取調べにあたった警察官のことばが付け加えられたのか。また，法廷で証言している証人のことばは，証人尋問の前に何回も面会した検察官のことばがのり移ってしまったのか。これらのことばの本当の話し手は一体誰なのかについて，レジスター（本章では「職業語」）の観点から解説する。

1　ある冤罪（えんざい）事件

1949年11月のロンドン。ティモシー・エヴァンズ（Timothy Evans）は，妻と乳児を殺害したとして逮捕された。翌年の1月に裁判が始まったが，自白調書（自白内容がある供述調書）があったため，死刑判決が下され，3月には，絞首刑となった。

それから，3年後，エヴァンズ一家と同じ建物に住んでいたジョン・クリスティン（John Christine）が，妻を含む4人の女性を殺したとして逮捕された。実は，クリスティンは性的変質者の連続殺人魔であった。クリスティンは，自分の裁判で，エヴァンズの妻を殺害したことも認めたため，エヴァンズの死刑執行について論議を呼んだ。

事件後15年もたってではあるが，言語学者のスヴァートヴィック（Jan Svartvik）は，エヴァンズの自白調書に関する分析の依頼を受けた。スヴァートヴィックは，コーパス分析を行い，調書には，くだけた話しことば（エヴァンズ）と的確な書きことば（警察官）の2つのスタイルがあることから，自白調書の信憑性が低いことを明らかにした。

スヴァートヴィックの分析は，言語学のコーパス分析を司法領域において

初めて使用したものである。また，この分析を通して，スヴァートヴィックは，法言語学(forensic linguistics)という用語も編み出している。

2 供述調書のことば

2.1 取調官のレジスター：イギリス

1992年に，談話分析の第一人者であるクータード(Malcolm Coulthard)は，ベントレーの自白調書の分析を行った。この分析から遡ること40年前の1952年，16歳のクリス・クレイグ(Chris Craig)と19歳のデレク・ベントレー(Derek Bentley)が押込み強盗に入ろうとしたところ，近所からの通報を受けて駆けつけた警察官と撃ち合いになり，クレイグが発砲した銃弾が当たった警官の1人が死んだ。クレイグは18歳未満だったので死刑判決を出すことができず終身刑となったが，銃を所持しておらず発砲もしていないベントレーは，共同正犯(2人以上で一緒になって行った犯罪で，犯罪行為の一部しかやっていない人でも，全部について責任を問われること)と認定されたため，死刑判決が出され，1953年に絞首刑が執行された。ベントレーは，自白調書には自分が言っていない箇所が書かれていると訴えていた。ベントレーの遺族の要請で，クータードは談話分析の方法論を応用して，調書を分析したのである。

ベントレーのIQは低く，実質的に読み書きができない状態であった。一方，警察官は取調調書の作成にあたって，ベントレーの供述を正確に書き取ったと主張している。クータードは，thenの使い方に注目して，下記の分析を行った。

(1) then

① thenの使用頻度

ベントレーの自白調書の総語数582語中に，thenが10語使用されている。クータードは，その使用頻度の高さを取調官のレジスターによるものと考えて，一般人と警察官の証言のコーパスを作成して証明した。一般人のコーパスは，3人の法廷での証言記録(総語数930語)からなるのに対して，取調官のコーパスは，3人の警察官の証言記録(総語数2,270語)である。一般人のコーパスにはthenは1回しか使用されていないが，警察官のコーパスでは29回使用されており，78語に1回の割合である。さらに，クータードが

150万語（当時）からなるCOBUILD Birmingham Collection of English TextのCorpus of Spoken Englishでthenの使用回数を調べたところ，3,164回あった。これは，500語に1回という稀な使用頻度である。このことから，thenの使用頻度の高さは，取調官のレジスターであることが明らかになった。

② thenの使用場所

thenの使用場所にも，取調官のレジスターの特徴がある。下記のベントレーの自白調書からの「主語＋ then ＋動詞」の語順例は，一般人のコーパスでは極めて珍しい。Corpus of Spoken Englishのコーパスでは，「主語＋ then ＋動詞」の出現頻度は，「then ＋主語＋動詞」の1/10で，150万語中9回（1回/16万5000語）しか出てこない。一方，「主語＋ then ＋動詞」の語順は，582語のベントレー自白調書で7回（1回/190語），2,270語の3人の警察官の証言記録では26回（1回/119語）使用されており，「主語＋ then ＋動詞」の語順は取調官のレジスターである。次例のthenに注目しよう。

Chris **then** jumped over and I followed.
Chris **then** climbed up the drainpipe to the roof and I followed.

クータードの分析により，ベントレーの自白調書は，知的障害のあるベントレーの供述の逐語的な記録ではなく，取調官の挿入操作であることが明らかになった。ベントレーは，死後特赦に浴した。クータードによるこの分析は，事件解明に貢献した最初の法言語学研究である。

⑵ 詳述列挙

フォックス（Gwyneth Fox）は，供述調書の特徴に，時などを表す表現を詳細に記載する詳述列挙を挙げている。その中から主なものを紹介する（Fox 1993）。

① 正確な時間表現

at 5.12 p.m.（5時12分）のように分単位まで詳細に記す。さらに，at approximately 5.12 p.m.（5時12分ころ）のように，approximatelyまで入れる。日常語のaboutではなく，形式ばった語のapproximatelyを使う。日本の起訴状でも，検察官は，分単位の記載に「ころ」をつける。濁点の「ごろ」は使わない。

② 時を表す副詞の文頭配置

later, later on, at this time, after this, a short time after this などの時を表す副詞を文頭に置く。

③ 時の従属節の位置

as, when, while, whilst などのある従属節を主節の前に配置する。

When he had finished raping her, he then threw her out of the van.
(彼は彼女を強姦した後，車から彼女を放り出した。)

訳は日本語としては問題がないが，英語では「主節＋従属節」が一般的である。②とも同様であるが，犯行の状況を明確に伝える必要がある供述調書のため，「時」を最初に出すことが求められているのだろう。

④ 詳細表現の並列表記

弁護人の質問を想定して，時間と場所は正確に，まとめて並列する。

at approximately 6.45 a.m. on Friday 3 March 1989

2.2 書きことば

取調官は，供述調書は，被疑者／被告人の供述を逐語的に記録したものであると主張する。そうであるとすれば，記録のすべては話しことばということになる。ところが，調書には，書きことばの特徴が見られる。

次の例は，クータードの別の事件の供述調書の冒頭部分である。この箇所は，自白の総括部分であり，公訴の提起(検察官が被疑者が罪を犯したと判断して裁判所に裁判を求めること)に不可欠である。ところが，被告人は，この冒頭部分は自分が話していない箇所だと主張している。

I wish to make a further statement explaining my complete involvement in the hijacking of the Ford Escort van from John Smith on Tuesday 28 March 1981 on behalf of the A.B.C. which was later used in the murder of three person (sic) in Avon that night.

クータードは，語彙密度(lexical density)と文法的複雑性(grammatical complexity)の特徴から，問題となっている冒頭部分を分析した。冒頭部分の語彙密度(節あたりの異なり語数)は8で，通常の話しことばの1.5から2より大幅に高く，書きことばの語彙密度の3から6よりも高い。書きことばは，動詞の名詞形が使用され文法的に複雑になる傾向があるが，冒頭部分のmake a statement，complete involvement，a complete admission of guiltを，その例として挙げている。また，冒頭部分は長文である。さらに，which was later usedは，自白という一つの行為を明確に述べるために綿密に計算して付け加えられている箇所である。

2.3 反復

1972年11月21日，イギリスのバーミンガムの2軒のパブで爆破が起こり，21人が死亡，162人が重傷を負うという大事件(Birmingham Six)が起きた。IRAの犯行とされ，6人が逮捕され，第1審で終身刑(エヴァンズ事件が契機となり死刑制度を廃止したイギリスにおける極刑)を言い渡された。後に，調書の捏造などが明らかになり，1991年に控訴審で無罪判決になった。釈放されたのは17年後だったので，一大冤罪(えんざい)事件として注目を浴びた。

クータードは，6人の1人のウィリアム・パワー(William Power)の自白調書について談話分析による意見書を作成して，警察官の捏造の可能性が極めて高いことを述べている。Coulthard(1994b: 414–415)は下記の例などを挙げて，調書の不自然な反復表現について，人間の記憶から指摘している。

> and then he told Richard to give me one as well and then told Richard to give me one as well

「人間の記憶は，聞いたことをことばで逐語的に記憶するのではなく，聞いたことの要点を記憶する。そのため，記憶を取り出すときに，同様の意味を表すが，少しずつ別の語彙に置き換えてしまう。取り出し回数を重ねるに連れて，使用される語彙はそれだけ変遷していく」ことから，上記の同一表現の繰り返しの再現は，パワーの供述の逐語的記録ではなく，取調官が手を加えたと考えるほうが自然であると論じている。

3 証人尋問のことば

被疑者／被告人のことばであるはずの供述調書に，実は，取調官のことばが入っていることを紹介した。今度は，検察官の質問に答えている証人のことばが，検察官のことばかもしれないことについて考えてみたい。共犯事件で無罪を主張している被告人の裁判に，この事件で既に刑が確定して服役している実行犯が検察側の証人として出廷した。この受刑者の証人尋問の主尋問(証人を呼んだ方，すなわち，味方側が最初に行う質問)の分析を紹介する。

3.1 事件の概要

2009 年 7 月，ため池で水没していた軽ワゴン車から両手を電気コードで縛られた男性の遺体が発見された。男性の知人の A，B，C，D，E が逮捕され，実行犯の A，B，C については，傷害致死と死体遺棄の罪に問われ，2010 年 5 月から 6 月に行われた裁判員裁判では，A は懲役 8 年(求刑 12 年)，B は懲役 10 年(求刑 13 年)，C は懲役 9 年(求刑 12 年)の刑が確定した。D は，起訴猶予(年齢などを考えて起訴しないこと)となったが，E は，傷害致死と死体遺棄罪で起訴された。

E が被害者に対する暴行や遺体を捨てる作業を実際に行っていない点については，検察・被告人側双方に争いがなかったので，E の裁判の争点は，E と A，B，C との間の共謀(2 人以上が合意をして犯罪を企むこと)の有無である。E は無罪を主張したが，共謀が認定され，2010 年 11 月の 1 審で懲役 9 年(求刑 12 年)の判決が下され，2011 年 3 月の 2 審では控訴棄却となり，現在上告している。

以下に紹介する分析は，控訴審の意見書と上告審の添付資料の中の B の証人尋問の分析から抜粋したものである。A，B，C，E の公判について，同じ検察官 3 人が担当している。また，E の公判では，A，B，C が検察側証人として出廷している。検察官は，E の公判の前の 2 か月間に，A，B，C の受刑者とそれぞれ 10 回ずつ面会している。

3.2 取調官のレジスター：日本

(1) 指示関連語

下記の B 証人の証言には，供述調書で使用される「その」「に対して」など，対象物を的確に指す連体詞や副助詞が使用されている。B1の「その息子」は，Eの息子を指しているが，「自分の息子」でなく「その息子」を使うことにより，客観的になっている。B2でも，「その」が用いられていることにより，Bの個人的見解でない印象を与えている。B1には，「相手」という調停等でも用いられる事を争う際の一方の人を指す語がある。「親と子」も，日常語であれば，「親子」となるであろう。B1とB2の「に対して」も，口頭表現であれば，「に」で十分である。

検察官：その事件について，ちょっと教えてもらえますか。
B1　：Eが，**その**息子が殴られたこと**に対して**腹を立て，同じような目に遭わせようと，**相手の親と子**を呼び，**E**の家に**呼び出しました**。
検察官：その後，どういうことがあったんですか。
B2　：**その**子**に対して**，暴行を**指示しました**。

「その」「に対して」が，B証人の個人語(idiolect)ではなく，供述調書特有の表現であるか否かを判断するために，2つのコーパスを用意した。1つ目は，供述調書のコーパスで，『新捜査書類全集　第4巻　取調べ』(梶木他 2006)の中から，脅迫事件，性犯罪事件，殺人事件，放火事件，横領事件，文書偽造事件，贈収賄事件，窃盗事件，覚せい剤事件のサンプルとなっている供述調書11件(4万2,917字)である。2つ目は，B証人が，刑務所の中から被告人Eの娘のボーイフレンドにあてた手紙(3,323字)である。供述調書のB証人の主尋問の回答(4,730字)を，供述調書全般のコーパスとB証人の私信のコーパスで比較してみた。

	その	に対して
私信	0	0
証言	4	10
供述調書	76	11

供述調書の「その」「に対して」は，例えば，下記のような使用例がある。

インターネットのホームページに公表し，後で**その**URLと解除キーをメールで送るから，自分で**その**画像を削除しろ…　(p.68)

真由**に対して**メールを送り続け**ていました**。(p.67)

B証人は，私信では「その」を1回も使用しなかったが，証言では4回(1回/1,183字)，供述調書では76回(1回/564字)である。「に対して」は，私信では1回も使われていなかったが，証言では10回(1回/473字)，供述調書では11回(1回/3,902字)となっている。B証人は，証言では，供述調書で使われる「その」や「に対して」を使用していたことがわかる。

⑵ 時制

B証人の証言には，「……ていました」のような継続的な状況を示す時制が用いられている。供述調書は，裁判において証拠になり，裁判官に納得してもらう必要がある。そのため，取調官は，犯行の動機，殺意，犯行状況などを正確に把握して，それを詳細に文章化する必要がある。「……ていました」は，過去に起きた犯行状況を法廷で再現する上で，有用な表現である。

B3：車と一緒に水辺に捨てるように指示し**ていました**。「分かりました。」と返事をし**ていました**。

「……ていました」の頻度数について，指示関連語と同様に，私信，証言，供述調書で比較してみた。

	ていました
私信	0
証言	40
供述調書	73

B証人は，私信では「ていました」を一度も使用しなかったが，証言では40回(1回/118字)，供述調書では73回(1回/588字)，使用されている。供述調書において，「ていました」は，「その」と同程度使用されている表現で

ある。

⑶ 法曹特有表現

既にお気づきのように，法曹界には慣習的な言い回しがある。「お受けする」「差し支える(都合が悪い)」などである。「人 1 人の命が亡くなっている」は，殺人事件において被告人の行動を非難する際に使用される表現である。E 被告人の 1 審の判決にも「犯行の結果について，人 1 人の生命が奪われたという重大なものである……」と書かれている。

B 証人は，自分の公判で話さなかった点(E 被告人首謀説)をあえて原審の公判で話した理由について，検察官から尋ねられる度に，「人 1 人の命がなくなっている」旨の発言を，次のようにほぼ同一の表現で答えている。

B4：人 1 人の命が亡くなっているからです。
B5：人 1 人の命が亡くなっている事件だからです。

⑷ 書きことば

① 修飾節＋名詞

「修飾節 + 名詞」は，名詞が後に出てくる。「どうした」が「何」より早く出てくるため，「名詞 + 修飾節」より，理解に時間がかかる。次ページに示す B6 も，「E はそれに腹を立てて，A を使ってサトに暴行を加えさせていました。」のほうが，わかりやすい。このため，口頭表現では，「修飾節 + 名詞」を避ける傾向があるが，読み戻しができる書きことばでは使用される。しかし，B 証人の証言には，B6 以外にも，B7 や B8 など 15 箇所も使用されている。さらに，B7 と B8 は，反復表現である。

B 6 ：それに腹を立てたEがAを使ってサトに暴行を加えさせていました。
B 7 ：車とサトの家についた指紋などを消すよう指示していました。
検察官：指紋などというふうに言われましたけど，指紋以外，何についてなんですか。
B 8 ：サトの家についた血や車についた血も，すべてふくように**指示していました。**

② 順序表現

B 証人の発言(B9)は,「まず,そして,あと」を使って,することを順序立って列挙した発言となっており,書きことばのようである。また,B7 や B8 と類似した「修飾節＋名詞」も使用されている。

検察官：すべてをできないというのは,どういう意味ですか。
B9：**まず**,遺棄すること,**そして**車についた指紋や血,**あと**サトの家についた指紋や血などをふくことです。

⑸ 反復

B 証人は,2010 年 11 月の法廷で 2009 年 7 月 3 日から 4 日にかけて起きた 1 年 4 か月前の事件について,同一の用語を繰り返し使用して話している。B 証人がほぼ同一の表現を複数回使用したことは,出来事の要点の記憶ではなく,あたかも元となる文書が存在しており,その文書の語彙を記憶し,その語彙が再出現したかのようである。さらに,B 証言の複数回表出する用語や表現と同一もしくは類似した用語や表現が,検察官作成の冒頭陳述要旨や論告要旨に存在する。このことから,B 証人は,検察官に証人尋問の答えの仕方について指導を受けたかのようである。

①「呼び出し」「呼ぶ」

「呼ぶ」「呼び出す」の動詞は,B1 以外にも下記のような反復がある。

B10：E から**呼び出された**からです。
B11：E から**呼ばれた**からです。
B12：E から電話があって**呼ばれました**。
B13：E さんに**呼ばれました**。

論告要旨では,「C は,被告人に**呼び出された**経緯について」(論告要旨 p.2)があり,また,「被告人は,共犯者 3 名をそれぞれ自宅に**呼び出し**,山口さんを家から無理矢理連れ出すために,A と C に対して「ぶち殺す前につかまえて謝らせろ。」とか A に「久々の運動頑張ってね。」と言って,山口さんに暴行を加えるように**指示をしました**。」(論告要旨 p. 9)がある。

② **「指示」**

「指示」は，B 証言(B2，B3，B8 など)で多く使用されている。冒頭陳述では，「山口さんへのさらなる**暴行を指示した**ということです。」(冒頭陳述要旨 p. 10)や「やっちゃわないとだめだよ。」などと言ってさらなる**暴行を指示しました**。」(冒頭陳述要旨 p. 10)などがある。また，B3 や B14 のように，論告要旨「被告人が「水のはった場所に捨てて来い。」と言って山口さんの死体を処分するように**指示し**…」(論告要旨 p. 12)と文章全体が類似しているものもある。

B14：場所は決まりませんでしたが，水のあるところに捨てるよう E は**指示して**いました。

以上のように，B 証人の証言には，検察官と同一の表現が多く見られる。B 証人の主尋問の回答は，取調官のレジスター，法曹界の慣習表現，書きことばの特徴，反復表現が多く，全体として，一貫性・論理性に富んでいて，捜査機関の供述調書に類似した言語形式であるといえる。

4 裁判のことば

裁判のことばは，スヴァートヴィックやクータードによる研究で代表されるように，法言語学の領域の核心的な研究領域である。これを日本で定着させていくのには，科学的に検証していく必要があり，コーパス分析は有用な手段である。

被疑者や証人などのような当該関係者のことばの特色と捜査関係者のことばの特色を明らかにするには，捜査関係者のコーパスを用意しておかなければならない。捜査関係資料は，部外者には入手困難なので，本章で紹介したような捜査関係者の市販のテキストを利用することから始めることになる。当該関係者のことばについては，手紙や日記等からコーパス分析を行うことになるだろう。ただ，このような資料が提供されるのは，裁判の直前のこともあり，また，コーパス利用としては分量が少ない。エヴァンズ事件のように真犯人がいる場合や，ベントレー事件の場合のように知的障害が明瞭な場合は，疑われている人が限りなく「白」であるので，裁判官や陪審員も判断しやすい。しかし，E 被告人のような，実行犯でなくとも現場にいた「灰色」の場合は，「白」ではないので，裁判官や裁判員の理解を得るのは難しい。実行犯でなくても，共犯者と認定されれば「黒」になり，全部の責任を問われてしまう。刑事裁判の原則の「疑わしきは被告人の利益に」に立ちかえって，「灰色」の場合にも被告人に有利に事実認定がなされるような法言語分析を目指したい。

■ **課題** ■

【復習問題】

次の証人尋問で，一般人の証人らしくないことばを探して，その理由について述べなさい。

(1) 証人：雄介，サト，芳子，斎藤が現場にいました。そこで，シャブについて，芳子，雄介，サトはトラブっていて，その仲裁に入りました。仲裁に入ったことで，事は収まりました。

(2) 証人：謝るばかりで，具体的な理由も言いませんでした。素手と木刀を使って殴りました。

【発展問題】

「ビザ」ということばの法的意味について調べなさい。日常で使用されている「ビザ」の意味を知るには，どんな方法があるかについて考察しなさい。

さらに学びたい人のために

■ 橋内 武(1999)『ディスコース：談話の織りなす世界』くろしお出版.
☞第 3 部 応用編「さまざまな分野に役立てる」(第 20 章「法言語学 ― シャーロック·ホームズの言語学」)で，クータードの分析についてわかりやすく解説している。

■ Coulthard, M. (1994). On the use of corpora in the analysis of forensic linguistics. *Forensic Linguistics, 1*(1), 27–43.
☞法談話分析の第一人者のクータードのベントレー事件を中心にコーパス分析がある。

■ Coulthard, M.（1994）. Powerful evidence for the defence: An exercise in forensic discouse analysis. In J. Gibbons（Ed.）, *Language and the law*（pp.414–427）. London and New York: Longman.
☞バーミンガム爆破事件の被告人のウィリアム・パワーの自白調書の談話分析。

■ Grant, T.（2022）. *The idea of progress in forensic authorship analysis.* Cambridge: Cambridge University Press.
☞著者識別分析を包括的に解説している。

■ Nini, A.（2023）. *A theory of linguistic individuality for authorship analysis.* Cambridge: Cambridge University Press.
☞著者識別分析方法の中でコンピューター分析を中心に紹介している。

学習室④　裁判と方言(地域語)

1. 地方裁判所の傍聴

A 「事件後**デスヨー**，被告人と会ったことあるんですか？」(中略)「あなたと被告人**デスヨー**，あなたと被告人の関係は遊び友達ですか？」

B 「『おまえ殺したろか，ナイフ**持ットルケ**，刺したろか』と被害者は言われて，身動きできないほど恐怖を感じたそうですが，殺すつもりあったんですか？」

C 「**出ランカッタラ**終決して判決……」「債務を確定できたら**イイト**」

A・B・Cは法廷で傍聴した際に耳に入ってきたことばである。さて，それぞれどこの地方裁判所(以下「地裁」と称す)の法廷かおわかりだろうか。法廷は公的空間ゆえ，共通語が使われると思い込んでいる読者も多いだろう。しかし，法廷で使用されることばには，法律用語に混じって，太字で記したようにその地域のことばが使われることがある。裁判記録を担当する地裁速記官の中には，地元の方言を収録した資料を辞書代わりにして仕事にあたる人もいる。正解はAが鹿児島地裁，Bが広島地裁，Cが熊本地裁である。ちなみに「方言」(地域方言)と「地域語」は厳密には，意味を異にする用語である。方言は「言語」(例えば「日本語」)の下位分類という序列関係にある。「地域語」はその序列関係を覆し，「日本語」と対等関係にあることを示す学術用語である。「大阪語」といえば「日本語」と対等にあることを示す。このことからわかるように「方言」，「地域語」とも政治性を帯びた用語だといえる(が，ここでは日常語でもある「方言」を用いる)。

2. 方言の機能

法廷で使われる方言には大きく分けて次の5つの機能があると考えられる。そのうちの心的接触機能はさらに3つの機能に分けられる。

(ア) 心的接触機能　①場の緩和機能　②攻撃機能　③日常の空間形成機能

(イ) リズム変換機能

(ウ) カムフラージュ機能

(エ) 引用機能

(オ) アイデンティティ機能

(ア)の「心的接触機能」とは相手の心に近づく機能である。①の「場の緩和機能」とは，緊張した法廷空間を緩和させる機能である。②の「攻撃機能」は文字どおり相手を攻撃する機能である。①とは相反する機能だが，攻撃を通じて心的に迫る点において変わりはない。③の「日常の空間形成機能」は，非日常の世界である法廷に日常の世界をつくる機能である。(イ)の「リズム変換機能」は，尋問や質問において見られる機能である。単調さを防止するために，方言を使いリズムを変える機能である。(ウ)の「カムフラージュ機能」とは，厳密さが要求される法廷において，相手の主張を曖昧にしたり，自分の主張をぼかす機能である。(エ)の「引用機能」は，方言や方言の入った会話が事実を証明する証拠として引用される機能である。脅し文句などは相対的に方言使用が多い。(オ)の「アイデンティティ機能」は，方言を通じてその地域の人間であることを主張する機能であるといえる。

3. 戦略(strategy)と権力(power)

もっとも，方言のこのような機能を意図して駆使できるのは，法廷を「自分の庭」とする法律の専門家(法曹)たちに限られる。日常の方言を使うことは法廷という非日常の空間を支配することを意味する。日本語の下位に分類され，権力(power)とは程遠いと思われる方言は，法廷という場において，被告(人)や証人を懐柔する権力として機能する。一方，専門家ではない市民が意図して使えるのは「引用機能」と「アイデンティティ機能」のみであろう。しかもアイデンティティ機能を用いるためには，初の環境権を争った裁判である「豊前環境権裁判」(1973年-1985年)において，原告や証人があらかじめ方言で証言することを目論見として持ったように，相応の準備や覚悟が求められる。法曹にとって方言は市民に対して戦略(strategy)として用いられ，権力として機能することばである。

法廷における方言の機能が，市民にとって閉じられていることは，方言で話す権利(方言権)を保障する点からも問題であるといえる。自分のことばはアイデンティティを形成する。権力に対するlife(生命や暮らし，個人の生き方)を対置する意味において，人生を左右する法廷で市民が話しやすいことばを使う意味は大きい。

4. 裁判員裁判と方言

では，裁判員制度が2009年5月から実施されたことに伴い，方言のはたらきに変化は生じたのだろうか。わかりやすい裁判が強調されることで，市民の普段着のことばである方言は，裁判官だけによる裁判よりも法廷に持ち込まれる可能性が十分考えられた。実施当初は，青森地裁では裁判員が「それでは」を意味する津軽方言の「へば」を使用したり，岐阜地裁では「電信柱」を意味する「電信棒」が裁判官に通じなかったり，方言をめぐる話題が伝えられた。評議内容は秘密のままだが，裁判員同士の評議の活性化に方言が寄与する機能を持つことは推測される。ただ，審理における事実の証明や裁判員への訴求力に効果的であるかどうかは不明であるといえる。

(札埜和男)

第4章

裁判員裁判のことば 裁判官と裁判員のコミュニケーション

堀田秀吾

● Keywords ●
裁判員制度，制度的談話，発話量，コミュニケーション・ネットワーク，法廷用語，評議

本章のねらい

2009年5月に裁判員制度が導入され，これまでよほどのことがない限り刑事裁判には縁がなかった一般市民が，裁判官と一緒に法廷で被告人の有罪・無罪を決めたり，有罪の場合には刑の重さを決めたりするようになった。

本章では，そのような裁判員裁判における使用語彙の研究，及び裁判官と裁判員のコミュニケーションを行う上で，言語学的な分析方法がどのような形で応用できるかを紹介していく。

1 はじめに

当たり前のことだが，裁判員に選ばれる人のほとんどは，法律学とは縁がなく，法廷という特殊な場にも不慣れな人たちであろう。一方，裁判官は法律の専門家であるし，日々の業務として裁判をこなしているわけだから，当然場慣れもしている。また，ご存じのように法律の世界には独特の語彙や表現，コミュニケーションの方法なども存在する。そのような経験や知識や文化において，もともと大きなギャップがある裁判官と裁判員とが上手に協力し合って公正な判決を出して行くためには，お互いの意見交換をいかに円滑にしていくかが重要になる。すなわち，専門家と非専門家の間でのコミュニケーション方法が大事になってくるのである。

また，法廷で使用されている語彙や表現自体を調べることも，時として大きな意味を持つ。例えば，アメリカ合衆国のイリノイ州で行われた刑事裁判を見てみよう。初めに裁判官は，陪審員の義務や判断基準などに関する説明を行ったが，その時の説明に使われた単語や文章構造などは，陪審員に大変わかりにくいものであった。この裁判官による難解な説明が，陪審員の誤解

を生んで不当な評決に至ったということを言語学者が証明したため，一旦確定した死刑判決が覆ったのである。このように，裁判で使うことばによって，他人の死命が変わることがありえるわけであるから，陪審員による裁判に似た裁判員裁判のことばを分析することは，非常に重要なのである。

2 裁判員制度の概要

ここで，裁判員制度について簡単におさらいをしておこう。裁判員制度とは，法律で定められた一定の重大な刑事事件について，選挙人名簿の中から無作為に選ばれた市民が裁判官と協働して有罪か無罪を決めていく制度である。より具体的には，法律で定められた一番重い刑罰が死刑または無期懲役または禁錮にあたる罪および故意の犯罪行為により被害者を死亡させた罪の事件について，裁判官と裁判員が話し合って判決を決めることが義務付けられているのである。それには，殺人，強盗致傷，人の住む家に放火した場合(現住建造物等放火)，身の代金目的の誘拐のような刑事事件が対象となる。(なお，刑事事件とは，犯罪を犯した者に対して罪を問うもので，警察が関わるのが特徴である。一方，警察が関わらない事件に，民事事件と行政事件がある。民事事件は例えばお金の貸し借りや損害賠償に関するトラブルなどの事件のことをいい，行政事件は国または自治体を訴える事件のことをいう。民事事件も行政事件も裁判員裁判の対象にはならない。)

裁判員制度は，裁判員と裁判官が合議体を形成する「参審制」と，事件ごとに陪審員が選任される「陪審制」を折衷した裁判制度である。その導入の目的は，国民が裁判に直接的に関与することで「司法に対する国民の理解の増進とその信頼の向上に資する」ことにあると，裁判員の参加する刑事裁判に関する法律(通称，裁判員法)の第1条に明記されている。一方，条文には書かれていないが，裁判所が裁判員裁判のキャンペーンに使用しているスローガンに「私の視点，私の感覚，私の言葉で参加します」と謳(うた)われているように，司法判断に一般市民の感覚を取り入れることも裁判員裁判を導入した目的の一つと理解されている。

裁判員裁判においては，市民から選ばれた裁判員6人は，裁判官3人とともに法壇(法廷で裁判官が座っている席)から検察官，弁護人，被告人，証人などの話を聞き，評議室と呼ばれる別室に入って，裁判官と有罪・無罪か，また有罪の場合は，刑罰を議論して決める。この手続きを評議と呼ぶ。そして，評議が終わると，全員法廷に戻り，裁判長が判決文を読み上げる。裁判員は，その評議室で話した内容に関して他の人に話すことを禁じられている。したがって，実際の裁判における評議でのやりとりのデータが入手できる可能性は極めて低いため，実態が見えにくく，謎に包まれている。

3 裁判員裁判の言語使用

「裁判員裁判のことば」の研究と聞いて最初に思いつくのは，難しい法律の専門用語の法廷での使用に関する問題だろう。しかし，このような法律用語の使用だけが，裁判員裁判におけることばの問題ではない。司法の他のコンテクストと同じように，裁判員裁判では，日常会話とは大きく異なる独特のレジスターやスタイル，会話形態が存在する。そういったことばや会話のやりとりの様子がどういうものなのかということを調査することは言語学の研究としても，実際に裁判を運営していく上でも重要である。また，そのコミュニケーションの方法の違いが，判断にどのような影響を与えるかということも重要な研究課題である。さらに，ことばの使用実態を調査することによって，参加者の性別や年齢などの社会的特徴と，思考体系のような言語を超えた様々な特徴との関連を分析することなども可能である。裁判員裁判が導入されてから，判決文にも言語的・内容的に大きな変化が表れているが，そういった変化や非・裁判員裁判のものと比較するのも有意義であろう。このようにひとくちに裁判員裁判のことばの問題と言っても様々な角度からの研究が可能だが，本章ではそのような様々な「裁判員裁判のことば」というテーマのうちのいくつかの取り組みを見ていく。

3.1 制度的談話

制度的談話（Institutional Talk, Drew & Heritage 1992）とは，例えば，医者と患者やコンサルタントとクライアントの会話のように，専門家と非専門家の間の会話のことを指す。制度的談話においては，立場の不均衡が大きな特徴の一つとされている。裁判員裁判においては，市民の感覚を司法に反映することがその導入の目的の一つであるが，判決を決めるための議論に市民の中から選ばれた裁判員が臆することなく主体的，積極的に議論に参加するために，裁判官と裁判員の立場の対等性を確保することが重要である。したがって，裁判員裁判における評議においては，この制度的談話の制度性（institutionality)の表出度合いが，立場の対等性を評価する指標となる。

制度的談話においては，質問と応答，話題のコントロール，語彙，発話量の差異といった特徴によって参加者の役割や義務の差異が顕在化すると言われている（Agar 1985, Adelswärd et al. 1987, ten Have 1991, Itakura 2001）。これらの特徴が日本の裁判員裁判での会話ではどのように表れているかを，法廷での参加者のやりとりをコーパス化したものを利用して定量的に見ていこう。

3.2 裁判官と裁判員の発話量の差異

裁判員裁判はいくつかの過程に分けることができるが，冒頭陳述，証拠調べ，論告求刑，弁論などに参加する傍聴人，証人，被告人，検察官，弁護人，被害者，廷吏などの人々が登場する「公判」という部分と，その後裁判官と裁判員のみが別室に移って判決を議論して決める「評議」部分に分けられる。ここでは，評議の部分に焦点を当てて分析した堀田(2010)の調査を報告する。ここで用いるデータは，裁判員裁判導入に先立って全国の裁判所，検察庁，弁護士会が合同で計 500 回以上にわたって行った模擬裁判の記録の一部である。調査対象とした裁判が実際の裁判ではなく模擬裁判であるものの，公判の部分では証人や被告人は演技をしているだけだが，評議の部分では，参加者である裁判官と裁判員は本物である。したがって，そこに表出する言語現象はほぼ実際の裁判と同様であると考えられ，言語学的には非常に興味深い生のデータである。

裁判官と裁判員の言語使用上の差異というのは様々な側面に現れるが，ここで扱う発話量というのもそのうちの一つである。ここでいう発話量とは，参加者の発話を量的に表したもので，何回発話したか(発言回数)，どれくらいたくさん話したか(発語数)，また 1 回の発言あたりにどれくらいたくさん話したか(1 発言あたりの発語数)などをすべて含んだものである。

13 裁判分，約 65 万語のコーパスを分析した結果を図 1 に示す。

この表において，「発言比率」は評議内の全発言に占める各参加の発言回数の割合，「発話比率」は全発語における各参加者の発話の量の割合を語数から割り出したものである。陪席裁判官と裁判員の数字は一人あたりの平均値である。なお，この集計を行うにあたり，説示と呼ばれる法律事項や裁判員の義務・注意事項等の説明は，裁判官が職務上必要な発話であり，自由な会話とは考えられないため，集計の対象から外してある。

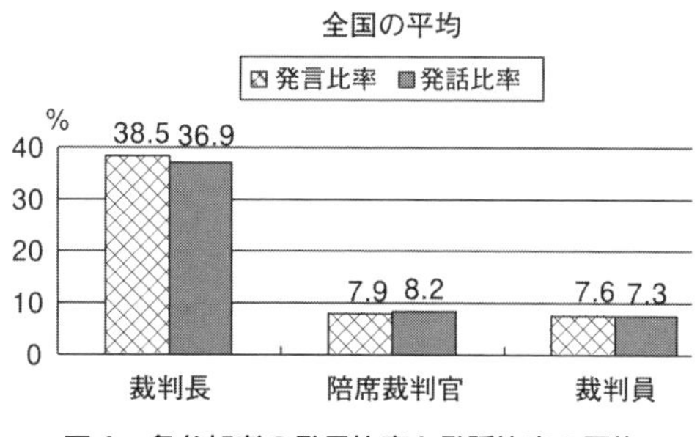

図１　各参加者の発言比率と発話比率の平均

この表を見ると，発言比率・発話比率ともに，裁判長は陪席裁判官や裁判員の 4 倍以上の値となっている。これは，裁判長がたくさん発言し，裁判長を中心として会話のダイナミクスが構成されていることを示す。なお，裁判員と陪席裁判官の間には大きな差がなく，裁判長対その他の参加者という形態で議論が進行している様子がうかがえる。また，発語数を発言回数で割って 1 発言あたりの発語数を算出してみると，裁判長は 44.2 語，陪席裁判官は 44.8 語，裁判員 41.3 語となり，裁判官たちは裁判員より 3 語前後多いことから，裁判官たちのほうが裁判員よりも少々話が長いということがわかる。

さらに男女別に集計してみると，表 1 のように，男性が女性よりも発言比率・発話比率・1 発言あたりの発語数のすべてにおいて上回っており，男性のほうが女性よりもよく発言し，話も長いということが見える。

表１　性差と発話量

	発言比率	発話比率	1 発言あたりの発語数
男性裁判員	7.9%	7.9%	45.7 語
女性裁判員	7.3%	6.5%	40.6 語

年齢という側面においても発話量に差が認められる。図 2 のグラフを見ればわかるように，男女ともに年齢が上がるほど発話比率が高くなる傾向がある。

このような参加者の属性と発話量の関係を見ることによって，議論のダイナミクスを考察することが可能になる他，発話量の調査は，前節で見た制度的談話の特徴を抽出する際にも役立つ。発言比率や発話比率の多さは，裁判長がその場の会話をコントロールしていて，そのコントロール権は，裁判長という立場から生ずるものであるから，その会話の制度性を表していると考えられる。

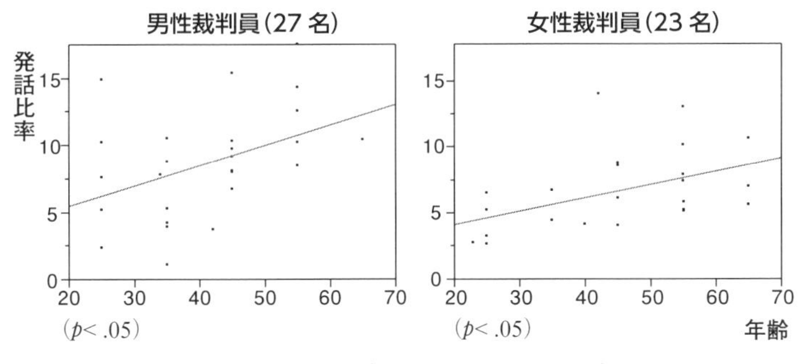

図 2　裁判員の性差ごとの年齢と発話比率の相関

3.3　コミュニケーション・ネットワークによる分析

発話量を基にした会話のダイナミクスの分析の別の方法として，コミュニケーション・ネットワークによる分析も有用である。この分析は，主に社会心理学などで用いられているものである。

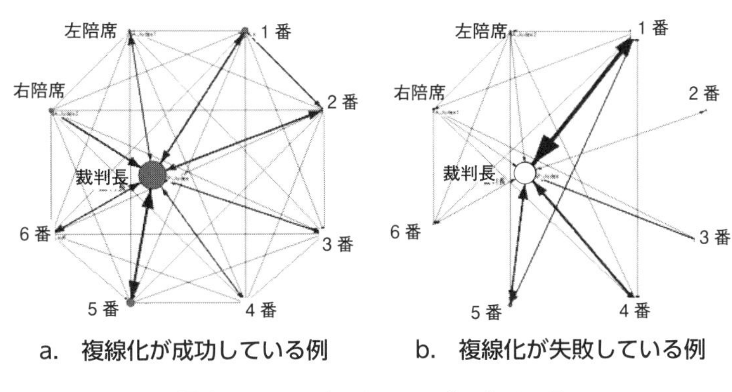

図 3　コミュニケーション・ネットワーク

図 3 において，丸（ノードと呼ぶ）は参加者を表し，矢印の向きはコミュニケーションの方向を表す。矢印の線の太さと頭の大きさは，その矢印が結ばれている先の相手に対しての発言回数，すなわちコミュニケーションの量を表す。また，ノードの大きさ自体が，その参加者の全体に占める割合から算出したやりとりの量を示す。参加者の配置は実際の着席位置ではなく，裁判長を輪の中心にして並べかえたものである。ノードは，輪の中心が裁判長，そして輪の外側右上から時計回りに裁判員 1 番，裁判員 2 番，裁判員 3 番，裁判員 4 番，裁判員 5 番，裁判員 6 番，右陪席裁判官，左陪席裁判官を表す。

図 3a の評議体では，ほぼすべての参加者が他のすべての参加者と矢印でつながっていることから，全員が全員とやりとりをしている，すなわち「議論の複線化」が成功している例である。それに対して，図 3b の評議体は，右側の 2 番と 3 番の裁判員がほとんど裁判長や陪席裁判官以外の参加者とはコミュニケーションをとっていないことがわかる。議論の複線化が失敗している例である。

社会心理学の研究で，議論の複線化が成功している議論は，①課題の多角的な検討に優れており，②複雑な課題の解決に向いていて，③参加者の士気・満足度が高いということが言われている。裁判員裁判では，市民の感覚の反映が制度導入の目的の 1 つである。複線型議論が多角的検討に優れているということは，様々な知識・経験を持った裁判員たちが各々の視点を議論に持ち込みやすくなり，市民の感覚が反映されやすくなるということである。次に，裁判員裁判で扱われるのは重大事件なので，複雑な背景・事情のもとに発生する事件が多いが，複線型議論は，複雑な課題の解決に優れているため，この形態は裁判員裁判には理想的といえる。また，国民の主体的参加・司法の理解が裁判員制度導入の主たる目的であるが，高い士気が得られれば刑事司法に積極的に参加し，理解していこうという気持ちにもなるであろう。その意味でも，参加者の士気・満足度が高い複線型評議は，多くの面で裁判員裁判における評議に望ましい議論形態であるといえる。

4 法廷用語の研究

裁判員裁判の導入が決定した当初は，裁判員裁判における法廷コミュニケーションに関しては，法律家たちも法廷用語の問題を最重要問題の 1 つと捉えていたようである。つまり，法律の素人である裁判員にわかりやすいことばを使って裁判を行わなければいけないと，法律用語の平易化に関する検討や研究に力を注いでいた。これは，法廷で用いられる法律用語を理解しなければ，公正な判断をするための情報を理解することができないという前提に基づいた考え方といえるだろう。このような裁判員裁判を想定したことばの研究には，日本弁護士連合会が弁護士，法学者，言語学者，心理学者などの研究者や報道関係者などに呼びかけて作った「法廷用語の日常語化プロジェクトチーム(以下，PT)」による二つの報告書があり，裁判員裁判における言語使用に関する研究の先駆けとして知られている。

4.1 裁判ことばの市民と法律家の認識の差異

ここでは，上述のPTのメンバーである藤田政博氏による調査が言語学的研究に示唆的であるので紹介したい。藤田(2008)では，このPTが選んだ50の語彙に関して，既知感や法律家にとっての重要度などを調査している。まず，既知感については，①「やにわに」「手拳」「未必的故意」のような『日常的に使わないことば』，②「罪名」「情状酌量」「合理的疑い」のような『日常的に使わなくもないが，親しみがあまりないと思われることば，あるいは日常的に使われているが法的に固有の意味を有することば』，③「正当防衛」「責任能力」「黙秘権」のような『日常的にも耳にすることがあると思われることば』，④「拘置」「婦女暴行」などの「日常的に使われているが法律上は使わないことば」の4種類に分けて，46人の法律関係の職に就く被験者及び非法律関係の被験者に，それぞれの語彙がどれくらいなじみがあるかを質問紙調査を用いて調べている。各被験者に，これらの50語について，まず聞いたことがあるかどうかを「はい」「いいえ」で答えてもらい，次に各語彙の意味について「全く知らない」「あまりよく知らない」「どちらとも言えない」「やや知っている」「よく知っている」のスケールで評価してもらったものに，同じ語彙について弁護士29人に「どれくらい重要と思うか」を5段階のスケールで評価してもらったものを，散布図にして示したものが図4である。

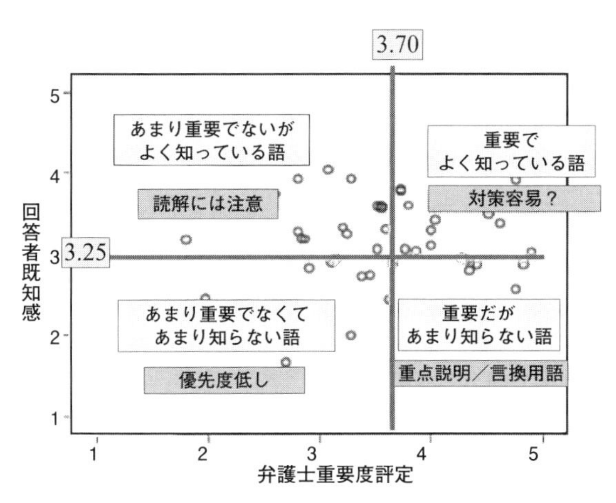

図4　回答者既知感と弁護士による重要度の評定(藤田 2008)

各平均値をもとにこの散布図を四つの部分に分けて考えてみる。散布図の右上の領域に現れている語彙が「重要な用語でよく知られている用語」，右下の領域が「重要な用語でよく知られていない用語」，左上の領域が「重要とされなかった用語でよく知られている用語」，左下の領域が「重要とされなかった用語でよく知られていない用語」となる。それぞれの領域の語を表にまとめたのが表2から表5である。

表2　「対策容易？」に分類された用語一覧

用語	重要度平均	回答者既知感
黙秘権	4.97	4.02
責任能力	4.76	3.91
正当防衛	4.62	4.07
証拠の信用性	4.62	3.38
過剰防衛	4.55	4.03
心神耗弱	4.52	3.50
心神喪失	4.48	3.68
執行猶予	4.34	3.65
被告人	4.07	4.16
勾留	4.03	3.43
起訴状	4.03	3.42
冒頭陳述	4.00	3.30
情状酌量	3.79	3.61
被疑者	3.72	3.80
求刑	3.72	3.78

表3　「重点説明／言換用語」に分類された用語一覧

用語	重要度平均	回答者既知感
証拠能力	4.90	4.02
自白の任意性	4.83	3.91
合理的疑い	4.76	4.07
未必的故意	4.41	3.38
公訴事実	4.34	4.03
量刑	4.32	3.50
教唆する	4.28	3.68
犯行を抑圧する	4.00	3.65
畏怖させる	3.86	4.16
証拠の取調べ	3.76	3.43

表4　「誤解には注意」に分類された用語一覧

用語	重要度平均	回答者既知感
実況見分	3.59	3.31
公判	3.55	3.60
控訴	3.55	3.57
損壊する	3.52	3.60
罪名	3.28	3.93
焼損する	3.24	3.25
宥恕する	3.21	3.33
殴打する	3.07	4.05
婦女暴行	2.79	3.93
拘置	2.79	3.28
立腹する	2.59	3.74

表5　「優先度低し」に分類された用語一覧

用語	重要度平均	回答者既知感
威迫する	3.66	2.90
諭告	3.62	2.44
強取する	3.52	3.07
罪体	3.45	2.75
略取する	3.38	2.73
員面調書	3.28	2.00
公訴	3.14	2.95
罰条	3.10	2.91
甲号証	2.90	2.83
改悛する	2.86	3.19
手拳	2.83	3.20
付和随行	2.69	1.67
やにわに	1.97	2.47
思料する	1.79	3.18

実は，弁護士評定による重要度と回答者による既知感の間には，有意な相関はないのだが，それは，重要と思われることが必ずしも知られているとは限らないことを意味しているといえる。つまり，実務家から見ると知っているだろうと期待される語彙や概念を裁判員が必ずしも知っているわけではないということである。

このような分析は，裁判員裁判で使用に気を遣うべきことばは何か，またことばをどう使うべきかという，規範的な立場からの研究としても成り立つし，裁判員と法律家のことばに対する認識や使用の差異を明らかにしていくという記述的な立場からの研究としても成り立つ。

4.2 法律家の使うことば

裁判ことばを抽出する別の方法として，同じコンテクストで市民のことばと法律家のことばを比較することが考えられうる。その1例として，堀田(2011)では，2005年から2009年の間に日本各地の裁判所・検察庁・弁護士が行った法曹三者合同模擬裁判における評議のデータをコーパス化し，そこから裁判員と裁判官の使用する語彙の差異を統計的な手法で抽出している。先に挙げた藤田(2008)の調査では，語彙の選定については，PTが主観的に選択したものを用いているのに対し，堀田の調査では出現頻度のようにコーパス言語学などで一般的に用いられている客観的な手法を用いている。

抽出された裁判官に特徴的な表現を以下の基準で数名の現役法学部生及び法学部出身者に評価してもらうことによって，法律家的な表現(法律用語ではない)を同定している。

A：一般の人が通常ほぼ使用しない法律用語(4点)
B：一般の人にもたまに用いられる法律用語(3点)
C：法律家が法的なコンテクストでよく用いる日常語(2点)
D：法律家も一般人も普通に用いる日常語(1点)

評定者の評価の点数を合計し，平均値が2.5以上の表現に絞ったものが以下のリストの41語である。

裁判官の特徴語リスト（法律的表現）（$p < .01$）（括弧内の数字は，それぞれ平均評点，標準偏差を表す）

被告人（3.4, 0.55），供述（3.4, 0.55），検察官（3.4, 0.55），本件（3.2, 0.84），弁護人（3.4, 0.55），●●番さん（3.4, 1.34），争点（3.0, 1.00），証拠上（3.4, 0.89），被害者（3.2, 0.45），推認（3.8, 0.45），裁判員（3.2, 0.45），弁論（3.4, 0.89），乙（3.6, 0.89），弁解（2.8, 0.84），裁判官（3.6, 0.55），論告（4.0, 0.00），評議（2.8, 1.10），●号証（4.0, 0.00），捜査段階（3.6, 0.89），突き刺す（3.0, 1.41），証拠関係（3.6, 0.89），血痕（3.2, 0.84），事案（2.6, 0.55），公判廷（4.0, 0.00），法律上（3.4, 0.89），控訴（3.6, 0.55），態様（3.2, 1.10），起訴（2.6, 1.14），殴打（3.0, 1.00），裁判所（2.8, 1.10），法廷（3.4, 0.55），共謀（3.4, 0.89），強盗致傷（4.0, 0.00），宣告（3.6, 0.55），犯行（2.8, 0.45），共同正犯（4.0, 0.00），未決（3.0, 1.41），科す（3.2, 0.84），勾留（4.0, 0.00），合議（3.4, 0.89），証拠調べ（3.6, 0.89）

これらの多くは一般市民でも理解できるものだろうが，この結果を見てみても，裁判官と市民のことばの間には大きな差があり，裁判員裁判における法律の専門家のレジスターが存在するということがわかる。

裁判員裁判は，裁判員という市民が参加しているため，裁判員向けに法律家たちもことばを変えることがほとんどだが，裁判員裁判以外の裁判では，旧態依然とした法律用語だらけの裁判が今でも行われている。

■ 課題 ■

1. 裁判員裁判における評議が描写されている映画や法務省作成の広報ビデオ，あるいは外国の陪審裁判における評議が描写されている映像(映画を含む)などを観て，ドラマのシナリオにおける評議の様子と本章で紹介された評議の様子を発話量の点から比較し，ドラマと実際の評議における言語コミュニケーションとの類似点や相違点を指摘しなさい。
2. 66 ページの裁判官に特徴的な語のリストを使い，それぞれの語について聞いたことがあるかどうかを「はい」「いいえ」で答えてもらい，その後各語彙の意味について「1 全く知らない」「2 あまりよく知らない」「3 どちらとも言えない」「4 やや知っている」「5 よく知っている」のスケールで評価してもらい，よく知られている語から順にリストを作成しなさい。

さらに学びたい人のために

■ 堀田秀吾(2009)『裁判とことばのチカラ：ことばでめぐる裁判員裁判』ひつじ書房.
☞裁判員制度をことばという切り口から，言語学や心理学の様々な理論を応用しながら様々な分析を試みている書。同じ著者による『法コンテキストの言語理論』(2010　ひつじ書房)には，ここでの分析の発展版が収録されている。

■ 後藤昭監修・日弁連裁判員制度実施本部法廷用語日常語化プロジェクトチーム編(2008)『裁判員時代の法廷用語』三省堂.
☞裁判員のための法律用語解説本を，法学者と弁護士だけでなく，言語学者やメディアもプロジェクトチームに加えたことが司法業界で画期的とされている。

■ 古田裕清(2004)『翻訳語としての日本の法律用語：言語の背景と欧州的人間観の探究』中央大学出版部.
☞日本語の法律用語について，様々な難解語が外国法から日本法に取り入れられた経緯などを解説することによって，難解さの理由を探る書。

■ 森本郁代・北村隆憲・小宮友根・三島聡・サトウタツヤ・國井恒志(2014)『裁判員裁判の評議を解剖する』日本評論社.
☞裁判官と裁判員が協働するにはどうすればよいか。模擬裁判における評議の会話分析を行い，評議を可視化し，そのあり方を考える。

学習室⑤ 法令用語と法令文の市民化

1. わかりやすい日本語文章表現

認知科学や文章読解過程などの研究領域の進展も影響して，近年わかりやすい文章表現の特徴についての論文が増えている。例えば石黒（2016）は，わかりやすい文章表現の条件を考える際は，わかりにくい文章表現の条件を想定しそれを避けることが現実的だと提案する。文章理解に関する活動のうち，表現を中心とした語学的条件による読みやすさに係わるものとして，文字認識，語句文節，意味変換，統語解析，文脈連接，文章構成の計６つの活動を想定し，これらが阻害される要因こそが文章表現をわかりにくくする要因だとして，具体例を用いて検討している。

文章表現のわかりやすさの追求は，司法や法令の領域でも関心が高まっている。司法制度改革審議会（2001）では，わかりやすい司法実現のために司法判断の基礎となる法令の内容自体を国民にとってわかりやすいものとすることの重要性が強調されている。わかりにくいとして批判の多かった判決文についても「引き続き，国民の視点に立った検討が望まれる」と述べられている。この制度改革は元来，法の精神・法の支配が国民の日常生活に根付くことを目標に掲げて着手されたものであることから，国民にとってのわかりやすさに焦点が当てられたのは自然の成り行きといえよう。

本稿では，国民と市民という本来異なる概念を，日本社会を構成する法律専門職に就いていない一般の人々の意味で厳密に区別せず，一括りに市民として扱う。市民にとって法[律]をわかりやすいものにすることを，「法を市民に近づける」（佐柄木他 1997）変化（以下“法の市民化”）と捉え，法[律]を法令用語と法令文に区分した上で，日本における“法の市民化”の歴史を概観する。

2. 法令用語の市民化

戦前の法令はもっぱらカタカナ表記，文語体（主に漢文訓読体）が用いられ，句読点も条文の見出しも付されておらず，市民にとっては読みづらくわかりづらいものであった。戦後の憲法改正草案は漢字平仮名表記，口語体が採用され，以後作成される法令案は漢字平仮名・口語体が原則となった。その意味でこの改正草案は，“法の市民化”進展の分岐点ともいえよう。

しかし民法や刑法など明治期成立の法令は，戦後も長らく用いられた。これらが平仮名・口語体に書き換えられたのは平成期に入ってからである。特に「民法の一部を改正する法律（平成 16 年 12 月 1 日法律第 147 号）」成立後，理解しやすさを追求する観点から，条文表記の平仮名採用とともに，現代では用いられていない用語を平易なものに置き換える作業が進められた。

また司法制度改革の一環として裁判員裁判が開始されることとなった際，法曹三者と一般市民から選ばれた裁判員との法廷コミュニケーションに関心が集まり，そこで用いられる刑事法令関連の難解用語を問題視する観点から，法廷用語の日常語化を目指すチームが結成された。非専門家委員として日本語学・法言語学・心理学の研究者や報道機関解説委員などが加わり，専門家が非専門家に近づいていく方向に向かって検討が重ねられた（後藤［監修］2008）。これはまさに“法廷用語の市民化”を志向する作業だったといえよう。このチームにおいて非専門家委員の一員だった大河原眞美氏はその後，民事法令に焦点をうつし，「市民に分かりやすい民事関連法律用語の言換えに関する研究」，「市民を対象とした重要度の高い民事関連用語の解説についての研究」など，民事関連法令用語の社会普及を目指した共同研究プロジェクトをリードしてきた（大河原・西口 2019）。

3. 法令文の市民化

前述のとおり，戦後改革や司法制度改革に伴い，法令用語の市民化には進展が見られた。しかしながら法令文の市民化に関しては，いまだ課題が残されていることを示唆する見解が示されている。例えば橋内（2018）は，ヘイトスピーチ解消法の言語的特徴について，「冗長で」「複雑な文構造」で「一度目を通しただけでは到底理解し難い」こと，文体は「堅苦し」く「日常生活から縁遠い」と指摘している。

4.「法の市民化」に関する今後の展望

明治期，西洋型の近代国家・法治国家の仲間入りを果たそうと努力する中で，多数の法典が整備され新しい法律用語が多数生み出された。その先人の努力を遺産として継承していくことは大切なことではあるものの，他方で，時代にあわせた変更の必要性のあるものが明らかになりつつある。参議院法制局が Web ページにおいて，「法律は，一度作られれば永久にその形のままであるということはなく，（中略）時代とともに変化していくもの（中略）。国民にとってのわかりやすさをさらに追求するため，法律の“平易化”という視点は，引き続き求められる」と記している。その遺産をより現代の市民にとってわかりやすく利用しやすいもの，平易なものに置き換えていく作業は，現代日本を生きる人々に託された使命といえるのではなかろうか。

（寺井悠人）

第5章

司法通訳 正確さと公正さを期して

水野真木子・中村幸子

● Keywords ●

司法通訳人，法廷通訳，国連人権B規約，法廷ディスコース，コーパス，レジスター，フィラー，コロケーション

本章のねらい

司法手続きで使用される言語を解さない移民や外国人が被疑者として取調べを受けたり，被告人や証人として出廷する場合，コミュニケーションの橋渡しをするための通訳者が選任される。そのような通訳者のことを司法通訳人と呼んでいる。日本では，2009年度の裁判員制度導入に伴い，一般市民に正確に情報が伝わることの重要性という観点から，法廷通訳の質の問題が，これまで以上に関心を集めるようになっている。本章では，日本の状況を中心に，司法通訳についてその概要を論じるとともに，司法通訳研究の流れの中での言語学の位置づけ，その言語学的研究の現状と可能性について論じる。

1 司法通訳の根拠，主な場面と特徴

アメリカ合衆国やオーストラリアのような移民国家では，1970年代ごろから司法通訳の制度が整備されてきているが，日本では比較的新しい概念である。1980年代のバブル経済のころから，日本に労働者としてやってくる外国人の数が急増し，それに伴って外国人の関わる刑事事件の件数も増えてきた。そんな中で，司法の現場でのコミュニケーションの齟齬（そご）の問題が意識されるようになった。

日本語を解さない被告人のために，司法手続きの各段階において通訳人をつけることは，人権保護と密接に関わっており，日本も批准している国連人権B規約14条3項にその根拠を求めることができる。また，日本の刑事訴訟法175条にも，通訳に関する規定がある。

司法通訳の法的根拠

国連人権B規約

14条3項

(a) その理解する言語で速やかにかつ詳細にその罪の性質および理由を告げられること。

(f) 裁判所において使用される言語を理解すること又は話すことができない場合は，無料で通訳の援助をうけること。

刑事訴訟法175条

国語に通じない者に陳述させる場合には，通訳人に通訳をさせなければならない。

司法通訳が必要な場面は様々である。広義には民事事件に関わる通訳も司法通訳といえるが，現在議論され研究されている分野は主として刑事手続きの各段階での通訳である。

日本の刑事手続きでは，捜査段階において警察や検察での取調べ通訳が必要となる。次に公判段階では裁判所の責任で法廷通訳人が選任される。また，弁護人接見の際の通訳人は，各弁護士会や法テラス(日本司法支援センター)が独自に手配する。中立性や予断排除のために，それぞれが同一人にならないように配慮されている。

司法通訳の特徴として，言語の多様性が挙げられる。会議通訳では英語などの主要言語が中心であるが，司法通訳の場合，手続きに関わってくる移民や外国人の母語の通訳人が手配されることから，地域によって需要の高い言語が決まってくる。日本の場合，長年，中国語，韓国・朝鮮語，スペイン語，ポルトガル語の需要が多かったが，リーマンショック及び東日本大震災後の時期ごろから東南アジア出身の来日外国人が急増し，司法通訳の言語についても，ベトナム語，タイ語，タガログ語，ネパール語などの需要の高まりが著しく，それらの言語で質の高い通訳人が不足するという問題が起こっている。

また，司法通訳では会議通訳等とは異なり，様々なレベルの言語に対応する必要がある。会議通訳の対象となる人々の教育水準は一定レベル以上であり，話し方のスタイルやレジスター(場面に応じて現れる特徴的なことば遣い)や語彙も，比較的均質である。しかし，司法通訳の場合，鑑定証人などの高度に専門的なレジスターや語彙に対応することもあれば，被告人や証人などの証言に時おり見られるような，教育をほとんど受けていない人々に特有のスタイルを訳さねばならないこともある。

2 司法通訳の正確性の問題

司法通訳で最も重要とされるのは，情報伝達の正確さである。人の生命や人生に関わる場面で通訳するのであるから，通訳によって誤った情報が伝わることは極力避けられなければならない。従来型の裁判では，警察や検察で作成された取調べ調書の内容が非常に重みを持っていたため，取調べ時の通訳の質の良し悪しが審理に決定的な影響を及ぼしていたが，2009 年度に導入された裁判員裁判では，従来型の書面主義から口頭主義へと裁判のあり方が大きく変わり，法廷で何がどのように話されるかが，審理の行方に大きな影響を及ぼすようになった。法廷での原発言と通訳プロダクトとの等価性への要請がますます高まり，法廷通訳の質がこれまで以上に問われるようになったといえよう。

通訳の等価性であるが，会議通訳などでは意味の等価が一番重要視される。不自然さを排して意味を通りやすくするためには直訳よりも意訳が好まれる。もちろん，意訳は要約とは異なり，原発言の持つ情報の質と量が保たれなければならない。法廷通訳についても，意味の等価はもちろん重要であるが，法廷という高度に定型化された場において，そこで発せられる語彙，スタイル，レジスターの特殊性を考えると，単に意味の等価性さえ保持されればよいということにはならない。

例えば，法律用語についてはその「法的意図」や「法的効果」の等価性も保証されねばならない。簡単な例を挙げると，日本語の「懲役」を英語で imprisonment とだけ訳すと，「労働が伴う」という重要な要素が抜け落ちてしまう。英語の murder（謀殺）と manslaughter（故殺）は，同じ殺人行為ではあっても，前者は計画性のある殺人，後者は計画性のない殺人と，その状況は異なる。そのため，日本語の「殺人」を英語に訳す場合，その内容がわからなければどちらを訳語として選ぶか決めることができない。取りあえず，人を殺すこと一般を指す homicide ということばを使うなどの工夫が必要となる。司法通訳の言語は多様であり，このような法律用語や法廷表現についても，言語ごとに特有の問題が起こってくる。

また，法廷では被告人や証人，そして裁判員といった，一般人の発言も訳す必要がある。その場合，感情表現や擬声語・擬態語，文化特有の表現など多く使用されるが，その等価の表現を見つけるのが難しい場合がある。「ガチャンと割れる音がした」という表現に出てくる「ガチャン」は擬声語を持たない言語では表現しにくいだろうし，韓国語のような擬声語・擬態語の豊かな国の言語でも，日本語の表現と 1 対 1 で対応するわけではない。

話し方のスタイルやレジスターも，正確に訳す必要がある。これらが不正確だと話し手の人格に対する誤った情報を提供することになり，判決にも影響が及ぶ可能性がある。また，通訳人の訳し方次第で，パワーがあり説得力のある発言でもパワーがなく信憑性のないものに聞こえたり，粗野な話し方をしていても上品で洗練された人のように見えたりしてしまうのである。

3 日本で司法通訳が問題になった事件

これまで日本で，法廷通訳がメディアなどによって問題として大きく取り上げられたケースを 5 件紹介したい。小節見出しの年号は、第 1 審が行われた年（3.2 は郡裁判所での審理が行われた年）である。

3.1 道後事件（1996 年）

タイ人女性が被告人となった殺人事件で，第 1 審も第 2 審も通訳が問題になった。松山の道後温泉で管理売春の元締めであるタイ人女性を，売春をさせられていた 3 人のタイ人女性が殺害し逃亡したが，そのうちの 1 人が 6 年後に逮捕され松山地裁で裁判が行われた。第 1 審の通訳人は，夫の仕事の都合でタイに 2 年間滞在し，片言のタイ語ができる程度の能力であった。裁判中も非常に簡単なことばも通訳できなかった。この事件は控訴され，高松高裁での控訴審では日本滞在が 10 年以上というタイ人の通訳人が起用されたが，今度はその通訳人の日本語が十分ではなく，結局，被告人との意思疎通の欠如が最後まで修正されなかった。この事件は，まだ法廷通訳の質の担保が十分ではない時代のものであり，特に日本では人材の乏しいタイ語の通訳ということもあり，単に通訳人の基本的な語学力不足が問題であった。

3.2 メルボルン事件（1994 年）

この事件が日本で取り上げられるようになったのは，道後事件よりもずっと後であるが，実際に裁判が行われたのは道後事件より早い。これはオーストラリアで起こった麻薬事件である。日本人観光客5人のスーツケースの二重底の部分にヘロインが隠匿されているのがメルボルン空港で発見された。彼らは逮捕され，裁判の結果有罪となった。しかし，麻薬組織のメンバーに騙されて，問題となったスーツケースを運んで行ったという可能性も否定できない事件であり，さらに通訳が適正ではなかったという事情から，日本で弁護団が結成され，取調べ段階の通訳を分析し，その報告書を添えて国連規約人権委員会に個人通報(人権侵害を受けた被害者が国を相手に訴えること)した。これは海外で起こったケースであり，ここで取り上げる他の事件とは異なるが，メディアが大きく取り上げ国民の注目を集めたという点では，他の事件をはるかにしのぐ。

オーストラリアでは取調べの内容が録音・録画されている。弁護団はそのテープを専門家に分析させたが，その結果，様々な誤訳が発見された。例えば，捜査官のSo you are just making it up, is that right?(じゃあ，それはでっち上げ(making up)なんだ。そういうことですか)という質問を，通訳人は「そういうふうなことだというふうに，言っただけの話ですか」と訳した。「でっち上げたのか」という一番重要な点が抜け落ちていた。被疑者は当然，「そうです」と答える。英語だけを聞くと，「でっち上げた」ことを肯定していることになる。

また，捜査官のsuitcase(スーツケース)ということばを，通訳人は「荷物」と訳した。被告人たちの主張では，オーストラリアに来る前にマレーシアに立ち寄ったが，そのときにスーツケースが盗まれた。ツアーガイド(後に麻薬組織のメンバーだと判明)が代わりに持ってきたスーツケースに，自分たちの荷物を入れて運んでいた。つまり，中身は自分のものであるが，スーツケースはそうではないということになる。「荷物」という日本語は主に「中身」を指す。通訳人の訳し方によって生じたスーツケースと中身の混同のせいで，被疑者はスーツケースを自分のものだと認めたことになってしまった。

この事件では，5人の被告人の取調べ段階のテープがすべて分析され，多くの誤訳個所が具体的に明らかにされたが，通訳人の語学力そのものの問題ではなく，通訳能力が問われた点で，道後事件とは大きく異なる。そして，通訳人による誤訳の影響というものが実際に存在するのだということを世間に示すきっかけになった（メルボルン事件弁護団編 2012)。

3.3　ニック・ベイカー事件（2002 年）

日本で起きたイギリス人男性の麻薬事件であるが，控訴審の弁護人が通訳の正確性に関する鑑定を専門家に依頼した初の事件である。この裁判の通訳をめぐる問題の特徴は，被告人の英語であった。ロンドン周辺地域で生活していた被告人には強い訛りが見られ，通常の英語には問題なく対応していたはずの通訳人も，この被告人の英語を理解するのには困難を極めた。例えば，税関職員に，麻薬が隠匿されていたスーツケースを X 線にかける許可を求められた際に，被告人は It ain't mine. と答えた。これは It isn't mine.（それは私の物ではありません）の俗語表現であるが，ロンドン訛りの発音の特殊性も相俟って，通訳人は I don't mind.（構いません）と理解した。被告人は，知り合い（後に麻薬組織の一員と判明）と一緒に来日し，その人物のスーツケースを持って税関に並ばされたのであって，それは自分のものでないと最初から主張をしていたわけであるが，それが全く通じていなかったことになる。他にも多くの誤訳が見られたが，一番大きな問題は，通訳人が被告人の発言の理解できない部分を省いたり，創作して訳した箇所があまりにも多いことであった。

この事件では，会議通訳などとは異なって，司法通訳の現場ではスタイルやレジスターはもちろんのこと，地域や社会集団に固有の言語変種にも対応しなければならないということと，正確な通訳にとってそれがいかに大きな阻害要因となるかということがはっきりと示された。また，被告人の発音が理解できないなど，仕事が自分の能力を超える場合に取るべき対応を取らなかったということで，担当通訳人の倫理も問われたケースであった。

3.4　ベニース事件（2009 年）

わが国初の英語通訳付き裁判員裁判の事件である。被告人自身が第 1 審の通訳人の能力に疑問を持ち控訴したが，ニック・ベイカー事件同様，控訴審担当弁護人が通訳の正確性についての鑑定書を裁判所に提出した。この事件では，徹底的に言語分析を行うということで，言語学と通訳学の専門家 4 人が鑑定にあたった。その結果，第 1 審通訳人が重要な部分でいくつか誤訳をしていたことが判明すると同時に，訳し落としによる大幅な情報の漏れがある不正確な通訳であったことがわかった。また，被告人の発話には**談話標識**と呼ばれる you know や you see が多用され，それが発話者の主張を強化するはたらきをしていたが，通訳バージョンではそれらがほとんど抜け落ち，代わりに「あのう」「えーと」というような多くの言い淀みが加わったことにより発言の説得力や信憑性が低下した，などの問題が多く指摘された。

ベニース事件は，通訳の正確性について初めて本格的な言語学的分析が行われたという意味で特筆すべき事件である。また，裁判での言語鑑定のあり方について考えるきっかけとなった事件でもあった。

3.5 ジャカルタ事件(2016年)

1986年にインドネシアの日米両大使館に迫撃弾が発射されたが，犯人と目される元日本赤軍派メンバーが1996年に逮捕され，アメリカの裁判で有罪判決を受け服役していた。彼は刑期を終え出所したのち，日本に強制送還され，東京地裁の裁判員裁判で裁判を受けたが，その際，多くの誤訳や訳し漏れが問題になった。通訳人は2人選任されたが，そのうちの一人は，「冷蔵庫」や「テレビ」，「紙」などの基本的な単語すら理解していない様子で，数字などの誤訳も多かったという。この裁判では，地裁，検察側，弁護側は三者協議で当該通訳人の資質を疑問視し，裁判長は誤訳や訳し漏れの疑いがあるとして，通訳内容の鑑定を別の通訳人に依頼する手続を取った。重要な公安事件のため正確性を重視したという側面はあるが，裁判所が主体的に通訳人の正確性について鑑定を行ったという点で，画期的な事件である(中日新聞　2016年10月20日「法廷通訳　危うい橋渡し」)。

4 司法通訳の研究の流れ

司法通訳の研究は欧米やオセアニアを中心に1980年代から盛んに行われている。1995年よりCritical Linkと呼ばれる司法通訳をテーマの一つとする学会が3年に1度ずつ開催され，世界の研究者や実務家が研究交流の場としている。最近は日本人研究者の参加も多い。

日本での司法通訳の研究は1980年代に，外国人労働者の人権という文脈での公正な司法へのアクセスという観点から始まった。その主な担い手は法律家で，特に海外の法制度の研究や国際法と国内法の比較に関わるものが多かった。1992年に司法通訳人有志の呼びかけで日本司法通訳人協会(2004年に解散)が発足し，この会のメンバーを中心に通訳人，通訳研究者，法律家たちによる学際的な研究が行われるようになった。当時の研究は，司法通訳の現状の分析と啓蒙を主体とするものであった。

2000年以降は，法務省の委託による海外の司法通訳制度の調査が数年間にわたって実施されたこともあり，海外の制度の紹介も盛んに行われた。また，司法通訳の制度，用語の知識，通訳倫理などについて学べる概説書(例えば，渡辺他 2004)も出版されるようになった。さらに，2009年に裁判員制度が導入されると，一般市民である裁判員の判断に法廷通訳がどのような影響を及ぼすかという問題に対する研究者の関心が高まってきた。特に，通訳の問題についての，より科学的かつ実証的な研究の必要性が認識されるようになり，言語学的アプローチも盛んになってきた。

また，2019年からのコロナ禍により，司法手続きのIT化の流れが加速した。裁判を含め，司法手続きのリモート化も今後進んでいくと思われる。海外では，リモート通訳の問題点や，対面と比較して通訳の質が変わるのかなどが，新たな研究テーマとして取り上げられるようになっている(例えばHale et al. 2022)。日本でもこのテーマに関心を持つ研究者が増えていくと思われる。

5 言語学と司法通訳

法廷ディスコースに関する言語分析は日本ではまだまだ新しい学問分野であり，とりわけ通訳を介した裁判を題材にした研究はここ最近始まったばかりである。ここでは，コーパス・ツールを利用した通訳人の語彙使用に関する研究例，統計ツールを利用した通訳人の訳出スタイルに関する研究例を紹介する。最後に，今後さらなる研究が待たれる分野についても簡単に触れる。

5.1 コーパス・ツールを用いた通訳人の語彙使用に関する研究例

わが国では法廷で一般傍聴人が録音・録画などを行うことは禁じられており，研究目的でも外国人のありのままの発話データを得ることが難しい。そのため法廷通訳研究者たちは通訳を介した模擬裁判を実施し，そのデータを基に言語分析を行ってきた。その結果，模擬裁判員は通訳人による日本語訳を証言と同一視し，信憑性判断の拠り所としていることや，通訳人の訳出スタイルが，裁判員の被告人に対する心証形成に影響を及ぼす可能性があることがわかってきた。

法律の専門家である検察官や裁判官とは異なり，被告人・証人は一般市民であり，彼らの法廷での発話の特徴が一般市民の言語使用に近いことは多くの欧米の研究者に指摘されているが，裁判における一般市民の言語使用の傾向を掴むには大規模コーパスの用例と比較することが有用と考えられる。つまり，被告人が使用した語の頻度やその語の使われ方が，一般市民の言語使用を集めた大規模コーパスでの出現頻度やコロケーションとほぼ同じであれば一般的な使用と見ることができるわけである。

被告人の発話の通訳についての問題が最も顕著に表れるのが主質問と反対質問である。ある外国人傷害事件の模擬裁判の反対質問において，次のような場面があった。

〈例 1〉

1 検察官　:あなたは被害者の顔を何回か殴ったわけですね。
2 通訳人 A: So you had **beaten** his ah, victim's face a few times.
3 被告人　: You mean, **hit** him? Yes.
4 通訳人 A: 殴ったということですか，はい，殴りました。

例 1 のやりとりには，語の使用に関するある一つの問題が 2 か所から浮かび上がっていることに注目したい。まず 1 か所目は，検察官による 1 行目のセリフ中の「殴る」の訳語である。通訳人は had beaten という語をあて 2 行目のように訳した。これに対し被告人が，You mean, hit him? (3 行目) と聞き返し，通訳人は「殴ったということですか。はい，殴りました。」(4 行目) と問いかけを含めて訳した点である。実は，この問いかけはあらかじめ用意したシナリオにはなく，被告人役の外国人がアドリブで聞き返した部分であった。被告人役の外国人は，beat(en) を hit に修正したわけだが，果たしてその修正は同じ意味を単に別の語で言い換えただけという単純な言い換えだったのだろうかという疑問がわく。2 か所目は，被告人が beat を hit に修正した時点で英語では 2 つの表現が存在していたにもかかわらず，日本語では「殴った」という 1 種類の語彙でしか表現されておらず，英語でのやりとりは全く表面化していないという点である。言語学的にこの二つの語の置き換え可能性に着目した言語分析を行ったところ，実に興味深い傾向が見られた。参照したコーパスはイギリス英語の一般部門の話しことばコーパス (Bank of English 一般話しことば編 1000 万語) であり，hit と beat のコロケーションを比較した。

〈例 2〉 hit のコンコーダンス

1 Shoes have got to kind of jump out and **hit** me [F01] Mm [M01] and say you
2 s ever hit me 'cos he wouldn't dare. No man will **hit** me again. But he's
3 [ZF1] He b [ZF0] he belted MX the baby. He'd **hit** the baby so I sent him
4 didn't mean to hit me in the eye but he meant to **hit** me. But [ZF1] only
5 in [M0X] Mhm [M01] [ZGY] over there [M0X] [ZGY] **hit** my head on the ceiling
6 to really [tc text=pause] [ZF1] hit the [ZF0] **hit** the target that [ZF1]
7 [ZF1] The [ZF0] the dictionary gets up and **hits** me every time I [ZGY]
8 lucky 'cos er if you get h if it **hits** the corner of the er roof then it'll
9 [tc text=laughs] [F0X] [ZGY] [F0X] Why's he **hitting** him [ZGY] [F0X] He's

例 2 が示すとおり，hit という語は，shoes, no man, baby, me, head, target, dictionary, roof, him など幅広い語と共起し，特定の準拠枠(frame of reference)を示す傾向はない。つまり hit はどの語彙とも自由に結びつくことが可能な中立的な語であるといえる。Sinclair(1991)はこのような語の組み合わせをコロケーションとは区別して自由結合(free combination)と呼んでいる。

一方，beat を同様に検索すると以下のような用例が見つかった。

〈例 3〉 beat(en)のコンコーダンス

1 they came round and **beat** the husband to within an inch of his life.
2 have a torch [ZGY] [F0X] I'll just **beat** my head against the wall. [tc
3 They threatened to black both my eyes and **beat** me with the baseball bat
4 wrestle him to the ground **beat** his head against the counter and cuff
5 dad he used to beat your mum did he used to **beat** you as well or not?
6 and so on and went too far and got badly **beaten** up. [M01] Did he really. [F01]
7 ten people about the death of a man **beaten** up during a family barbecue.
8 Chris he **beat** her severely And when I say he **beat** her severely she lost

例 3 の beat(en) のコンコーダンス・ラインからは，beat(en) が within an inch of his life(殺す寸前まで)(1 行目)，beat my head against the wall(壁に私の頭を打ち付ける)(2 行目)，beat me with the baseball bat(野球のバットで私を殴る)

(3 行目)，beat his head against the counter（カウンターに彼の頭を打ち付ける）(4 行目)などとともに出現している例が見つかった。つまり，beat(en) は「道具」を使って，ある「場所」などに「人」を打ち付けるという行為であり，badly(6 行目)，severely(8 行目)や death(7 行目)といった程度や結果を表す語と共起している。コーパスから得られる hit と beat(en) の共起語は大きく異なり，これらの語が置き換え可能ではないことが示唆される。

もし，このような両者の言外の意味の違いを知りつつ beaten を hit に言い換えれば，言外に「私は相手を beat(en) したのではなく単に hit しただけなのだ」と匂わせることも可能になる。そして通訳人が，被告人から hit と訂正されているにもかかわらず「殴った」と訳したのでは，発話者の意図は反映されないことになる。

このような通訳例を聞いた模擬裁判員たちは，通訳人が使用した語彙を拠り所に判断を下していることがうかがわれるコメントを寄せている。例えば，ある裁判員は「殴る」とか「首を絞める」などの印象が強く残ってしまうとして有罪を選び，別の裁判員は「ことばがわからない場合ほとんど通訳者のことばとして捕らえる」「日本語しかわからないとすれば通訳に頼るしかない」「知らない言語だったら通訳人しか信じる人はいない」などと答えている。

このようなコーパスを利用した語の置き換え可能性に着目した分析から，同義語・類義語の中には不用意に置き換えてはならない注意を要する語があり，どの語を選ぶかによっては意味の操作につながりかねないことが示唆された。いかなる語もニュートラルではありえない。語の選択はイデオロギーを表明することにも等しい(Stubbs 1996: 107)のである。法廷においては自らが使用した訳語が思わぬ「効果」を生んでしまうようなことがあってはならない。この研究についての詳細は，中村・水野(2009)を参照のこと。

5.2　統計ツールを用いた通訳者の訳出スタイルに関する研究例

次に，通訳者の訳出スタイルに焦点を当てた研究を紹介する。これも外国人被告人の反対質問を想定した法廷実験により得られたデータの分析例である。被告人の発話スタイルは全く変えず，通訳者の訳し方のみを変えた実験である。すなわち，①「〜でございます」という丁寧で上品かつソフトな語り口で会議通訳出身者に多い話し方，②「〜だった」というぶっきらぼうなやや乱暴とも思われる紋切り型で，日本語ネイティブではない通訳者に多い話し方，③「えぇっと」「あのう」「そのう」などの間投詞・フィラーなどの言い淀み表現の多い口調(通訳者の個人語ないしは通訳能力に問題がある場合もある)，の 3 種類に訳し分けた通訳例をそれぞれ別々の被験者に見せ，被告人の知性・教養，証言の一貫性・説得力，証人の信憑性について評価してもらった。それらを統計ツールで検証したところ，いずれにおいても，丁寧な口調による通訳が最も評価が高く，ぶっきらぼうな通訳や言い淀みが多用された通訳は評価が低いという結果が出た。つまり，丁寧過ぎる口調で訳した場合，被告人に好意的な判断につながり，ぶっきらぼうな口調の通訳や言い淀みの多い通訳は，逆に厳しい判断につながる可能性もあることが示唆されたといえる。従来から通訳を介しても法廷審理には影響を及ぼさないという前提で裁かれてきた外国人事件が，実は，通訳者の口調や訳し方のスタイル如何で被告人に対する心証形成に大きな影響を及ぼす可能性があることがわかったのである。詳細は中村・水野(2010)を参照のこと。

5.3　今後さらなる研究が望まれる分野

ここに紹介した研究以外にも，これまで法廷での語彙使用や通訳スタイルの違いによる影響に関する研究は進展を見せ始めているが，今後は裁判員の信条・価値観や文化ステレオタイプに焦点を当てた研究も必要と思われる。裁判員となる一般市民の多くが必ずしも海外経験や外国事情・文化背景等の知識を豊富に持っているとは言えない。また中には外国人に対してある種の固定観念を抱いている人もいる。被告人の人種や外見とそれらに対する心理的要因が裁判員の判断に及ぼす影響や，それらと通訳の訳出スタイルや語彙使用との交互作用に関する研究はまだ日本では行われていない。今後の研究が待たれるところである。

6　司法通訳の今後の展望

2019 年に，ISO(国際標準化機構)が，翻訳通訳サービスに関わる国際規格の 1 つとして司法通訳(Legal Interpreting)の規格を作成し発行した。世界中で同じ質，同じレベルの司法通訳サービスを提供できるようにすることが目的であるが，ISO 加盟国の日本も，この規格に沿って，司法通訳の質の改善，保証をしなければならない。現在司法通訳の公的認証制度を持っていない日本にとって，世界基準での質の保証は今後の大きな課題である。

より効果的な司法通訳制度を構築するためには，通訳を使用する側である法律家が通訳についての認識を高めていくことが重要である。通訳者の倫理や行動規範のみならず，通訳という作業のメカニズムやその言語使用のあり方，司法手続きの各段階で通訳が及ぼす影響を，言語コミュニケーションの観点から，より深く理解することが必要である。オーストラリアでは裁判官や検察官，弁護士を対象とする法廷通訳を学ぶための研修が毎年開催されているが，日本も，いわゆる「ユーザー・トレーニング」について検討していくべきだと思われる。

■ **課題** ■

1. 次の用語を説明しなさい。　A. 口頭主義　B. コロケーション
2. 法廷通訳の「等価性」について簡単に述べなさい。

さらに学びたい人のために

〈通訳の基本図書(司法通訳の解説を含む)〉

■ ポェヒハッカー，フランツ(2008)『通訳学入門』みすず書房.
☞鳥飼玖美子監訳，英文原著は 2004 年刊。通訳の各分野を網羅する理論書。

■ 水野真木子(2008)『コミュニティー通訳入門』大阪教育図書.
■ 水野真木子・内藤稔(2015)『コミュニティ通訳』みすず書房.
☞上記 2 冊はコミュニティ通訳という枠組みで司法通訳を解説している。

〈司法通訳の概説書〉

■ 渡辺修・長尾ひろみ・水野真木子(2004)『司法通訳：Q&A で学ぶ通訳現場』松柏社.
☞司法通訳解説のバイブルと呼ばれている。

■ 津田守・日本通訳翻訳学会(2008)『法務通訳翻訳という仕事』大阪大学出版会.
☞利用者と実務者の立場から法務通訳翻訳の実情を紹介したもの。

■ 渡辺修・水野真木子・中村幸子(2010)『実践司法通訳』現代人文社.
☞シナリオで学ぶ裁判員裁判の通訳。

■ 渡辺修・水野真木子・林智樹(2017)『聴覚障害者と裁判員裁判：DVD 教材で学ぶ

法廷手話』松柏社.
☞裁判員裁判における手話通訳について学ぶ実践書。DVD 付き。

〈法廷通訳言語分析の研究書〉

■ Hale, S. B.(2004). *The discourse of court interpreting*. Amsterdam/Philadelphia:John Benjamins.
☞法廷ディスコースの分析を中心とする実証的な研究書。

学習室⑥　法廷通訳人の資格・研修制度

1. 海外先進国の司法通訳認定制度

欧米やオセアニアを中心に，法廷通訳人の資格認定を行っている国は多い。例えば，アメリカ合衆国では，1978 年に連邦の法廷通訳人法(Court Interpreters Act)が成立して以降，相当レベルの高い認定制度が行われている。州の多くもそれにならい，コンソーシアムを結成して協力し合いながら共通の認定試験を執り行っている。オーストラリアでは 1977 年に移民局の一部として NAATI (National Accreditation Authority for Translators and Interpreters)(翻訳者・通訳者国家資格認定機関)が設立され，国を挙げて司法，医療，行政関係の通訳・翻訳資格認定を行っている。ヨーロッパでも，イギリスをはじめ，司法通訳の資格認定制度のある国が多い。そのような認定制度が存在する国には，大学などを中心に認定試験に合格するためのコースが設けられており，系統立ったトレーニングが行われている。合格後も，通訳や翻訳の能力を維持するために，様々な研修の機会が提供されている。

2. 日本の司法通訳登録の現状と裁判所による研修

日本の場合，司法通訳の公的資格認定制度はない。通訳人になりたい人は，裁判所や警察署，検察庁，弁護士会などに登録に行くが，面接を受ける際に通訳で使用する外国語の能力や海外経験について尋ねられる程度で，通訳能力自体を証明する必要はない。したがって，通訳の学校(主に会議通訳)で訓練を本格的に受けているような人材から，その言語の日常会話ができる程度の人まで，玉石混交の状態である。

また，日本では，裁判所に登録している通訳人のための研修が行われている。法廷通訳の経験が全くないか又は少ない人などを対象とする「法廷通訳基礎研修」，事件をある程度担当したことがある通訳人候補者を対象とする「法廷通訳セミナー」，さらに法廷通訳の経験を積んでいる通訳人候補者を対象とする「法廷通訳フォローアップセミナー」が年に 1 回ずつ開催されている。言語については，それぞれの研修で 1 言語のみ対象になり，毎年ローテーションで行っている。通訳人の数が極端に少ない言語は対象にはならないということである。研修は，模擬法廷を通して裁判の基本的な知識や通訳人の倫理などについて学ぶのが中心となっており，訳出技術についてはほとんど教えていない。裁判所の他，法務省や各都道府県警も，取調べに当たる通訳人を対象に独自の研修を行っているが，やはり回数は少なく内容も限定的である。

司法の現場では，法廷通訳人が不正確な通訳を行っていても，それをチェックするシステムがない。市場原理のもとで能力が十分でない人材は淘汰されていく会議通訳とは異なり，裁判所などの公的機関が積極的に質の管理に取り組む必要がある。

3. その他の司法通訳研修

裁判所の行う公的な研修以外にも，いくつかの非営利の組織が研修の機会を提供してきた。例えば，1992 年に設立された日本司法通訳人協会は 2004 年に解散するまで，年に 2 回ほど研修会を開催していた。そこでは，裁判手続きや通訳倫理の知識に加え，会議通訳者養成のプロによるユニリンガル・トレーニングとして，日本語を軸に，メモ取りやラギング(単語を 1 つ遅れ，2 つ遅れでリピートして集中力やバランス力をつける練習)，サイト・トランスレーション(原稿を目で追いながら訳出する手法)など，基本的な通訳練習も行っていた。

日弁連法務研究財団の助成を受けた「法廷通訳研究会」が主催する法廷通訳研修会が，2009 年から 2010 年にかけて全国各地で開催されたこともある。裁判員裁判を想定した模擬法廷とセミナーを組み合わせた 2 日間のプログラムで，法律家，言語学研究者，通訳実務家がそれぞれの角度で裁判員裁判での通訳の問題を取り上げた，啓蒙目的を持つ内容であった。

近年では，司法通訳の講座を設ける大学や大学院も増えてきており，高等教育の一環として位置づけられるようになってきた。

4. 近年の動向

裁判員制度導入をきっかけに，法廷通訳の質の高さへの要請が高まったことにより，民間の団体が司法通訳技能検定を立ち上げたり，養成コースを開講したりする動きが盛んになってきた。例えば，一般社団法人日本司法通訳士連合会は司法通訳の養成講座を設け，独自の検定を実施しているし，一般社団法人通訳品質評議会は，コミュニティ通訳，医療通訳に続き，司法通訳人の育成や認定試験の開発に着手している。民間が行うものではあるが，公的資格認定制度が存在しない状況の中で何らかの形で認定が行われることは，通訳人の自己研鑽への意欲を高めることにつながる。そういう意味でこのような動きは歓迎できる。ただ，海外の先進国の多くが公的認定・養成制度を整備している中で，日本の公的機関による制度立ち上げの動きがないことは，やはり憂慮すべきことである。司法の場での正確な通訳の保証は，本来，国が責任を持って取り組むべき課題である。

(水野真木子)

第2部 法言語学の課題

言語学の立場から司法過程の言語を分析するのが，法言語学である。脅迫・詐欺，偽証・名誉毀損（きそん）は「ことばの犯罪」であり，刑事事件としてこれらの事実を認定する必要がある。その他，筆者同定は剽窃（ひょうせつ）・文書捏造（ねつぞう）を見抜く手段であり，話者同定は誘拐犯を割り出す上で欠かせない。民事訴訟では，商標の類否や製品の表示と注意書きが「ことばの証拠」として争われる。

第6章

ことばの犯罪(1) 特殊詐欺のことば

中村秩祥子

● Keywords ●

特殊詐欺，架空請求書，オレオレ詐欺，還付金詐欺，関連性理論，解釈プロセス

本章のねらい

「特殊詐欺」とは，不特定多数の相手を電話やメールなどを利用して対面をしないで金銭を騙し取る手法で，詐欺手口の一分類を指す。社会問題として大きく取り上げられ，ひろく世間に警告がいきわたっているにもかかわらず，未だに被害が続いているのはなぜか。詐欺の騙すテクニックに関して，実例紹介や心理的面からの分析アプローチは数多くある(安斎 2005, 日名子 2005, 2009, 多田 2006, 西田 2009, 鈴木 2015, 田崎 2022)が，言語学面からの分析アプローチは少ない(中村 2009)。そこで，本章では，①架空請求書の文体と②オレオレ詐欺の発話と③還付金詐欺について，言語学(特に関連性理論)の観点から，受け手(被害者)の言語解釈プロセスにおいて働く特徴(手口)を比較分析する。

1 特殊詐欺の手口

2003 年夏頃から架空請求やオレオレ詐欺を中心として急激に増加した「特殊詐欺」は，認知件数に関して 2009 年から一時期大幅に減少したが，2013 年から再び増えていった。新たに還付金の名目で，払うのではなく金銭をもらえると信じ込ませる手口も出現した。認知件数は，2017 年から 2020 年にかけて減少傾向にあったが 2022 年には再び増加している。一方で被害総額は，広く防犯の告知がいきわたり 2014 年以降減少していたが，これも 2022 年から増加に転じている(表 1 参照)。

表 1　特殊詐欺の認知件数及び被害総額の推移

年次	2008	2009	2013	2014	2017	2020	2022
認知件数	20,481	7,340	11,998	13,392	18,212	13,550	17,520
被害総額（億円）	276	96	489	565	394	285	361

(特殊詐欺の認知件数と被害金額の推移(警察庁 2023)を基に作成)

当初，被害者に金融機関を通して金銭を振り込ませるので，このような種類の詐欺に対し「振り込め詐欺」の名称がつけられた。しかし，その後，被害者宅へ直接金銭やキャッシュカードを受け取りに行く方法や現金を宅配便や郵便で送付させたり，電子マネーカードで支払わせたりする方法なども現れてきた。さらに，被害者には金銭を受け取る手続きと思わせて，実は犯人［容疑者，以下同様］の口座へ送金させるなど新たな手口が次々と出現している。これらを警察庁では2020年より「特殊詐欺」と総称して，次のように10分類[1)]している(警察庁2021)。

① オレオレ詐欺－親族を装って電話をかけて様々な名目で現金が至急必要であるかのように信じ込ませて現金を騙し取る。
② 預貯金詐欺－銀行員や警察署員などを装い，事前に電話をかけて預貯金口座が悪用されたなどの虚偽の報告をし，被害者宅に訪問してキャッシュカードを騙し取る。
③ 架空料金請求詐欺－架空の料金を請求する文書をメールやはがきで送付し，金銭を騙し取る。
④ 還付金詐欺－医療費，税金，保険料等について，還付金があると告げて，受け取る手続きとして被害者にATMを操作させるが，実際は犯人の口座へ送金させて騙し取る。
⑤ 融資保証金詐欺－融資を簡単に受けられると勧誘し，申し込みをしてきた者に融資を受けるための保証金の名目で金銭を騙し取る。
⑥ 金融商品詐欺－価値がない未公開株や高価な物品等について嘘の情報を教えて，購入させて代金を騙し取る。
⑦ ギャンブル詐欺－「当選番号」を教えるなどとして，会員登録料や情報料として金銭を支払わせて騙し取る。
⑧ 交際あっせん詐欺－「女性紹介」とメールや雑誌に掲載して，申し込んできた人に，会員登録料や保証金として金銭を騙し取る。
⑨ 上記の類型に該当しない特殊詐欺のこと[2)]。
⑩ キャッシュカード詐欺盗－警察官や銀行協会，大手百貨店等の職員を名乗って訪問し，キャッシュカードが不正利用されているので利用手停止手続きをすると言って，隙を見てキャッシュカードをすり替えて盗む。

表2は，2022年度の上記の類別認知件数及び被害総額を示したものである。

表2　2022年の特殊詐欺の類別認知件数及び被害総額

	オレオレ詐欺	預貯金詐欺	キャッシュカード詐欺	架空料金請求詐欺	還付金詐欺
認知件数	4,278	4,628	3,051	2,893	4,679
被害総額（億円）	127	27	43	100	53

（令和4年における特殊詐欺の認知・検挙状況等について（警察庁 2023））

「還付金詐欺」は，2018年から急激に認知件数が減少傾向にあったが，2021年に一気に前年度の1,804件から4,004件に倍増した。コロナ禍により医療費や保険料の払い戻しなどがあるなどと持ちかける事例が増えたためである。また，続く2022年度も4,679件と類別のなかで一番大きい割合を占めている。給付金の名目などの詐欺の事例もあった。「預貯金詐欺」は，2020年より個別分類された項目である。この年4,135件と一番大きく占めたが，2021年からは2,431件と大幅に減少し，この分類の中では低い位置にある。「キャッシュカード詐欺盗」は，2018年より出現し，この年1,348件であったのが，翌年の2019年には3,777件と急激に増えた。その後少し減少傾向であったが，2022年に再び増加して3,051件となっている。「オレオレ詐欺」は，ほぼ毎年上位を占める件数で，被害額は常に一番大きい。「架空料金請求」の認知件数は下位となるが，被害額では常に「オレオレ詐欺」に次ぐ2位となっている。本章では，①「架空料金請求書」のはがきの事例，②「オレオレ詐欺」の電話による事例及び③「還付金詐欺」のATM時の操作時の事例を取り上げる。

2　特殊詐欺の事例

2.1　架空請求書の事例

表2の分類から，文書である架空料金請求詐欺の事例として，国民生活センターのホームページで公開（2012年2月現在）されているハガキの実例を次頁に転載する（国民生活センター 2010，下線は原文のまま）。

〈事例⑴〉

訴訟告知に関するご確認依頼

平成22年度　照会記号　○○○○○

この度，貴方との契約が成立された当該企業様より料金未払いもしくは規約違反の疑いが確認証明されたため管轄簡易裁判所に貴方への訴状申請がなされました。本通知書によるご確認をお願い致します。(不服申し立てに関しまして原則2週間以内の異議申立書による返答がなき場合通常，原告の訴状にて執行されます)

本件に関します，当該企業からの訴状内容等の内容確認，ご相談につきましては当センター職員にて承ります。本通知書は内容確認の依頼であり，当センターによる訴訟告知ではございません。(原則としましてお問合わせはご本人様にお願いします)

故意に放置された場合，管轄裁判所から裁判の日程を決定する呼出状送達後に出廷となります。尚も放置されますと，原告側の訴状内容のままの判決が下され，執行官立会いのもと，貴方の給与または財産の差押え等，強制執行の可能性もあるため必ずご確認をお願いします。

＊万が一，覚えのない場合，違法業者による電話営業，訪問勧誘などによる不正契約の手口という疑いも見受けられますので必ずご確認だけでも至急のご連絡をお願いいたします。

国民生活相談センター

〒105-XXXX　東京都XXXXXXXXXXX

(消費者相談窓口)03 － XXXXXXX

(受付時間)9: 00-18: 00 (土・日・祭日を除く)

お電話が混み合い繋がりづらい場合があります

2.2　オレオレ詐欺の事例

オレオレ詐欺として，静岡県警察のホームページにて実録が公開(2012年2月現在)されている事例を示す。事例⑵は，詐欺師が息子を装って，使い込んだ会社の金を会社にばれないうちに返金するため，至急お金を借りたいと，被害者に依頼するまでの電話での会話の反訳である。

オレオレ詐欺の息子や孫などを装う犯人は，20歳代の若者である。彼らは，詐欺のマニュアルを短期間で教え込まれ，芝居気分で行っている。彼らは，ほぼマニュアルどおりのセリフを述べ，マニュアルからはずれた展開になったとき，対処できないことが多い(日名子2005, 2009，NHK取材班

2009)。事例(2)内でも，買ったとされる株の銘柄を聞かれて，詐欺師がとまどう様子がある。マニュアルからはずれた展開にならないようにするため，詐欺師が，ほぼ一方的に事情を説明していく状況となっており，受け手は，ほとんどあいづちの「うん」や「ふーん」を言っているだけである。

事例(2)では，受け手があいづちのみの部分は省略して掲載している。また，最初の部分の詐欺師の携帯電話の番号を新しく変えたことを伝えるやりとりと，最後に被害者が犯人の生年月日を尋ねて，犯人が答えに窮して押し問答している部分は省いてある。以下の部分は，約3分30秒でやりとりされている。

〈事例(2)〉

＊詐欺師をS，被害者をHで表す。数字は，各人の発話の順番を示す。

S1 ： でさ，ちょっとさー，今，仕事中なんだけど
S2 ： うん，ちょっと今，大事な話があるんだけど，時間大丈夫かな？
S3 ： う～ん，まっ，ちょっと言いにくいことなんだけどさ
S4 ： いいにくいことなんだけど
S5 ： いいにくいことなんだけど
S6 ： うん，ちょっと前からオレ，先輩と一緒に株やってたんだけどさ
S7 ： うん，なんか新規上場したばかりのいいところがあるって紹介を受けてさ
S8 ： うん，オレも話乗って，買ったんだけど
S9 ： まあ，それで，全部で150万くらいかかったんだけどさ
H9 ： うん，どこの銘柄買ったん？
S10： うん？
H10： どこの株？
S11： えっ？……う～ん，アクアって会社なんだけど
S12： アクア
S13： うん，最近，新規上場したばっかりのところなんだけどさ
S14： まあ150万くらいかかって
S15： で，ちょっと，100万くらいまでは自分で何とかできたんだけどさ
S16： うん，残り50万さ
S17： どうしても，その日に買わないとさ
S18： 流れちゃう話だったからさ
S19： うん，オレもちょっと無理してさ
S20： うん，会社で，ちょうど使えたお金があったからさ
S21： まぁ，そっちのお金ちょっと勝手に使っちゃってさ

S22：う～ん，で，本当にいけないことなんだけど

S23：まぁ，ず～と黙っててさ

S24：1週間くらいたったんだけど

S25：うん，え～一応，株自身はさぁ，まぁ200万近くまではなっているから損はしてないんだけどさ

S26：ただ，ちょっと今朝方からさ

S27：あの～会計監査ってあるじゃない？

S28：う～ん，今，入っている状態でさ

S29：一応，まだ今，調べの方は始まってないんだけど

S30：調べの方はまだ始まってないんだけど

S31：一応，昼くらいまでには，一応始まるって感じになっているからさ

S32：それまでに，きちんとどうにかお金の方もどさないと

S33：やっぱり勝手に遣い込んだことって，横領問題とかになるんでさ

S34：けっこうまずいことになっているからさ

S35：うん，で，オレさっき証券会社の方に問い合わせしてさ，一応株すべてお金に換えるよう手続きとったんだけどさ

S36：うん，一応，手続き終わったんだけど，今日の今日すぐお金入らないみたいでさ

S37：なんか来週，回っちゃうみたいで

S38：うん，でやっぱ今日監査だから，今日どうにか逃れないとまずいからさ

S39：うん，でー，まぁ，ちょっと上司の人とオレ相談したのね

S40：相談して，えーなんとかお金の方は準備できるんで，今回だけ助けてもらえないですかって話をしたらさぁ

S41：うん，一応，まぁ会社の口座知っているのも一応その上司の人しか知らないし

S42：まぁインターネット扱える人だから，まぁネットバンクっていうので

S43：まぁ適当な項目つけて，まぁ一切オレの名前とか出さないようにしてさ，きれいな形で会社の方にもどせるという話してるんだけどさ

S44：うん，ただやっぱちょっとお金の面だけは，自分で何とか工面してもらわないと，どうにもごまかしようがないと言われちゃってさ

S45：どうにかちょっと

H45：……あ，あのさ，どう，どういうことなの？

S46：ん，でさ，ちょっと50万貸して欲しいんだ

2.3 還付金詐欺の事例

還付金詐欺でまず不思議に思うのは，金銭を支払うのではなく受け取るはずなのに，どうして金銭を騙し取られているかという点である。ここでは，金銭を受け取ることができると電話で話されて，銀行の ATM へ行って操作を電話で指示されている場面を取り上げる。警察庁が公表(2023 年 5 月現在)している茨城県の還付金詐欺の事例である。

〈事例(3)〉

＊詐欺師を S，被害者を H で表す。数字は，各人の発話の順番を示す。

(犯人が被害者に還付金を受け取った後に残金が増えていることを確認できるようにと，振込み前の今の残金高を聞いた後に次のやりとりが続く。)

S1：　そうしましたら，今直接お振込みをかけますので，こちらからお振込みかけますので。お振込みと押していただけますか。

H1：　振込みを押せばいいですね。

S2：　はい。押してください。

(被害者は犯人と ATM の画面の指示通りにキャッシュカードを入れて暗証番号を入力し，銀行名や普通預金のボタンを押していく。)

H2：　437 これ，口座番号となってますけど？

S3：　こちらから，お振り込む口座番号ですので。確認のボタンを押しますので。

H3：　あぁ　そっちの口座

S4：　そうなんですよ。はい。

(この後，被害者は犯人の指示と画面の指示通り自分の電話番号を入力する。)

S5：　はい，確認ですね。はい，で何て出てますか？

H4：　金額ってなってます。振り込み金額

S6：　整理番号打っていただ，整理番号打っていただきますので

H5：　はい。

S7:　998

H6：　998

(被害者は犯人の言う数字を復唱しながら入力していく。)

S8：　で、認証の円ボタンってないですか？日本円の円

H7：　はい。ありますね。

S9：　はい、円を押して、確認押してください。

H8：　円を押して。確認ですね。

（ATM機が「お受取人名お振込み内容をお確かめ下さい」と呼びかけている音声が聞こえるが、被害者は犯人とのやりとりとボタンを押すことに気をとられている様子）

3 関連性理論による分析

詐欺師のことばに対する受け手（被害者）の解釈プロセスを分析するという観点から，本節ではSperber & Wilson（1995）の関連性理論の枠組みを応用する。Sperber & Wilsonは，人間は基本的に関連性に基づきながら認知処理する傾向にあると考え，これを**関連性理論**と呼んでいる。この理論は，認知と伝達において，次の2つの原理に基づく。

・関連性の認知の原理：
　人間の認知は，関連性が最大限に適合されるようにする傾向にある。

・関連性の伝達の原理：
　あらゆる意図明示伝達行為は，それ自身の最適関連性の想定を伝達する。

（Sperber & Wilson 1995, Wilson & Sperber 2004, Wilson 2009）

関連性の原理とは，人間がものごとを認知するとき，状況やその人の持つ知識などから，一番関連性が高い解釈で判断する傾向にあるということと，ある人が受け手に向かって何か伝達する行為（speech act：「発話行為／言語行為」を含む）を行うとき，受け手が一番最適な関連性を想定して解釈する見込みで伝達しているということである。

事例(1)の架空請求書は，表側に受け手の住所と氏名が書かれている。そのため，受け手（被害者）は，自分へ向けられた文書として，文面を解釈することになる。事例(2)と(3)においても，受け手（被害者）は，電話の相手をそれぞれ自分の息子または送金してくれる人と信じて詐欺師の発話を解釈する。本節ではこれらを前提として，両事例の解釈プロセスを分析する。

関連性理論では，言語記号に基づく語用論的推論プロセスを経た意味（表意（explicature））と言語そのものの意味とは全く離れ，文脈や知識などから演繹的推論をして導き出す意味（推意（implicature））に分けて，受け手側の解釈プロセスを統一説明している（図1参照）。そこで，この2つの解釈のプロセスに分けて，事例のことばを調べていく。

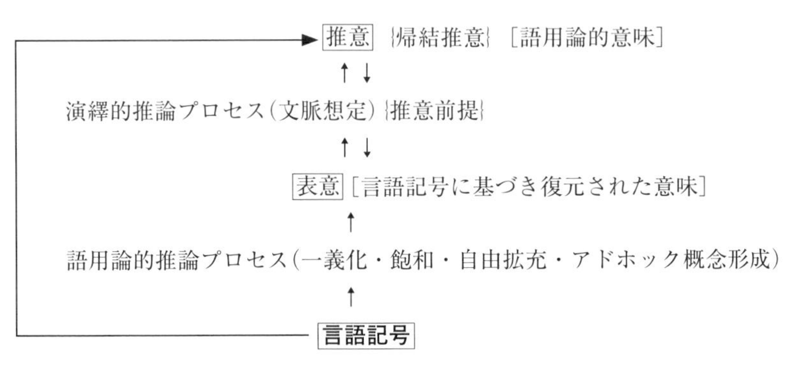

図 1　関連性理論による言語記号の解釈プロセス

3.1　表意分析

表意を言語記号から導き出す推論プロセスには，4つの手法(①一義化，②飽和，③自由拡充，④アドホック概念形成)がある。各手法の説明と各事例における表意分析を次に示す。

①　一義化(disambiguation)：多義的意味を持つ語彙の中で，どの意味を解釈時に使用するかを決定すること

例えば，事例(1)の最初にある「依頼」は，「他人を頼みにしてよりかかること」と「用件などを人に頼むこと」の2つの意味がある。前に「ご確認」と，相手に対する丁寧語の「ご」がついていることから，受け手に用件を頼む意味をここでは選択することになる。事例(2)のS18の「流れちゃう」の「流れる」は，16の語義がある。ここでは，「液体が低い方へ移動する」の意ではなく，株の売買の話の中で，「取りやめること」の意を選択する必要がある。両事例内では，事例(2)のように特定の文脈時での意味より，一般にその語だけですぐに思いつく意味を使用していることのほうが多い。

また，一般に上位語となる語の使用が多い。例えば，事例(1)の「当センター職員」や事例(2)の「上司」は，「○○課」「○○係」「部長」「課長」「○○さん」のような，より特定化される下位語の上位概念の語である。この上位語の使用は，意味範囲を広くとることができるため，より多くの受け手に各々の事情に当てはめさせて解釈させることができる。

② 飽和(saturation)：代名詞や指示詞のように文脈によって付与する意味を決定することや，省略されている部分を文法的に補って意味内容を完全に表すこと

事例⑴の「貴方」「ご本人様」は，送信側は不特定多数の者に宛てながら，受け手には，受け手を特定して指していると解釈させることができる。他に，「当該企業」の「当該」も受け手にとって心当たりがある場合はその企業を指し，受け手に身に覚えがない場合は，送り手側が述べている何らかの企業が存在することを前提とした解釈をすることになる。事例⑵の「オレ」は，詐欺師は自分を指し，かつ受け手には自分の息子の自称だと信じさせることができる。また，事例⑴の「呼出状送達後」は，「呼び出し状(が)送達(された)後」の助詞や述語部分が省略されたものである。これらを省略した表現は漢字ばかりの表記となり，堅苦しい印象がする。それは，正式な法的手続きが行われている印象にもつながり，裁判沙汰になっているという脅迫の意を受け手に与えることにもなる。一方，事例⑵では，S2「時間大丈夫かな？」(「時間(を割いてもらって)大丈夫かな？」)，S21「そっちのお金ちょっと勝手に使っちゃって」(「そっちのお金(があったので)ちょっと勝手に」)のように，助詞や述語部分を省略することで，むしろ親族間の親しいやりとりの表現となり，かつ簡潔に調子よく話を進めていくことに成功している。

事例⑶では，省略はほとんどない。相手への指示表現なので，正確に伝えるため，完全な文の表現となっていると考えられる。完全な文で正確に伝えていることで，被害者が相手は信頼できるしっかりした人物だという印象をもつことにもなる。

ただし，S6では，「整理番号を打っていただきますので」と途中で一旦切れてから，数字を述べていく。実はここは犯人にとって詐欺がばれそうな大事なところであった。その直前で被害者は画面表示が「振り込み金額」となっていることを犯人に伝えている。犯人はそれに対して応答しながらも，内容的には全く適切な説明となってないまま，被害者に数字を打ちこませる行動へと誘導している。「ので」で打ち切ることで，被害者に説明的な表現が続くことを期待させることになる。しかし，続いて数字を言われて，この部分がこの続く数字のための説明であったことに被害者は気付き，その説明「整理番号を打つ」を受け入れて，言われる数字を入力していくことになる。

以上，指示語は，⑴と⑵の両事例とも詐欺師側は不特定多数に向けながら，各受け手には自分に関連する特定事項を指すと解釈させることができる点を利用している。また，文法的省略表現は，事例(1)では堅苦しい表現となり，脅迫の意を生み出しているが，事例(2)では親しみを生み出す効果となっている。事例(3)では省略表現がほとんどないことが相手への信頼を生み出す効果となっている。

③ 自由拡充(free enrichment)：文脈によって自明な意味を使用言語要素の意味範囲以上に追加すること

事例(1)で，「ご確認」が3回繰り返し使用されているが，「何の」に当たる部分が無い。しかし，文脈から「(訴訟内容つまり，料金未払いもしくは規約違反の内容の)ご確認」だと，受け手は容易に解釈することができる。同内容は，4回繰り返し用いられている「訴状」の「何の」の部分にも相当する。「料金未払いもしくは規約違反」という語句は，書面上では1回しか表れていないが，読み手は何度もこの語句を繰り返しながら解釈することになる。本来，全く生じていない「料金未払いもしくは規約違反」であるはずが，文書を読み進めるときには，それが生じているという前提で解釈せざるをえない状態となっている。また，「原告の訴状にて執行」も，ここでは「原告(側だけ)の訴状(に書いてある料金未払いもしくは規約違反)にて(判決され，あなたへの刑の)執行」と補って解釈することになる。これらを補って解釈するということは，受け手に，身に覚えのないはずの料金未払いもしくは規約違反があったことと前提にしながら解釈することを強いることになる。そして，次第に受け手に負い目や不利となる状況を感じさせることになり，その解決のために，相手の要求どおり「連絡を入れないといけない」という気持ちにさせていく。つまり，これらの文は，受け手に対して警告や脅迫の文意を持つことになる。

事例(2)では，S32「どうにかお金の方もどさないと」のように，詐欺師側は一切「困る」「困っている」を使っていないが，発話の最後にこの語句を復元して受け手は解釈せざるをえない文が，S33, S34, S36, S37, S38, S44などで見られるように，多用されている。このように，受け手が相手の心情部分を復元して，これを前提にした解釈をしていくことで，親心として助けてやりたいという気を引き起こしていくことになる。同様な手法で，S45「どうにかちょっと(50万貸して欲しい)」と，詐欺師の目的の部分を省略している。受け手が察して，受け手から申し出てくれることをねらった手法といえる。

事例(3)では，S1で詐欺師が述べている「今直接お振込みをかけますので，こちらからお振込みかけますので。お振込みと押していただけますか」の「お振込み」とは，最初の2つは「かけます」や「こちらから」という表現があるため，「(詐欺師が被害者へ)振り込む」意味となる。そのため3つめの「お振込み」も「(詐欺師が被害者へ)振り込む」意味として被害者は捉える。この3つめはATM機械のボタン[3)]の「振込み」を指しているが，詐欺師は丁寧語の「お」をつけて表現している。その表現で被害者は詐欺師が相手である自分への丁寧表現で「お」をつけていると捉え，ボタンの文字が「振込み」しか書かれてないので，H1で「振込みを押せばいいですね」と聞き返して確認をしている。ところが実際は，このATMの「振込み」のボタンは「(押す人(被害者)から相手(詐欺師)へ)振り込む」意味となっている。

S3の「こちらから，お振り込む口座番号ですので」と説明しているときも「こちらから」と表現をしているため，ここでの「お振り込む」は「(詐欺師が被害者へ)振り込む」意味となる。そのためH4で被害者は「振り込み金額」とATMの表示を読んで相手に伝えているときも「(詐欺師が被害者へ)振り込む金額」と解釈している様子で疑いを持っていないようである。それで，続く表示の「金額」と全く関係のないS6「整理番号を打っていただきますので」と言われても指示される数字を素直に打ちこんでいっている。

この事例では，ATMのボタン表示が「振込み」とだけ表示されていることで，犯人は被害者にそれを「犯人から被害者への」という意味が省略されていると解釈させるように誘導していることがわかる。

3事例とも自明または自明と考えられる内容部分を省くことで，その部分を受け手に復元させ，それを前提とした解釈に追い込み，そこから各々詐欺師側が要求している意図どおりに受け手が動くように仕向ける働きを生み出している。

④　アドホック概念形成(ad hoc concept construction)：語彙の意味を文脈によって，拡大解釈(loosening)したり，逆に狭めた解釈(narrowing)をしたりして，その場限りの妥当な意味に調整すること。

事例(1)で，「訴訟告知に関するご確認依頼」とあるが，「訴訟告知」の意味は「民事訴訟で，訴訟係属中，原告または被告が，利害関係のある第三者に，その訴訟に参加する機会を与えるために，訴訟のあることを通知すること」(広辞苑第 6 版より)である。しかし，ここでは受け手は「利害関係のある第三者」ではなく，被告扱いなので，「訴訟告知」を確認する立場ではない。この法律用語の知識がない者なら，この語句を自分に関連した文意となるように，「あなたへ訴訟がなされたことの通知」の意味で使用されていると推測して解釈するであろう。つまり，文意が成り立つように，この語へこの場限りの意味を与えることになる。

事例(2)では，S6「株やってたんだけど」の「株」は「株の売買」を意味し，S25「株自身は」では，「株価」を意味する。どちらも拡大解釈を必要とする。また，S29, S30 の「調べ」と S38 の「監査」は「会計監査」を意味する。これらは，「株の売買」「株価」「会計監査」という業界的用語の代わりに簡潔なわかりやすい用語を使用することで，詐欺師は聞き返しをされることなく話を一方的に進めることができている。

事例(3)では，犯人は最初に被害者の残高を聞き出した全額近くの額を被害者に送金させるために，還付金となる金額より大きな額を入力させる必要があるため，S6 で「整理番号打っていただきます」と言って，伝える数字を入力させる。そして S7 で「認証の円ボタンってないですか？」と表現することで，「円」のボタンは「認証」の機能を果たすボタンであるかのように被害者に伝えている。被害者もこのボタンの「円」をこの場限りの意味として「認証」を示す働きと納得しているようで，犯人の指示どおりに押している気配がある。

以上，事例(1)では，難解な法律用語を使用し，実際の語の意味とは異なるが，文脈から容易に推測できる意味で用いている。これは，法律用語の使用ということで，受け手には，語の意味はよくわからないが，とにかく法的に自分に不利な状況になっていると思い込ませる効果がある。反対に，事例(2)では難解な語を避け，一般的な語を用いて，文脈から容易に意味が推測できるようにしている。これは，難解な語を用いると，問い返されて自分の話が中断されるおそれがあるので，平易な語を用いるようにしたと考えられる。事例(3)では，ATM の操作で各項目の終了時に「確認」ボタンを押しての「確認」作業をするという同様の流れの反復行為が続くため，ひとつの項目作業終了時の「確認」の意味で「認証」として解釈して「円」ボタンを押すという行為を指示されても受け手は素直に受け入れるようになっている。この後さらに「確認」の表示が出て押すように指示されても，「円」に続く二重の確認になることに違和感を持たずに押している様子がうかがえる。

3.2　推意分析

本節では，表意と異なり，言語記号に基づく意味とは全く離れて，文脈や知識から演繹的に推論して導き出す意味（**推意**（implicature））を利用している点を示す。

①　用語から生じる印象の利用

事例⑴では，「ました」「ます」「ご確認」「企業様」「お願い致します」「承ります」など，丁寧語を多用している。これは，公的正式な機関からの通知の印象を受け手に与える。また，「故意に放置された場合，管轄裁判所から裁判の日程を決定する呼出状送達後に出廷となります。」は，表面上は説明文であるが，「連絡しなければ裁判沙汰になる（一般に裁判沙汰になることは面倒で，被告とされると，世間的体裁も悪くなる）」というイメージを推意前提として，「裁判沙汰を避けたければ連絡をするように」の帰結推意を導く。これは，暗に脅迫・要請の意となっている。しかし，丁寧語の使用は，表面上，この脅迫・要請の意図を隠すはたらきもある。

事例⑶も「お」「いただけますか」「ください」などと丁寧語を多用している。これも公式な信頼できる人物の印象を受け手に与えている。
しかし，「お振込み」の「お」は，発話者から相手への丁寧さを示すという機能が，「振込み」の行為も「発話者から相手へ対象する」と誤解させる働きにもなっている。

一方，事例⑵は，20代の息子を装っているので，若い息子が親に対して使いそうな「ちょっとさー」「なんだけどさ」のような表現をし，丁寧語の使用は見られない。この場合も若者ことばを使用することによって，受け手の信頼（息子であると信じ込ませる）を得るという点では，丁寧語の手法と同じといえる。

他に，法的関連用語を用いて，受け手の感情をあおる手法が見られる。

事例⑴は3.1の表意分析や前述例にあるように，「裁判」「呼出状」「出廷」と法的用語を並べてたてて，脅迫の意を生み出している。また，事例⑴の

「故意に放置された場合」にある語句の「故意」も法的関連用語である。ここでは「確認の依頼をされているのを知っていて，意識的に応えない」と解釈される。「故意」には「ことさらにたくらむ」や「犯意」という悪い印象の意味があるため，「確認を依頼されているのに応えない」ことは，悪いことをしているという印象を受け手に植えつけ，暗に脅迫する文意となる。

一方，事例(2)では，S27 の「会計監査」や S33 の「遣い込んだ」「横領」などの法的関連語句を使って状況を説明している。これらの語句は，話し手(詐欺師)が法に触れそうな事態となり，大変困っている様子を暗示する。それが，受け手の同情を引き出す役割となっている。

② 印象を変える表現方法の利用

事例(2)では，用語による印象の効果以外の表現方法によって，受け手の同情(「助けてやりたい」という親心)を引き出そうとする手法も 2 箇所見られる。

一つは，S14「まあ 150 万くらいかかって」と S15「で，ちょっと，100 万くらいまでは自分で何とかできたんだけどさ」の部分である。「50 万貸して」といきなり言われれば，そんな大金をいきなり貸してと言われても，という気になるであろう。しかし，始めに，「150 万」の話題が出ることで，「150 万貸して」と言われるのではないかと受け手は予測することになる。もちろん，「150 万なんて大金」という気になるであろう。その次に，「そのうち 100 万は何とかした」ということばを聞いて，問題は「150 万」ではなく「50 万」になったことに受け手は気づき，一気に 3 分の 1 まで金額が減ったと感じて，いきなり「50 万」と言われるときよりも，「50 万」が安い気分になるであろう。同じ「50 万」でも受け手の印象では価値が異なることになる。さらに，全額頼るのではなく，できる限り自分で何とかしようとしているが，どうしても不足して頼らざるをえないという逼迫(ひっぱく)した状況も暗に伝えることになる。

2 つめは，S39 から S43 の部分で，上司が何とか助けてくれようとしているという話を持ち出している部分である。これも，他人が必死で助けてくれようとしている状況を伝えることで，他人に助けを求めたが，それでも不足して頼らざるをえないという差し迫った危機感を暗に伝えることになる。そして，受け手に，身内の者が何も助けようとしないわけにはいかないのではないかという気にさせることになる。

以上の2つの表現方法は，同じ要求内容でも直接的に要求を表現するよりも，間接的に要求することで要求内容自体の印象が変わり，より要求を受け手に受け入れやすくする手法となっている。

③　接続語の利用

事例(1)では，同様な理由・根拠を示す接続助詞「ため」2回と「ので」1回の使用がある。これらの語は，普通は理由・根拠となる節の後に付き，それに基づく結果の節を結びつける役目をする。ところが，架空請求書の文では，全く成り立たない理由や根拠を述べた部分の節にこれらの接続助詞を用いて，結果の節を結びつけている。例えば「この度，貴方との契約が成立された当該企業様より料金未払いもしくは規約違反の疑いが確認証明されたため管轄簡易裁判所に貴方への訴状申請がなされました。」では，「ため」までの前節は，架空請求書においては明白な偽の内容である。この前節では，具体的に契約，企業，料金，規約などの内容については一切触れておらず，受け手には具体的内容が不明である。しかし，受け手は，理由を示す接続助詞「ため」があるので，この文が成り立つものとして解釈するように努力するであろう。身に覚えがない料金請求が何かの手違いで生じていると考え，とにかく後節に書かれてあることが起こっていると信じれば，不安になる。そのとき，すぐ後の文の「ご確認をお願い致します」の表現は，受け手が不安の解消の手立てとして，どんな手違いが生じているのかを知るために「確認する」すなわち，「連絡をとる」ことを示唆することになる。他の接続助詞「ため」「ので」がある文においても同様で，理由を示す節には，偽りの架空内容であるが受け手を不安にする内容となっており，後続の節に「ご確認をお願いします」の語句がある。

これは，理由，根拠を示す接続助詞の機能を逆手にとり，関係が成り立っていない文を，受け手が成り立っていると想定して解釈させるように仕向ける手法となる。つまり，受け手がこれらの接続助詞を誤用と判断せず，正しく使用されていると考える場合，接続助詞の機能が，実際は架空の内容でも，それを事実の理由として受け手に解釈させることを強いる。

事例(3)でもS1「こちらからお振込みかけますので。お振込みと押していただけますか」と，接続詞の「ので」を用いて相手に理由を示しながら行動を促す働きとなっている。しかし，実際はこの理由は矛盾している。既に述べたように，ATMの「お振込み」のボタンは「(押す者から)送金する」ことを意味するからである。接続詞の「ので」は，この矛盾に気付かせないまま正当な理由かのように装って相手に誤解させる働きとなっている。

事例(2)では，理由・原因を示す接続助詞「から」が，S20「会社で，ちょうど使えたお金があったからさ」のように，発話の最後にくるものが5発話とS25「株自身はさぁ，まぁ200万近くまではなっているから損はしてないんだけどさ」のように，1発話内の節の間にくるものが1発話あり，接続詞「だから」が，1発話内の節の間にあるものが2発話ある。

これらの接続助詞で終わっている節の続きは，受け手(被害者)があいづちの「うん」を言った後に生じている。例えば，S20の後ではS21「まぁ，そっちのお金ちょっと勝手に使っちゃってさ」の発話がある。事例(2)では，詐欺師は架空の話をしていて，発話内容そのものは偽りであるが，接続詞や接続助詞の使用されている節内容の関係は成り立つと容易に信じられるものである。

今回は，発話の最後を接続助詞にしている点を利用している。つまり，接続助詞で終えることで，受け手は次の発話を期待して待つことになる。そのため，話し手(詐欺師)が接続助詞で発話を区切ると，常に話し手が一方的に話し続けることができる。

詐欺師の46発話中17発話の最後(このうち8発話は「さ」と結びついている)と1発話中の節の最後に，接続詞「だけど」が現れ多用されている。接続詞「だけど」は，前文と反する事柄が後続することを導くはたらきがある。ここでの「だけど」の使用は，次にくる発話が，今の発話とは反する事柄を思わせることで，受け手にどのような事柄が続くのかと関心を引き起こさせる役割を担っている。ただし，後続の事柄が表意において，前文と反するとは限らない。ここでは，推意において前文と反している場合が多く見られる。例えばS35の「うん，で，オレさっき証券会社の方に問い合わせしてさ，一応株すべてお金に換えるよう手続きとったんだけどさ」の次の発話内容は，「手続きできなかった」ではない。次の発話S36「うん，一応，手続き終わったんだけど，今日の今日すぐお金入らないみたいでさ」は，前の文の推意(手続きをしたから，お金がすぐに手に入る)に対する反意で，(すぐにはお金が手に入らない)を表している。

本当にねらいとしている「50万貸して」の発話まで，この話題に入ってから詐欺師は46回の発話を行っている。いきなり頼むのではなく，受け手から貸してやろうという気を引き起こすことをねらって，事情を説明していく必要がある。その説明を聞いてもらうために，「だから」は，発話の最後に用いて，次の発話に関心を引く役割を果たしている。

④　終助詞の利用

事例(2)では，発話の最後に「さ」をつけていることが特徴的である。全46発話中24発話ある。この「さ」は，受け手の注意を引きつけるのに使う終助詞である。ここでは電話でのやりとりなので，相手が聞いているかどうかを確認するため，「さ」を多用していると考えられる。この終助詞自体には具体的な意味はないが，発話の切れ目を伝え，聞いているかどうかの確認としてのあいづちを促す役目となっている。実際，受け手は，この機能を推意して，「うん」というあいづちを入れている。

⑤　想定の利用

架空請求書が出回り始めた2004年と異なり，事例(1)の架空請求書の出現時の2010年は，ほとんどの受け手が架空請求書の存在を認識していた。対処法として，無視するか国民生活センター及び消費者センター，警察などに相談するように呼びかける報道も多くあった。そのような中，架空請求で少額訴訟制度[4)]を利用した悪質業者の事件が起こった[5)]。身に覚えのない請求で実際に訴えられることもあり，無視をしていると，原告の勝訴になってしまう可能性もあることが広く認知されるようになった。これらの知識を利用した手法が今回の架空請求書には見られる。

まず，文面内で，「本通知書は内容確認の依頼であり，当センターによる訴訟告知ではございません。」と，送付側は金銭の請求をせず，訴訟を起こしている原告ではないことを述べ，下線を引いて強調している。そして，「当センター」やハガキの最後にある連絡先の「国民生活相談センター」の名称を使って，国民生活センターや消費者センターと類似した機関であるかのように装っている。また，「故意に放置された場合，管轄裁判所から裁判の日程を決定する呼出状送達後に出廷となります。」と，無視をしていたら，本当に裁判沙汰になる可能性もあることに下線を引いて強調し，それにより，受け手に少額訴訟制度の事例のニュースなどを暗に思い起こさせて，連絡をとらせる気に仕向けている。さらに，「＊万が一，覚えのない場合，違法業者による電話営業，訪問勧誘などによる不正契約の手口という疑いも見受けられますので必ずご確認だけでも至急のご連絡をお願いいたします。」と，受け手が架空請求ではないかと疑うのを予測して，先に「覚えのない場合」とし，この箇所も下線を引いて強調して，その場合も「連絡をするように」と要請している。

つまり，これらは，受け手の架空請求書に対する知識を予測し，逆にその推測が働くのを利用している。

2006年以降認知件数が増えた「還付金等詐欺」は，受け手が金銭を支払うことに警戒心を持っていることを予測し，逆にお金を受け取ることができると話すことで，受け手を信用させる手口である。このように，受け手の知識から働く推意を予測して，それを逆手にとった手口が次々と現れるので，被害者が絶えない状況となっている。

4 おわりに

本章では，振り込め詐欺の文書(架空請求書)と電話による発話(オレオレ詐欺)の事例とATMを操作させる電話による発話(還付金詐欺)をことばの面から，関連性理論に基づいて分析した。これらの手段で，使用されていることばの効果を調べた。

表意の解釈プロセスでは，三事例とも，次のような4つの効果が見られる。

① 一般的に広く上位概念を含む語や代名詞を用いることで，不特定多数の者に宛てながら，受け手には自分に特定されて宛てていると解釈させる効果。

② 文法的省略表現を用いることで，送信側の望む状況(文書では公的機関からの正式な通知の印象，発話では息子であると信じさせること)を受け手に想定させる効果。

③ 文脈によって自明な意味を受け手に復元させることで，送信側が望む前提で受け手に解釈させ，表面上には書かれていない送信側の意図(文書では連絡を入れさせること，発話では送信側の窮状を察してもらい，お金を振り込ませること)のとおりに，受け手が行動する気にさせる効果。

④ 文脈から，もとの意味にはない意味を適当に当てはめて解釈させ，送信側に都合よく話を進めていくことができる効果(文書では受け手を

不安にさせていくこと，発話では適当につじつまが合うように解釈させて，詐欺師側の話を中断させないようにすること)。

推意の解釈プロセスでも，次のような4つの効果が見られる。

① 法的関連用語を用いて，送信側の意図(文書では脅迫，発話では同情心をあおる)を遂行する効果。

② 敬語表現の使用の有無で生じる効果(文書では，敬語表現を使用していることで，公的正式な機関からの通知の印象を生じ，発話では，敬語表現を使用しないことで，息子を装い信じ込ませる)。

③ 送信側が，受け手へ暗に示唆している行為(文書では連絡を入れること，発話ではお金を振り込んで助けること)を，受け手がしないでいることに，後ろめたさを感じさせていく効果。

④ 接続詞または接続助詞の使用で生じる効果(文書では，前節の内容が，後節の連絡を入れる行為への根拠であるかのようにみせること，発話では後続する発話に常に受け手の関心を引きつける役割)。

以上，具体的用法において異なる点はあっても，効果の利用の手法においては3事例とも類似していることがわかる。

2004年の架空請求書におけることばの効果の利用法についても，上記に述べた事項の共通性が見られた。ただし，2010年における新しい手法として，推意プロセスの利用で，受け手に架空請求書への知識があり，警戒をしている想定の利用が見られた。これは，還付金詐欺など新しく生じてくる詐欺に見られるが，受け手の知識を想定して，それを利用する手法である。

事例(1)と(2)に特徴的なことは，表面上明確に送信側の意図(文書では連絡を入れること，発話ではお金を振り込むこと)を表すのは最後の1回くらいであるが，受け手が解釈するプロセス中には，何度も繰り返し受け手にその意図またはその意図に通じることを復元させるように仕向けていることである。事例(3)でも「振込み」が「相手から被害者へ金銭を振り込む」と何度も被害者に解釈させるようにして，被害者が金銭を受け取る手続きをしていると信じ込ませている。そのため，「振り込み金額」「円」などの表示やATMの「お受取人名お振込み内容をお確かめください」と呼びかけている音声などで，明らかにおかしいと気付くことができる状況でも，相手の無理な説明を受け入れたり，注意がけの音声に耳を傾けることができない状態にしたりしている。

予防手段としては，できるだけ，誤解を生む余地を生じさせる部分，省略されて詐欺師側の都合のよい解釈を受けてにさせる部分を明らかに示すことである。例えば，ATM の「振り込み」のボタンには「押す人から相手への送金」などの注意書きを加えてはどうかと思う。

注

1）2020 年以前は,「架空請求詐欺」「オレオレ詐欺」「融資保証金詐欺」「還付金等詐欺」の 4 分類であった。次々に新しい手口が出てくるので，今回再分類するとともに，この分類に当てはまらない場合の出現にそなえて⑨の「上記の類型に該当しない特殊詐欺」の項目を設けていると考えられる。

2）パソコン等でインターネットサイトを閲覧中に，画面に「ウイルスに感染しました。○○○まで電話してください。」と表示が出てきて，掲載された電話番号に電話すると, ウイルス除去等の名目で金銭を騙し取る「サポート詐欺」などがある(警視庁 2021)。この場合，新手の手口として少額を請求されて安心してインターネットバンクで支払いをしようとしたら，遠隔操作をされて勝手に金額のケタが増やされて多額の金額を送金することになった事例も出ている(朝日新聞 2023)。

3）ATM 機械のボタン表示は，「お振り込み」の表示もある。おそらく被害者が使用した ATM は「振り込み」と「お」がついていない表示だったと思われる。詐欺師側は「お振り込み」の表示を想定して表現していると考えられる。ATM の「お振り込み」の丁寧語「お」は銀行側が ATM 操作者のお客様に向けて表現している。しかしもし，ATM の表示が「お振り込み」であっても被害者側は「相手が自分へ振り込む」ため，相手側が受け取る側への丁寧語として「お」の表示があると勘違いしているであろう。

4）少額訴訟制度とは，60 万円以下の金銭の支払いを求める訴えについて，各地の簡易裁判所で行われ，その日のうちに審理を終え判決が出され，判決に対して控訴ができない制度である。また，出廷しなかったり，異議申立てをしないと原告の訴えどおりの判決がされる場合がある(最高裁判所事務総局 2012)。

5）2004 年 4 月に，出会い系サイト運営業者(原告)が男性(被告)に対して，大阪簡易裁判所に少額訴訟を提訴した。男性は身に覚えがないことから弁護士に相談をした。少額訴訟の裁判時に原告が取り下げ書を出したが，男性側は受け入れず，慰謝料や損害賠償を求める反訴をした。5 回の裁判を経て，約 1 年後の 2005 年 3 月に男性側の勝訴となった。

■ 課題 ■

1. 事例 1 を見て，本文の分析にならって，自分なりの分析をしなさい。
2. 事例 2 を見て，本文の分析にならって，自分なりの分析をしなさい。

さらに学びたい人のために

■ スペルベル, D.・ウイルソン, D.(1999)『関連性理論：伝達と認知』第 2 版(内田聖二・宋南先・中逵俊明・田中圭子訳)研究社.

☞関連性理論の原著 *Relevance*, 2nd Edition の邦訳である。優れた解説書。

■ 東森勲・吉村あき子(2003)『関連性理論の新展開：認知とコミュニケーション』研究社.

☞関連性理論について，わかりやすく解説した本である。また，関連性理論を応用した広告や翻訳の分析例も学ぶことができる。

■ 今井邦彦(編) ウィルスン, D・ウォートン, T (2009)『最新語用論入門 12 章』大修館書店.

発展修正を続ける関連性理論において，その創始者と愛弟子によりわかりやすく解説した入門書。

■ 内田聖二(2011)『語用論の射程：語から談話・テクストへ』研究社.

☞関連性理論が他の言語理論と異なる点を解説。語・談話・テクストレベルまでの広範囲な言語事例を具体的に分析して説明をしている。

■ 三宅和子・佐竹秀雄・竹野谷みゆき編(2009)『メディアとことば 4』ひつじ書房.

☞架空請求書の文体分析をした論文「振り込め詐欺被害における受け手の解釈プロセス ― 架空請求書の場合」(中村秩祥子著)が収録されている。本章の事例①と関連する論文。表意と推意についての解説も加えられている。

学習室⑦　裁判官・検察官・弁護士

裁判官や検察官や弁護士になるには，司法試験に合格しなければならない。司法試験には受験資格があり，法科大学院を修了するか，司法試験予備試験に合格しなければならない。司法試験は，言うまでもなく超難関の試験であるが，2021 年度，2022 年度の合格率は 40%を超えている。法科大学院制度が導入されるまでの合格率はもっと低く平均 3% で，50 年位前になると 1% 台の時代もあった。司法試験に合格した後，さらに，司法修習という実務訓練を受け，その後に司法修習考試と呼ばれる卒業試験のようなものを受け，これに合格すると，裁判官や検察官や弁護士になる資格が得られる。

1. 裁判官

裁判官を志望する人は最高裁判所の人事課に任官希望を出すが，司法試験や司法修習の成績が極めて優秀で，公平な考え方をする人が選ばれている。裁判員裁判の法廷で中央に座っているのが裁判長で，50 代くらいの判事がほとんどである。裁判官から見て左側に座っているのは左陪席で，キャリア 5 年未満の未特例判事補と呼ばれる，まだ完全には一人前の裁判官とみなされていない裁判官である。一方，裁判長から見て右側に座っているのは右陪席で，キャリア 5 年以上の特例判事補やキャリア 10 年以上の判事である。

女性の裁判官も全体の 20% くらいいる。ただ，裁判官は 24 時間営業の警察からいつなんどき逮捕状が請求されてもいいように，当直がある。また，3 ～ 4 年で転勤もあるので，家族の協力が必要である。そうは言っても，女性裁判官の配偶者は裁判官のことが多いので，転勤先にそれなりの配慮がされることが多いようである。

裁判官は国家公務員であるが，10 年の任期である。通常は再任されるが，再任されなかった裁判官がいて，それを不当だと裁判所に訴えようとした事件もあった。

裁判官は，憲法に「裁判官の独立」が規定されていて，個々の裁判官の上下関係は，ちょうど，文系の大学教員のような緩やかな上下関係のようである。一方，検察官は，地方検察庁なら，検事正をトップとして上下関係が明確な組織である。

2. 検察官

検察官とは，正検事と副検事を含めた官名である。このうち正検事は，司法試験を合格した人である。司法試験に合格していなくても，検察事務官の経験を重ねて考査試験に合格した人を副検事という。副検事がさらに上の試験に合格すると特任検事に昇格する。特任検事は，正検事の人数が少ない事情から副検事を昇格させて正検事と同じ職務を行うようにしたものである。内部試験のハードルの高さから，司法試験を受験するほうが楽という声もあるように，全国で四十数名しかいないのが現状である。ちなみに，和久峻三氏の小説やテレビドラマに出てくる「赤かぶ検事」はこの特任検事である。

裁判所に入っていく検察官の多くは，なぜか風呂敷包みをしっかりと抱えている。風呂敷の中には証拠書類などが入っている。書類の量を気にせずに入れられるので，意外にもアタッシュケースより便利のようである。第３章で見た検察官が書いた起訴状の古めかしい用語を考えると，検察官のほうが裁判官より伝統にこだわっているようである。

3. 弁護士

弁護士を希望する人は，司法試験と司法修習考試に合格したあと，活動する地域の弁護士会に必ず登録しなければならない。そして日本弁護士連合会の会員になった上で，初めて弁護士としての活動ができる。

弁護士は，裁判の弁護を務めるだけでなく，財産管理や遺言状の作成，トラブルが起きたときの示談交渉，企業の法律顧問，破産管財人など，法律関係全般の様々な仕事をしている。なかには，一般企業の法務部に籍を置く弁護士もいる。ほとんどの弁護士は，民事裁判や法律実務などで受け取る報酬を生計の糧としている。

ほとんどの新人弁護士はどこかの法律事務所に就職し，給料をもらいながら仕事を覚えていく。この人達をイソ弁(居候弁護士の略)と呼び，事務所の経営者をボス弁という。イソ弁は基本的に事務所で請け負った仕事をし，数年後には独立していくことが多い。さらに，ノキ弁(軒先を借りる弁護士)がいる。法律事務所の机や電話を借りて仕事をしているが，給料は出ない。そしてタク弁もいる。タク弁とは，自宅を事務所として登録せざるを得ない弁護士。弁護士会への入会後，いきなり独立するのでソク弁とも呼ばれる。ノキ弁，タク弁やソク弁が増えている背景には，司法試験の合格者が増加して就職競争が激化し，就職できない人が増えたという事情がある。仕事がない弁護士が増えたため，報酬が「私選弁護」の１～２割程度と安く，人気がなかった「国選弁護」も，最近は人気を集めている。その一方，最高裁の判事に任官した元弁護士が，判事の報酬では(弁護士をやっていた)前年の高額の所得税を払えず，持家の１軒を売ったという話もある。弁護士も二極化が進んでいるようである。なお，弁護士の中には法科大学院教授を兼務する者もいる。

上述の裁判官・検察官・弁護士は，合わせて「法曹三者」と称することがある。

(大河原眞美)

第7章

ことばの犯罪(2) 偽証・名誉毀損

中根育子

● Keywords ●

虚偽の陳述，字義どおりの解釈，文脈，発話行為，会話の公理，社会的評価の低下，一般読者

本章のねらい

偽証と聞くと，「法廷で嘘をついたら罪になるということだ」と言う人が多いかもしれない。法律には「虚偽の陳述」をすると罪になるとあるが，この「虚偽の陳述」が非常に手強いのである。同じように，名誉毀損の訴訟においても，いったい何をどのように言ったら相手の名誉を毀損し，「社会的評価を低下させる」ことになるのだろうか。本章では，このような難題に言語学がいかに手掛かりを与えることができるかについて考える。

1 偽証

1.1 偽証罪にあたる発話行為

ある言語行動が偽証罪に当たるかどうかを言語学的見地から検討するにあたっては，まず第一に条文などを調べ，偽証罪というものがどのように定義されているかを調べる必要がある。さらに，法的定義に加え，一般的な定義や一般社会における解釈をこれと比較した上で，実際に偽証罪と認められたり認められなかったりした過去の事例を調べ，それらをすべて参考にし，問題となっている発話行為(speech act の訳で「言語行為」とも)が偽証罪に当たるかを検討するのが適切な方法であろう。

日本の刑法 169 条は，偽証罪について以下のように定めている。

> (偽証)
> 法律により宣誓した証人が虚偽の陳述をしたときは，三月以上十年以下の刑に処する。

法的にも言語の面でもここで問題になるのは，「虚偽の陳述」や「偽りを述べない」が何を意味するかである。日本の偽証裁判では，**主観説**と**客観説**のどちらに判断を委ねるかによって，その意味するところも，法的判断も変わってくる。主観説においては，証人の陳述の内容が客観的真実に反するかどうかではなく，証人自身の記憶にしたがって陳述されたものかどうかが問題になる。つまり，「良心に従って，真実を述べ，何事も隠さず，偽りを述べないことを誓います。」という宣誓に反し，証人自身が嘘と知っていることを真実として語るという「欺く意思」があったかどうかが判断の基準となる。したがって，客観的真実とは異なっていても，証人が自身の記憶に反さず陳述を行えば有罪とされないということになる。しかし，証人の記憶を証拠の形で示すのは容易いことではないので，偽証罪の証明は日本の司法制度においては難しく，起訴や有罪判決も少ないといえる。しかし，客観説も近年は有力になってきているようである（三井他 2003: 103）。

ここで具体的に，ある偽証裁判がどのように主観・客観説に対応しているか，その判決文に基づいて例示する。また，この偽証罪の事例について言語学の見地からはどのようなことが言えるか考察してみよう。

某タレント A 氏が未公開株を元値を隠し B 氏に譲渡した疑いで詐欺罪で起訴された事件で，A 氏の知人である Y 氏が証人として呼ばれた。Y 氏は，B 氏と東京の飲食店 D で平成 12 年頃会った際，B 氏が元値を知った上で株を買ったことの裏付けとなる会話をした，という趣旨の証言をし，この証言が鍵となって A 氏は無罪となった。しかしその後この証言が虚偽であるとして Y 氏は偽証罪で起訴され，有罪判決を受けた。

Y 氏偽証裁判の判決によれば，A 氏の詐欺裁判においては，以下のようなやりとりがあった。

裁判官　：（平成 12 年頃）「証人はどのくらいの頻度で…飲食店 D に行っていたんですか」
Y 氏　　：「頻度としては，1 週間に 1，2 回は行ってたと思います」

A 氏弁護人：（どのような付き合いをしていたかという質問）

Y氏　　　：「知り合ってから，1度歯のほうの治療をしました。」
「それ以外には，特別。そこの飲食店Dで，たまたまお会いしたときには，そこでお茶をしたりとか，そういうことはありました。」
A氏弁護人：「Aとの関係はどういう関係ですかと言われたら，どんなふうな答えになりますか」
Y氏　　　：「知り合い。」
A氏弁護人：「面識があるという程度ですか。」
Y氏　　　：「そうですね。あと患者さんの一人という。」

株の譲渡について裁判長は，平成12年当時Y氏は「生活の本拠を沖縄県に置き，飲食店Dに週1，2回の割合で行くようになったのは平成14年6月以後のことであり」この時期に「飲食店Dにおいて，BとC株の話をすることはありえない」との判断を示した。また，A氏との関係について，証言では平成10年頃知り合ったと言っていたが，「実際には平成6年ないし7年ころ知り合い……極めて親密な関係にあり，被告人もそう認識していたと認めるのが相当である」と指摘した。A氏の結婚式やバリで一緒に撮影した写真などの証拠，A氏から多数の通話があった記録，Y氏がA氏の逮捕翌日に携帯電話に「いつでもうごきます。……　一生涯の友より」というメールを送っていた証拠などが検察側から提出されたのである。

この裁判の判決では，客観的事実にY氏の証言がかみ合っていたかどうか，そしてその証言が客観的事実に反していることをY氏が認識していたかの双方について判断が述べられている。「真実に反する証言」を行ったという客観説による法的判断が示された一方，問題の証言について「客観的真実に反していると認識していた」と，主観説の立場からも記憶に反して故意に虚偽の陳述をしたという判断を明示したのである。弁護側は主観説に訴えて，事件に関する時間のずれは「勘違いであり，故意はない」とし，A氏との親密な関係は，有名人好きな本人の思い込みであったと主張していた。

ここで，言語学の見地からこの裁判を考えてみると，法的判断に関して二つのことばの問題が浮かび上がってくる。第1に，客観的事実と証言の整合性に関する判示(判決理由の中にある事項についての裁判所の判断をはっきり示すこと)では，証人がいつのことを指しているのか，そして弁護側が主張するような「勘違い」があったのかどうか，「そのとき」などの指示詞を含んだ表現など証言内における指示関係が，かなり検討の対象となっている。判決の中に記載されている証言は限られているため，文法的に何が何を指示しているのかはディスコース全体を分析することによって，客観的事実と証言の整合性をより的確に評価できるであろう。

そして第2に，証言が「記憶」に反しているかどうかの判断は，語句や表現の意味を比較検討することで行われている。Y氏がA氏に送ったメールにある「一生涯の友」という表現と，証言中の「面識がある程度」という表現では，関係の親密さがかけ離れている。「友」と「面識がある」のみを比較すると字義通りの意味では重なり合う部分があるという主張もできるかもしれないが，「一生涯の」が友人関係の強さを強調しているのに対し，「程度」が面識のある関係の弱さを強調しているので，「記憶に反した」証言を行ったといえるであろう。

さらに，「記憶に反しているか」という点でも，ディスコース分析によって証言の信用性を評価することができる。以下はY氏がA氏の裁判で行った証言の一部である。

「知り合ってから，1度，歯のほうの治療をしました。」「それ以外には，特別。たまたまお会いした時には，お茶をしたりとかそういうことはありました。」

最初の2文を組み合わせると，「歯の治療をしただけで，患者と医師以外の友人関係はない」という親密な関係を否定する意図があると汲み取れる。しかも，「1度」しか治療していないのであるから，患者と医師としてもかなり希薄な知り合いであることになる。また，この後Y氏は，飲食店DでA氏と会うのが「ひと月に1回会うときもあれば，み月に1回会う時もあるというようなそういう感じ」と述べているが，「X月にY回」という表現は，繰り返し行われたことに対して使われるので，かなり親密とまではいわなくとも，継続的な付き合いであることを示しているといえる。そうすると，A氏との関係について上に引用した証言の一部とは噛み合ないことが述べられているのがわかる。

裁判員制度の導入に伴い，最高検察庁も「公判廷における供述がこれまで以上に重視されることになることも考え合わせると，偽証に対しては従来よりも厳格な姿勢で臨む必要があり，積極的に偽証罪の成否について検討を行い……」と偽証罪を積極的に立件していく姿勢を見せている（平成21年2月　最高検察庁『裁判員裁判における検察の基本方針』）。

このような傾向があることも考慮した上で，次項では，陪審制度を採用しているコモン・ローの国々において偽証罪がどのように扱われ，偽証罪に関連して言語学がどのような役割を果たしうるかを紹介する。

1.2　偽証の法的解釈と言語理論的解釈

偽証を言語学的見地から分析，論説したものはほとんどがアメリカの法言語学者によるもので，本章における解説はTiersma（1990, 2004），Shuy（1993）に依るところが多い。アメリカの法律では，宣誓をした者が「意図的に，真実を述べるという宣誓に反し，自身が真実ではないと信じる実質的な事柄を陳述あるいは記述」した場合偽証罪を犯したことになる。Tiersma（2004: 938）はこれを「虚偽の陳述の必要条件」（false statement requirement）と呼び，法的枠組みと言語コミュニケーション的枠組みにおける偽証の条件の相違について述べている（Tiersma 1990, 2004）。法的枠組みにおける偽証の判断で，**字義通りの解釈**が適用されるきっかけともなったBronston氏の裁判を例に，Tiersma（1990）は字義通りの解釈から「証人が自分の発話がどう解釈されるように意図したか」を判断の基準にするべきであると論じている。映画製作会社の会長であったBronston氏は，会社の破産申請の手続きにおける審問で債権者の代理人と以下のやりとりを行った（Tiersma 1990: 378）。

Q: Do you have any bank accounts in Swiss banks, Mr. Bronston?
A: No, sir.
Q: Have you ever?
A: The company had an account there for about six months, in Zurich.

Q: ブロンストンさん，あなたはスイスの銀行に口座を持っていますか。
A: いいえ。
Q: 持っていたことがありますか。
A: 会社がチューリッヒに6か月程口座を持っていました。

（中根育子訳）

実際にはBronston氏はスイスに5年間，多額の預金をしていた個人口座を持っていたことがあったので，偽証罪に問われることとなった。第1審と控訴審は有罪であったが，最高裁では逆転して無罪の判決が下された。その理由は，法律は証人が「ほのめかした」ことではなく，「陳述したこと(口に出して言ったこと)」について言及しているのであるから，会社が口座を持っていたという陳述内容が真実であれば，文脈から聞き手が解釈すると思われる「個人口座は持っていたことはない」という結論は法的判断に含めてはならないというものである。Tiersma(1990)は，このような判断は，発話の意味が文脈や状況に影響されるという，ことばの解釈の基本的な前提なしに行われたものであると批判している。

我々の日常生活におけるやりとりは，このような法的枠組みに適合する狭義の解釈にだけ頼っていては成り立たず，常に発話にある含意を読み取りながら行われている。Tiersma(1990)は，こうした**協調の原理**がはたらくことによってやりとりや意味の解釈が成り立っているというGrice(1975)の理論に基づき，その**会話の公理**が法廷内でのやりとりの解釈にも当てはまるものとして，法的枠組みにおける解釈の問題点を指摘している。Griceが提示した4つの会話の公理とは，量・質・関連性・様式の公理で，以下のようなものである(小池他編 2003: 205)。

質の公理　：真であることを言うこと
量の公理　：必要なだけ言うこと
関連性公理：関連性のあることを言うこと
様態の公理：簡潔にはっきりと順序立てて言うこと

「会社が口座を持っていた」という返答は，質問によって求められている情報を量的に十分提供していないだけでなく，内容的にも関連性が乏しい。しかしコミュニケーションが成立しているという前提の上では，何らかの解釈が協調の原理にしたがって行われ，その結果，「会社が口座を持っていたということは，個人的な口座は存在しなかった」という解釈がなされる。しかし，最高裁判決の法的枠組みにおいてはこのような解釈は許されなかった。つまり，コミュニケーションを成立させる公理を無視した上で解釈・判断が行われたということになるのである(Tiersma 1990: 385)。ただし，Tiersma

(1990)は偽証裁判の判決が，このように極度に字義通りの解釈に傾いたものばかりではないことも指摘している。

このBronston判決は，その後の偽証裁判にも影響を及ぼすことになる。その顕著な例の1つとして，アメリカ大統領在任中にクリントン氏が偽証の疑いで弾劾裁判にかけられた際，Bronston判決で適用された証言の「字義通りの真実による抗弁(a *literal truth* defense)」(Tiersma 2004: 940)を巧みに利用して偽証罪を免れたというものがある。クリントン氏は，ホワイトハウスのアシスタントであったモニカ・ルインスキー氏と「性的関係」を持ったかどうかについて大陪審の前で「いいえ」と答えたのが虚偽の証言であると糾弾された。しかし，実際に性交を行っておらず，「性的関係」の一般的な解釈は「性交を行う関係」であるから，虚偽の証言をしてはいない，という抗弁を行ったのである。Tiersma(2004)は，辞書やアンケート調査などの資料から「性的関係」の解釈は多様であるが，「性交を行う関係」が「性的関係」のプロトタイプであるとしている。クリントン氏はそのように解釈をしたとして否定したので，偽証していないことになったのである。陪審員を納得させるためには，検察側が決め手となる表現(ここでは「性的関係」)の定義を明確にしたり，証人がそういった表現をどう解釈しているのか明らかにするなど，ことばに関して細心の注意と準備が必要であるといえる(Tiersma 2004: 945)。

1.3 偽証事件の言語鑑定

実際に言語学の専門家が偽証事件の鑑定に関わった例の1つに，Shuy(1993)の報告がある。Shuyは，弁護人からの依頼により，偽証罪で起訴されたSteven Suyatの証言を鑑定した。Suyat氏はフィリピン系2世のアメリカ人(ハワイ在住)で，ハワイ州のモロカイ島という小さな島のコミュニティで生まれ育った。彼の話す英語はいわゆる「ピジン英語」(異なる言語を話す人々の間で使われる簡素化された英語)で，日常生活ではあまり形式ばった英語や標準アメリカ英語には親しみがなかった。弁護人の依頼で偽証が行われたとされる証言の録音を分析し，Shuyは以下のような点を指摘している。

⑴ 法廷での証言はかなりの緊張を伴い，コミュニケーションに問題が起こった。

Suyat氏は法廷での質問，特に検察官からの質問には慎重かつ正確に答えなければならないと強く意識していたため，scab(スト破り，スト不参加者［通用語])の意味は何かと聞かれた際，正式な辞書の定義を述べなければならないと思い，それが自分にはできないので「覚えていません」「知りません」と答えたが,「ではあなたが自分でここに書いたときにはどういう意味だったのか覚えていないのですか」と質問されると,「それは，はい」と肯定した。そのため，前に述べたことと食い違う証言をしたことになってしまった。

(2) 検察官の質問に含まれる語句の意味に対して異なった解釈をしたため，偽証と思われるような返答をしたが，故意ではなかった。

Shuy(1993)は，検察官とSuyat氏のやりとりから，異なった解釈があり，偽証の嫌疑につながったと思われる語句を挙げている。例えば，contractor(請負業者，あるいは契約労働者)という語に関しては,「請負業者の労働者を組織する」(organize contractors)という検察官の意図したところを，Suyat氏は「請負業者を組織する」であると取り違え，同僚の被告人が「組織していない」と否定した。ここでも，偽証とみなされた証言が，故意ではなく検察官の質問に対する解釈の差による結果であるとShuyは論じている。

これらの問題点を挙げるに際し，Shuy(1993)は，偽証の判断をするにあたっては，証人の発話をそれ自身を事実と照らし合わせるだけでなく，ことばの文脈や証人の言語・社会・文化的背景などを考慮に入れる必要を訴えている。上記裁判の場合，証人がピジン英語話者であり，証人の解釈の枠組みと法律家が前提としている解釈の枠組みとの間に差異があることが，偽証と判断される言語行動に関係していたようである。

さらにShuy(1993)は，証人は検察官や弁護人の質問に答える形で発話するため，自分から発話の機会を作り出すことができず，返答の形式や内容も限られてしまう事を示し，意図的ではなく結果的に偽証のような形になってしまうことがあると指摘している。Suyat氏証言の例では，検察官に「自分でここに書いたときには(scabは)どういう意味だったか覚えていないのですか」と聞かれて「それは，はい」という返答をした際にも，そこで検察官が「以上です」と質問を切り上げてしまったので，Suyat氏が自分にとってのscabの意味を説明したかったとしてもその機会が失われてしまった可能性がある。

1.4 まとめ

上記のShuyの鑑定は，裁判で証拠として採用されなかった。同様に，Tiersmaのコミュニケーション論に基づいた偽証の解釈が，字義通りの解釈より優先的に法的に受け入れられるかどうかは疑問である。日本ではこれまで主観説が有力であり証明が難しかったため，偽証裁判自体が少なく，しかも文脈や状況を考慮に入れた言語学的偽証の分析はまだ行われていない。しかし，前述したように最高検察庁が偽証罪の立件に力を入れる姿勢を示していることを考えても，今後言語分析が偽証の分析に貢献できる可能性は大きくなるのではないだろうか。

2 名誉毀損

2.1 名誉毀損にあたる言語行為

名誉毀損は，刑法第230条において以下のように定められている。

> (名誉毀損)
> 公然と事実を摘示し，人の名誉を毀損した者は，その事実の有無にかかわらず，三年以下の懲役若しくは禁固又は五十万円以下の罰金に処する。

名誉毀損に当たる行為は，文書や録画・録音によって残っているものでないかぎり証明が難しいことと，「公然と」であるから，何らかの形で公にされたものでなければならないことから，新聞・雑誌・テレビ報道などに対して訴訟が起こる場合がほとんどであるが，近隣の人々にビラを配ったりする場合も含まれる。次に，「事実の摘示」であるが，法律用語ではこの「事実」は「実際にあったかどうかを問わず，『事件の内容となる事柄』をいう」(山田 2009: 5)。そこで，条文中の「その事実の有無にかかわらず」という部分は，公になった「事実」が真実であろうがなかろうが，という意味になるのである。これは英米法における名誉毀損の定義と大きく異なる一面で，日本では真実である事柄を摘示しても名誉毀損と認められる場合がある。では「名誉の毀損」とは何かというと，「人の社会的評価を低下させる行為」(山田 2009: 2)とされている。ただし，法律上，問題の言語行為によって実際に社会的評価が低くなったかどうかは証明する必要がない。

名誉毀損事件には，ある条件を満たせば責任を問われないという「免責要件」

があり，以下の3つの要件が揃った場合には罰せられないことになっている。

① 事実の公共性（摘示された事実が公共の利害に関する事実に関わるか）

② 目的の公益性（事実の摘示が公共の利益を目的とするものだったか）

③ 事実の真実性（摘示された事実が真実であるかどうか）

さらに，③に関連して，現在は「真実であると信ずるに足りる『相当な理由』があれば，それも責任を免れる」（浜辺 2005: 18）とされている。その上，表現の自由を保障するため，問題となる言語行為が公正な「意見ないし論評」の一部として行われたと認められる場合にも免責されることがある。その他にも，犯罪報道については①の事実の公共性，公職者については①に加えて②についても被告は立証しなくてよいことになっている。

2.2 名誉毀損の言語学的解釈

(1) 「一般読者の普通の注意と読み方」

名誉毀損は社会的評価を低下させる言語行為であるとされているが，ここで問題となるのはその判断基準である。日本の判例では，「一般読者の普通の注意と読み方」（最判昭和31年7月20日，民集10巻8号p.1059），ただしテレビなどの場合は「一般の視聴者の普通の注意と視聴の仕方」（最判平成15年10月16日，判時1845号p.26）が基準として使われている。また，摘示された事実自体がそもそも何であるかの判断にも，これらの基準が適用されている。しかし，これらの基準についてはその適用の仕方などが一貫しておらず，曖昧で裁判の結果を予測しにくいという批判がある（浜辺 2005; 山田 2009）。

例えば，この「一般読者」を，問題のコメントが掲載された雑誌の読者層に特定して判断した事例と，特定の読者層を前提とした判断を否定した事例が存在する。ある雑誌に掲載されたコメントに関する名誉毀損裁判で，裁判所は「特段に知的水準が高いといえない」（東京地判昭和47年8月5日判時689号p.82）読者層を考慮した上で，問題となった記事から原告の社会的地位を低下させるような印象を受けるといえると認定した。その一方で，ある夕刊紙が名誉毀損で訴えられた際，通俗的で興味本位の内容を求める読者層なので社会的評価の低下につながらないと主張した。ところが裁判所は，その夕刊紙が「主に興味本位の内容の記事を掲載することを編集の方針とし，読者層もその編集方針に対応するものであったとしても，当該新聞が報道媒体としての性格を有している以上は，その読者も当該新聞に掲載される記事がおしなべて根も葉もないものとして認識しているものではなく，(中略)その掲載記事により記事の対象とされた者の社会的評価が低下させられる危険性が生ずることを否定することはできない」(最判平成9年5月27日，判時1606号p.41)という理由で名誉毀損を認めたのである。

このように「一般読者の普通の注意と読み方」という判断基準に関しては様々な解釈がなされているようだが，名誉毀損を言語学の見地から考察してみよう。

アメリカ法における名誉毀損の場合も，「平均的な読者・視聴者」の解釈が基準にされているようだが，Tiersma(1987)とShuy(2010)は，問題の表現を読者や視聴者がどう解釈するかだけでなく，書き手あるいは発話者(制作者)の発話行為自体に注目し，そこに相手の社会的評価を低下させようとする意図があったかどうか分析することの必要性を訴え，そのような分析において言語学者がどのように貢献しうるかを示している。どのようなことばの分析が名誉毀損に関わる証拠となりうるのか，以下にいくつか挙げる。

(2) 発話行為と発語者の「意図」

Tiersma(1987)は，名誉毀損の判断において，発語行為が受け手に与える効果，つまり，**発語媒介行為**(perlocutionary act)だけを見極めるのではなく，発信者の行った発話行為自体が意図するもの，つまり**発語内行為**(illocutionary act)が何であったかも明らかにするべきであると論じている。例えば，下の例で，発語内行為は「夕刊が来ていると思うか教えてくれ」(質問)だが，発語媒介行為は，「夕刊を取ってくる」(依頼に応じる)であり，発話者と受け手の間で誤解が生じている。

妻：夕刊はもう来てるかなあ。
夫：ああ，ちょっと待って，取ってくるよ。
妻：いいって。自分で取りにいくつもりだったんだから。

このように発話者の意図と受け手の解釈が異なる場合がある。上のような例は日常生活でよくある誤解だが，文脈や発話場面の状況などを詳細に分析すれば発話者の意図が明らかになる場合も多い。受け手側からの社会的評価を低められたという解釈の検討に加え，実際に名誉を毀損したとされる発話行為自体が相手の社会的評価を低める目的で行われたかどうか，言語を分析することによって，法的判断の材料になりうる，より科学的で客観的な解釈を得られるのである。

名誉毀損の判断において焦点となる問題の一つが，事実の内容に含まれる相手の社会的地位や評価を低める意図があったかどうかである。そこで，名誉毀損で訴えられている対象となる発語内行為を「非難(accusation)」に限り，これを「報告する(report)」行為や「考えていることを報告する(意見(Opinion)を述べる)」行為と区別する必要があるとTiersma(1987)とShuy(2010)は主張している。

Shuy(2010)は，ある小学校の教師が，任務を怠りまともに指導を行っていなかったと報道されたため，名誉毀損で地元紙などを訴えた事件について，その記事中の言語を発話行為の面から分析している。ここでは意見の表明を示す「と考える」や，「ようだ」などの表現がなかったことが指摘されている。ただし，Shuyはこれについて判例に触れながら，意見に伴うこのような表現を使ったからといって名誉毀損から免責されるとは限らないと述べている。これは日本の名誉毀損においても，「らしい」「ようだ」などを使ったからといって免責されないということが報告されている(浜辺2005)。発話行為の分析面から考えても，「非難」と「報告」，そして「意見」の区別はかなり微妙である。したがって，問題の言語行為が「非難」であるかどうかの言語分析には，内容や発話行為以外の言語要素を考慮に入れることが望ましいといえる。

(3) 文法的な指示対象

ここで注意しなければならない点が一つある。日本の場合は，前述したように，真実を述べても社会的評価を低めれば名誉毀損が認められる可能性があるという点である。上記の小学校教師の事件に関する記事には，この教師が関わった児童の証言が載せられている。これに関してShuy(2010: 50)は記事中の語句が文法的に何を指示対象としているかに焦点を当てて分析している。この記事中には具体的で直接的な証言は2人の児童(「ある6年生の女児」と「ある6年生の男児」)と「その母親」のものしかないにもかかわらず，指示形容詞「これらの」を伴わない複数形名詞「児童たち」や「親たち」を使うことによって不特定多数の人々が原告の教師に対し「強い怒りを感じ」たり，「課題を与えても添削しない」などと非難している，と読者に認識させる言語表現があったという。

Shuy(2010)はまた，文法的指示対象がはっきりしており，被告側が被疑者である女性を不法に殺人犯扱いし，明らかに非難したことがわかる例を挙げている。あるテレビ放送の中で，捜査官がはっきりと「被疑者はたった1人で，それは被害者の妻です」と言った後，別の放送において，同じ捜査官が「その被疑者は，家にまっすぐ入っていき，階段を上り，寝室に入って眠っているDennis Stokesの目と目の間を撃ちました」と話しているのが報道された。Shuyは，「その被疑者」で定冠詞のtheが「被疑者(suspect)」とともに使われているということは，ある特定の被疑者を指しており，それは同じ話者が同じ事件の「たった1人の被疑者」として断定した「被害者の妻」を指しているにほかならないと指摘する。さらに，被疑者の段階であるにもかかわらず，捜査官は放送の中で発話内容を和らげたり意見であることを示す表現などを全く使わず，被疑者の行動を既に起こった事実として過去形で述べていた。Shuyはこれらの点から，これは「意見」ではなく「事実としての報告」であるとしている。この分析と結論は，ShuyとTiersma(1987)の「報告」ではなく「非難」が名誉毀損の発話行為にあたるという主張とは一見矛盾しているように思われる。しかし，妻は犯人ではなく被疑者であったので，真実と証明されていない虚偽の「事実」を公然と摘示して人の社会的評価を低めたことになり，名誉毀損と考えられる。

さらにShuy(2010)が例に挙げている別の一件では，ある美容メーカーの社長がビジネスの会合におけるスピーチで，「ある販売業者がメーカー公認でない店などを通して販売を行った」と個人攻撃をしたとして訴えられた。オーストリア人である社長が英語で行ったスピーチは，単数・複数形，及び時制などの間違いが多数存在し，その他の文法の誤りも加担して，聴き手が理解に苦しむようなものであった。Shuy(2010)に引用されているスピーチの一部を以下に引用する。

> We have a *distributor* who was not sharing our philosophy. … Instead of going out there and do what *other distributor* have done who *are* committed, no, rather sit in *their* office and sell to anybody who make a phone call to buy… because *we been* in shops there where I was embarrassed to see our products. (Shuy 2010: 181)

我が社の方針を共有しない業者(a distributor)がいます。……外に出て行って会社のために頑張っている(are committed)他の業者が(other distributor)がしてきたことをせず，いや，むしろ自分たちの(their)職場に腰を下ろして(sit)，誰でも買いたいと電話してくる(make a phone call)人に販売する(sell)……私がうちの商品を見つけて恥ずかしい思いをするような店に私たちは行ったことがある(we been)です。(中根訳)

最初の文では1人の業者を指しているが，次行では本来other distributorsと複数形になるべきところが単数形になっているので，続く「自分たちの職場(their office)」は最初の文に出てきた「一人の業者」の職場なのか，本来は複数形であるべき直前の「他の業者」の職場なのか不明瞭である。さらに同じ文中では，名誉毀損の訴えを起こした業者は既にスピーチが行われたときは，話題にされている地域担当の販売業者ではなくなっていたため，「います」「腰を下ろして……販売する」と現在形で述べている部分は，正確には原告の業者を指していないことになる。数と時制の混乱は，特に社長がスピーチで販売業者の名前を具体的に挙げていないこともあって，特定の個人を非難しているとは明確にいえないというのがShuyの見解である。

(4) ディスコースの枠組みと読者・視聴者に与える印象

名誉毀損に当たるかどうか争われている言語を分析する場合，問題となる部分のみだけではなく，その問題部分が現れる記事・報道などのディスコース全体，さらに筆者あるいは話者の社会・文化背景や言語能力なども考慮に入れてした上で，社会的評価を低下させる非難行為があったかどうか検討するべきであるといえる。

例えば，上の殺人事件に関する報道で，Shuy(2010)は報道全体の語彙を分析し，妻が犯人であることを前提にしそれをほのめかしている表現が頻出していることを指摘している。以下はそのいくつかの例である(Shuy 2010: 62–64)(中根訳)。

「(被害者の)妻は義理の妹の家に泊まる計画を立てた」
「(妻は)階下に1人であり，夜間に密かに家を出た可能性がある」
「当局が殺人事件の捜査を続ける中，(妻は)街を離れた」

このような分析から，前述の発話行為分析などと合わせても，放送内容が妻を非難しその社会的評価を低下させるものであったとShuyは論じている。

また，Shuy(2010)は，前述した小学校教師の一件で問題となった記事において，教師が「何も教えなかった」という表現にあるように，「何も(nothing)」という否定的な表現をその見出しや第一段落，小見出しにおいて繰り返し使用していることを指摘し，これは悪いイメージを強調しており，この教師を非難する意図がディスコース全体に示されていると述べている。また，前述した美容メーカー社長のスピーチに関して，Shuy(2010)はスピーチ全体のトピック構成を分析しているが，その基本的な目的は会社が質の高いサービスを維持していけば見通しは明るいということを社員に伝えようとするものであったため，販売業者個人の社会的評価を低下させる意図はなかったという結論を導いている。

2.3　名誉毀損と伝達の媒体

名誉毀損の訴訟は，新聞や雑誌の記事，テレビやラジオ報道などの伝達媒体における表現について争われる場合が多いが，ここで伝達媒体の面から名誉毀損について触れておきたい。

新聞や雑誌などの場合，見出しと写真の組み合わせ，記事内容と写真の組み合わせなどで名誉毀損につながる場合がある。テレビやラジオの場合は，発話と映像，テロップ，映像とともに現れる文や語句などが名誉毀損に当たるか争われることがある。

例えば，あるテレビ局の報道に関する判決では，「報道番組の全体的な構成，これに登場した者の発言の内容や，画面に表示されたフリップやテロップ等の文字上法の内容を重視すべきことはもとより，映像の内容，効果音，ナレーション等の映像及び音声に係る情報の内容並びに放送内容全体から受ける印象等を総合的に考慮して，判断すべきである」と示され，フリップに提示された情報と，それに付随した専門家の説明において，提示された事実の真実性に疑問があることを指摘した(最判平成15年10月16日 判時1845号p.26)。また，この判示では「放送内容全体から受ける印象を総合的に考慮して，判断すべきである」と述べられているが，これは言語学の視点から言い換えれば，文法，語彙のみではなく談話またはディスコース全体をも分析することの重要性を唱えているといえる。さらに，音声や効果音についても判断の基準に含めるべきとされているが，Shuy(2010)も，上記の美容メーカー社長スピーチの分析において，実際に声の調子に感情の高まりが現れているか分析を行っている。

絵と言語が常に混在する漫画では，名誉毀損の対象になると両者の解釈，また両者を総合的に見た解釈が必要になる。時事・政治問題等を中心に扱う漫画において，ある実在の人物について「ドロボー」と書いたため名誉毀損の訴訟になった事例があるが，漫画に現れる言語だけではなく，それに伴って描かれた泥棒姿(唐草模様の風呂敷を背負い，アイマスクをしている)をした似顔絵もその人物を侮辱し，罵倒するものであると原告側は主張した(最判平成16年7月15日　民集58巻5号p.1615)。

インターネットは名誉毀損では比較的新しいコミュニケーション媒体である。他の伝達媒体と異なる点の一つとしては，掲示板やフォーラム，ブログなどでは投稿されるコメントがハンドルネームであることが多く，本名の者の社会的評価が低下させられたことを証明するのが難しいということがある。また，ネット上に誰でも書き込みができるようになっている一方，プロバイダがウェブサイトを管理しており，不適切な投稿コメントなどを削除するシステムがある場合は被害者がプロバイダを訴えるケースもある。さらにこの媒介においては，コミュニケーションが新聞やテレビ報道のように一方通行ではなく，相互的でしかも寸時に発信できる場合が多い。名誉毀損訴訟におけることばの問題を検証する場合には，このような媒体特有のコミュニケーションの形を考慮しなければならないであろう。

3 まとめ

名誉毀損には様々な免責要件があり，法的な判断の過程も複雑である。しかし，特に判断が難しく定義が明確であるとはいえない「一般読者・視聴者の普通の注意と読み方・視聴の仕方」による解釈に合わせて，それを補う意味でも，筆者・発話者のことばやその他の伝達表現自体を言語学及びディスコース分析の専門知識を応用して検証することにより，より一貫性のある決定につながる可能性が高まるといえよう。

■ 課題 ■

1. 次のやりとりで虚偽の証言をしているとした場合，どんな「会話の公理」が守られていないか考えなさい。
   (1) Q: 車は何を運転していますか。
       A: ベンツです。(実際には日産も所有し運転している)
   (2) Q: お子さんは何人いますか。
       A: 息子は北海道でスキーリゾートを経営しています。(娘が 1 人と，もう 1 人息子がいる)
2. ある言語学者が法廷で証言した際に，反対尋問で次のような質問をされた。
   「博士，これらのテープ録音を主観的に分析するにあたり，あなたはどんなテープレコーダーを使いましたか。」
   この質問にはどのような意図が存在するといえるだろうか。また，どのように答えるべきだろうか。また，偽証ということばの犯罪について考察する場合，このような質問やそれに対する証人の返答をどう解釈するべきか考えなさい。
3. ある学生が，「X 先生は A さんにだけ試験に出る問題を教えた」と発言した，あるいは書いた場合，どのような状況でこれが名誉毀損になりうるか考察しなさい。
4. Tiersma (1990: 414-415) は，ある小切手を「取り扱った (handled) か」という質問に対して否定の返答をした証人が，実際にはその小切手を処理していたため偽証罪で起訴された例を挙げている。裁判ではこの被告人が「取り扱った」を「手で触れた」という意味に解釈した可能性が認められた。日本の裁判でこのような誤解が起こりうる質問があるか，例を挙げて考察せよ。また，実際にそのような誤解が起こった例があるか調べなさい。
5. インターネットにおける名誉毀損の裁判ではどんなことばの問題があるか，その例を具体的に判例集などで調べなさい。

さらに学びたい人のために

■ 山田隆司（2009）『名誉毀損：表現の自由をめぐる攻防』岩波書店.

☞法律に詳しいジャーナリストが，名誉毀損について論じた新書。「名誉か知る権利か」という観点で，7つの事件をもとに報道の自由について再考している。

■ Gibbons, J.（2003）. *Forensic linguistics: An introduction to language in the justice system*. Oxford: Blackwell.（邦訳：中根育子監訳（2013）『法言語学入門—司法制度におけることば』東京外国語大学出版会）

☞第8章「言語に関する法」に，偽証と名誉毀損についての概観的説明が含まれている。

■ Shuy, R. W.（2011）. *The language of perjury cases*. Oxford: Oxford University Press.

☞言語学の専門家が偽証罪の証拠をいかに収集し，また証拠となることばの分析をどのように行うかについて，実際に著者が鑑定人として関わった裁判を例に論じた著書。

■ Solan, M. L. & Tiersma, P. M.（2005）. *Speaking of crime*. Chicago & London: University of Chicago Press.

☞第11章「偽証」では本章で触れたブロンストン事件やクリントン元大統領の偽証裁判を詳しく論じ，さらに偽証罪と「嘘をつく」という行為について比較を行っている。

学習室⑧　ヘイトスピーチの蔓延と解消法

1．ヘイトスピーチとは何か

ヘイトスピーチは，単なる「憎悪表現」ではない。権力者によって発せられる，社会的弱者（主に民族的マイノリティ）に対する差別煽動の言動である。しばしば執拗に繰り返されて，標的となった当事者に心的外傷（PTSD）を与える。話しことばだけでなく，書きことばでもSNSでも発信される。言動には，言語行動（ことば）と非言語行動（身振り・手振り）と象徴的行動（鉢巻き，旭日旗，国家「君が代」，軍歌など）が含まれる。ヘイトスピーチには，①差別表現（例，「ゴキブリ」），②暴力煽動表現・差別煽動表現行為（例，「○○人を殺せ，海に叩き込め」），③集団虐殺煽動表現（例，「○○人は抹殺すべきだ」）がある（金 2017: 126–129）。これら差別的言動は「ことばの暴力」「ことばの犯罪」と言える。その方法には，次に述べるように，学校襲撃・街宣活動・公職選挙演説・ネットへの書き込み・文書配布等が含まれる。

2．ヘイトスピーチの蔓延と対抗運動

ヘイトスピーチの主な担い手は，排外主義右翼団体・政党（在特会と日本第一党など）である。在特会の正式名称は，「在日特権を許さない市民の会」であるが，その主張には全く根拠がない。彼らは，京都朝鮮学校襲撃事件を始め，大阪の鶴橋・川崎の桜本・東京の新大久保などで街宣活動を行った。2010年代前半には，ヘイトスピーチによる街宣活動が蔓延したが，シバキ隊・プラカ隊・署名隊がカウンターと称する対抗運動を展開した。

師岡（2013: iii–iv）によれば，京都朝鮮初級学校襲撃事件（2009年12月など）では，在特会幹部が悪口雑言を連発して威嚇した。まず，「チョンコ，おまえら」を叫呼。次に，「朝鮮学校，こんなものは学校ではない」「約束というのは，人間同士でするもの，人間と朝鮮人とでは約束は成立しない」と強く否定。そして「朝鮮学校を日本から叩き出せぇ」「朝鮮ヤクザ，出てこい」と脅迫する。

次いで大阪鶴橋街宣活動（2013年2月）では，女子中学生が街宣車の拡声器から罵詈雑言を流した。「在日のクソチョンコのみなさん」と呼びかけ，「いつまでも調子に乗っとったら南京大虐殺じゃなくて，鶴橋大虐殺を実行しますよっ」と脅したのだ（中村 2014: 211）。

上記2例は屋外での示威行動であるが，異なる様態を示すこともある。①SNSによる発信は，しばしば匿名または偽名で書かれ，特定民族に対して卑罵語・差別語を連発する。②ヘイトスピーチは印刷媒体でも起こり得る。某住宅会社の会長

は，嫌韓文書をコピーして拡散させ，「朝鮮民族はみんなウソつき」といった意識を醸成し，民族差別を助長した。③日本第一党による選挙演説は，ヘイトスピーチ解消法施行後にあっても，公職選挙法を隠れ蓑にしたヘイトスピーチが実態である。同党の党首らは，「日本人対朝鮮人」という二分法と「日本第一主義」というスローガンを使用して，排除と差別を正当化する（韓 2021: 107-133）。

3．ヘイトスピーチ解消法とその問題点

ヘイトスピーチは2010年代前半に活発化し，野放し状態にあった。そこで，国会は2016年5月に「本邦外出身者に対する不当な差別的言動の解消に向けた取組の推進に関する法律」（ヘイトスピーチ解消法）を成立させ，同年6月に公布・施行した。前文，第1章　総則（目的，定義），第2章　基本的施策（相談体制の整備，教育の充実等，啓発活動等）（全7条）に附則2条からなる。しかし，対象が「本邦外出身者とその子孫」に限定されていて，他の外国人住民，アイヌや沖縄の先住民族，被差別部落の人々などが含まれていない。「適法に居住するもの」という条項は，反差別法の中に混入した差別的要素である。

ヘイトスピーチ解消法は理念法であるため，禁止規定も罰則規定もない。だが，ヘイトスピーチを行った者に関して，民事訴訟では不法行為にも基づく損害賠償（民法第709条），刑事訴訟では名誉毀損罪（刑法230条），侮辱罪（刑法231条）が成立しうる。本法の適用は憲法第21条（表現の自由）の制約になりえる（『税理』，2023年2月号，p. 247）。不当な差別的言動か否かの判断は，行政（主に法務省と自治体）及び司法に委ねられる。

ヘイトスピーチ解消法の施行を補っているのが，各地の自治体によるヘイトスピーチ条例の類である。例えば，大阪市の条例は，ネットによる執拗なヘイトスピーチに対して，市長は審査会の意見を聴いて発信元の氏名又は名称を公表するとした。川崎市の条例は，繰り返される悪質なヘイトスピーチに対しては，罰金を科すこともあり得るとした。

ちなみに，ヘイトスピーチ解消法は，法令文ゆえ素人には酷く難解である。法令用語「本邦外出身者」等の使用に加えて，文が冗長である。第2条はその典型であって，1文が222字からなる。両義性を嫌って，言い換え表現を避ける。そのため，名詞句「本邦外出身者」は4回，「不当な差別的言動」は2回，「本邦の域外にある国若しくは地域の出身である」という長い修飾句も2回現れる。さらに，主語「〇〇とは」と述語動詞句「をいう」の間が著しく離れているため，文構造が極めて複雑怪奇である（橋内 2018: 7）。ヘイトスピーチの蔓延と解消には，実態の把握に加えて，当該法令の改正及び包括的人種差別撤廃法の制定が求められる。　（橋内 武）

第8章

ことばの証拠(1) 筆跡鑑定・文書分析・話者同定・剽窃(ひょうせつ)

堀田秀吾

● Keywords ●

筆跡鑑定，文書鑑定，筆者同定，剽窃，話者同定，スタイルマーカー，プロファイリング，統計的アプローチ，対話型生成AI

本章のねらい

ことばは，指紋のようにひとりひとり異なる。発音，口調，語彙・語法の選択，会話のパターンなどのあらゆる言語的及び周辺言語的な特質が，その人間が生まれ育った環境，周囲の人々，職業，性格，価値観，信条その他の様々な内的・外的な要因を反映する。本章では，ことばの分析による異同鑑定とプロファイリングについて，国内外の事件における分析例をもとに見ていく。

1 筆跡鑑定

世の中に全く自分と同じ形でことばを使う人間はいない。たとえ一卵性双生児であっても，全く同じことばを話すということはありえない。逆に言えば，言語に反映されたそういった個人的特徴を特定していくことで，そのことばを使っている人間を見極めることができるのである。このことばの性質を利用したのが，犯行の証拠とされる文書の筆者・録音された音声の話者の分析である(言語学の知見が法の世界で最もよく用いられるところ)。2つ以上の文書や音声が同じ人物によって創出されたものかどうかを見極めることを**異同鑑定**と言う。一方，単一のあるいは複数の証拠から犯人の出身地や特徴などを抽出することを**プロファイリング**と言う。

パソコンや携帯電話が普及した昨今においては，以前よりも筆跡鑑定の出番も少なくなってきたのではないかとも思うが，筆跡鑑定ということばを知らない人はおそらくいないであろう。1963年に起きた女子高校生誘拐殺人事件，いわゆる「狭山事件」では，言語学者の大野晋が脅迫状を言語学の立場から分析し，冤罪(えんざい)である可能性を指摘したものが有名である。筆跡鑑定が最も活躍するのは，契約書の偽造である。また，筆跡鑑定は異同鑑定だけでなく，判別不能の文字の判別などにも用いられる。

そもそも，なぜ筆跡鑑定が可能なのであろうか。人には，みな「筆癖」，すなわち書きグセがある。筆癖には個人差があり，全く同一の筆癖の人は世の中には存在しないため，ちょうど指紋のように筆者特定のカギとなるが，指紋ほどには強い証明力は筆跡鑑定にはない。特に英米ではその証拠としての適格性に疑問が投げかけられる分析でもある。それは，鑑定を行う者の能力が問題なのではなく，その限界を判断するテストが行いにくいからである（Coulthard & Johnson（Eds.）2010）。

では，なぜ筆癖が形成されるのだろうか。私たちは，文字を書くときに，指，手，手首，腕，眼球など様々な部位を使う。これらは時間的に非常に緊密に連動した筋肉と骨格の動作を要する。同時に，出力されたものをチェックするために，視覚や筋肉感覚フィードバックを必要とする。このように，ものを書くという作業は，非常に複雑な神経の連動を要する大変高度な活動であるため，子どもは習得に時間を要する。ほとんどの子どもは小学生入学前後から文字を書き始めるが，安定した字が書けるようになるのは，思春期に差しかかるあたりである。何年もかけて，その複雑な動作を身体に叩き込んでいくのである。そして，習熟するにしたがって，その動作は「自動的」になっていく。自動であるということは，逆に変えにくいということでもある。つまり，「筆癖」になるのである。また，そのように非常に複雑かつ高度な活動であり，一度に無数の自動化された神経活動を変更するのは不可能に近いため，人の筆癖は真似しにくいということにもなるのである。筆跡鑑定では，同一人物によって書かれたものを「同筆」，別人によって書かれたものを「別筆」と呼ぶ。

一般に，筆跡鑑定では，筆圧，筆記具の動きや流れ，速度などの「運筆状態」，運筆によって書かれる線や点の形に関する「字画形態」，へんやつくりなどの字画の構成や文字間の間隔などの「字画構成」などの要素を検討する。また，書き順や送り仮名，誤字・誤用なども癖が出やすい。同一人物であっても，全く同じ文字を２つ書くことは非常に困難である。したがって１字だけ取り上げて比較するのではなく，できるだけ多くの使用例を比較して行わなければならない。

では，実際の事件で用いられた資料をもとに，ごく簡単に分析してみよう（ここで紹介する分析は，実際の事件で行われた鑑定の方法とは異なる。実際の鑑定では，同じ文字のサンプルを複数使って行うが，紙面の都合上，ここでは単一のサンプルで比較を行う)。

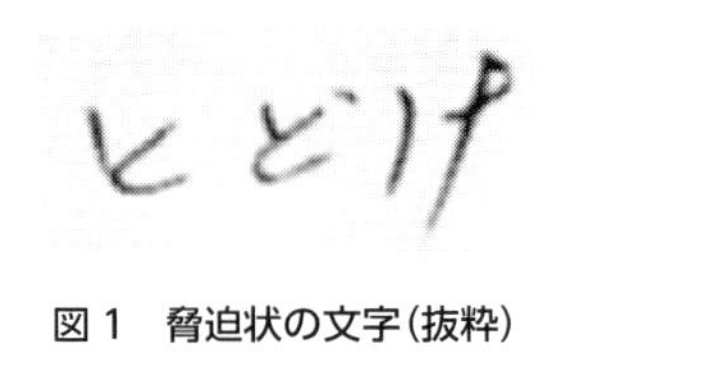

図 1　脅迫状の文字(抜粋)

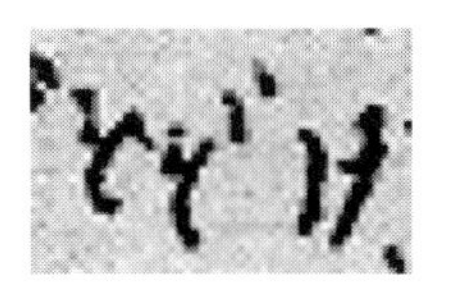

図 2　石川氏の文字(抜粋)

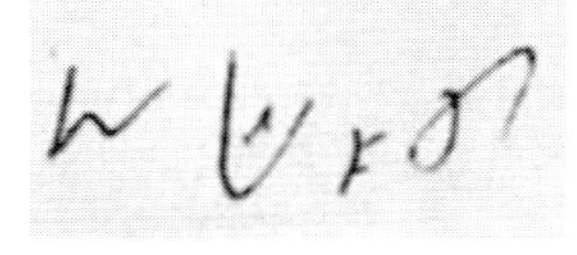

図 3　脅迫状の文字(抜粋)

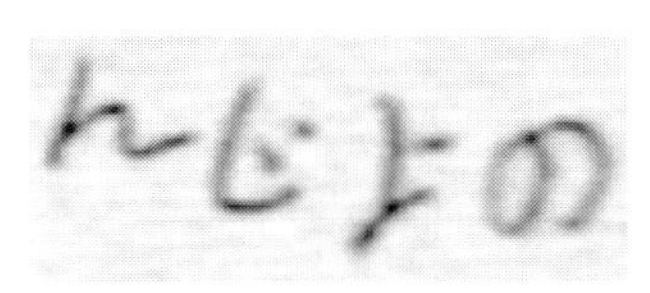

図 4　石川氏の文字(抜粋)

図 1 と図 3 は脅迫状からの抜粋，図 2 は，(服役後冤罪が判明した)石川氏が犯人として逮捕された日に書いた上申書からの抜粋，図 4 は，石川氏が警察で脅迫状を真似て書く練習をした後に書いた文字だと言われているものの抜粋である。脅迫文の図 3 と石川氏が脅迫状の字を真似る練習後に書いたと言われている図 4 の字は，素人目には一件似ているように見えるかもしれないが，詳細に検討すると，これらの間には非常に大きな違いが見られる。

全体として，脅迫状の字と図 1・3 と石川氏の字の図 2・4 の間には運筆状態において大きな差がある。脅迫状は滑らかで勢いがあり，比較的速い速度で書かれたことが予想できる文字であるが，石川氏の字はその正反対である。一般に，文字の偽造を調べるときにはこの滑らかさがヒントになることがある。自分の本来の字ではない字を書こうとすると，どうしても運筆は遅くなる傾向があるからである。また，もともと運筆が遅い人が早く書こうとしても不安定になる。

次に，字画形態を観察してみる。曲線も大きな特徴が出やすいところであるが，例えば脅迫状の「ん」「し」「と」「の」には曲線が含まれており，「し」「と」「の」の曲線は比較的するどい。一方，石川氏の文字はどの曲線も緩やかである。また，「ど」や「じ」には濁点が含まれるが，脅迫状の濁点は近接し，ほとんどつながっているのに対し，石川氏の字では，練習前(図 2)も練習後(図 4)も，一貫して離れている。これは，石川氏がもともと持っている筆癖であろうことが予測できる。また，図 2 で特に顕著であるが，石川氏の字は脅迫文の字に比べて縦長な傾向(縦勢という)がある。

字画構成については，脅迫状の図 1 と図 3 では，字間が安定して広い。一方，図 2 と図 4 では，脅迫状の文字よりも狭い。また，脅迫状の字体は一貫して傾いていて(斜勢と言われる)右肩上がりであり，角度もほぼ一定であるのに対し，石川氏の字にはそのような傾向はなく，角度も非常に不規則である。脅迫状では，「ん」「し」「と」「の」の曲線より右において，上方に向かって終筆する傾向(波勢)があるが，石川氏の字には終筆部に向かって右上がりになる傾向は全くない。

ここで検討した特徴はごく一部であるが，このようにいくつかの特徴をざっと見ただけでも，類似点より相違点が多いことが見えてくる。

同一人物であっても，筆記用具，心理状態，書く姿勢，体調，周囲の状況等によっても筆跡は変化することに注意しなければならない。逆に，同一人物であっても全く同じ文字を 2 度は書けないという事実は，全く同一であることは透かし写しなどをしたという証拠にもなりうるという点で興味深い。筆跡鑑定では，より精度を高めるために，文字だけではなく「スタイル」の分析をすることも重要である(スタイルについては，文書鑑定の項でより詳しく述べる)。また，実際の筆跡鑑定では，様々な特徴を数値化して客観性を高めたり，顕微鏡や赤外線や紫外線やインク成分に反応する特殊光線などを利用して物理的な側面からも分析することもある。

2 文書分析

パソコンや携帯電話の普及に伴って，メッセージや文書のやりとりをこれらの機器で行うことが主流となり，加えて，音声は証拠に残りにくいこともあって，一見個人的特徴が表出しにくそうな電子機器で書かれたテクストがしばしば犯罪などの証拠として分析対象になることが増えてきた。文書鑑定は，イギリスでは言語学者が関わる最も多い案件の 1 つである。テクストには，文字言語独特の特徴が豊富にある。例えば，句読点の打ち方，書体の選び方，つづり方，フォント，あるいは絵文字や顔文字の使い方などは音声言語では表しようがない。また，日本語であれば，人によって，漢字，ひらがな，カタカナ，アルファベットの使い分け，送り仮名の使い方なども使用者個人の特徴が出やすいところであろう。これらの要素をどのような組み合わせで使うかというところでもかなりの個人差が出る。このような個人的な言語使用体系は，**個人語**(idiolect)と呼ばれ，個々の特徴は**スタイル・マーカー**と呼ばれ，書き手に独自の使用パターンを構成していることが多く，人物特定のカギとなりうる。また，パソコンや携帯電話などで作成・送受信されるメッセージは，様々な形で記録が残るため，時間や使用者，使用場所や使用機器が特定されやすいというのも音声言語とは異なる特徴であろう。

イギリスでジョン・オルソン(Olsson 2009)という言語学者が分析に携わった事件を見てみよう。2005年6月7日，ジュリー・ターナーという40代の女性が買い物に出かけ，そのまま行方不明になった。その2日後，ジュリーの夫ダレンに，普段はメールをあまり送ってこないジュリーからメールが届く。以下が，送られてきたメール及び分析対象となったいくつかの資料である。

(1) Stopping at jills, back later need to sort my head out
(2) Tell kids not to worry. sorting my life out. be in touch to get some things
(3) Sucker. im stopping at my friends. guess who. why do you think i wanted to rush back. dont bother looking for me.
(4) She was on heavy medication and she said when she'd got *her head sorted out* and *sorted her life out* then it would happen.
(5) Well. a weel on Since my first letter of disaster
(6) Of god what a tangle. but she is not getting away with my life

(1)のメールは，ジュリーの夫のダレンが警察に捜索願いを出した後に，ジュリーからダレンの携帯電話に届いたものである。(2)は，同夜にやはりダレンに届いたジュリーからのメールである。(3)は，ジュリーが失踪した夜に，ジュリーと4年間密かに交際していたハワード・シマーソンという男性が持っていた(2台のうちの1台の)携帯に送られてきたメールである。(4)は，シマーソンの会話を録音したもので，(5)は，警察によって押収された，シマーソンの部屋にあったシマーソン自身が書いた手紙である。

このメールを詳細に分析したオルソンによれば，これらのメールには，いくつかの特徴的な点があるという。まず，(1)と(2)のメールに見られるsort out(「～を整理する」)という表現は，my headやmy lifeという表現と用いられるのは大変珍しいという。100万語のコーパス(文章や会話のテクストをデータベース化し，検索可能にしたもの）を使って調べてみたところ，my head と一緒に使われている例はゼロで，my life と使われている例についても僅か 1 例で，両者を同一文書で用いている例に限ってはゼロであった。擬似コーパスとして学者らにも頻繁に用いられるインターネット検索エンジンの Google で調べてみても，両方の方言を同一の文書の中で用いている例はごく僅かであった。ところが，そのようにめったに用いられない表現であるのに，(4)の録音されたシマーソンとの会話では，これらの表現が両方とも同じ文の中で使われている。

また他にも，(3)のメールにおいて，Sucker. と im stopping at my friends. のところでピリオドが使われている部分は，通常の英語母語話者であれば，ピリオドではなくコンマを利用する部分である。(5)の警察が押収したシマーソンの手紙の中でも，Well. のように，ほぼ同様のピリオドの使い方が観察できる。このような使い方は，この人物独自の使い方とは限らない。しかし，複数の表現方法・使用方がある時，どれを使うかという選択もその個人の趣向を表すので，スタイル・マーカーになるのである。

これら一つひとつの特徴の証明力は弱いが，このような特徴を集めて組み合わせとして考えていくことにより，そのことばの使い手に特有のパターンが浮かび上がってくる。上の(1)～(3)のメッセージと(4)～(5)のサンプルの間には，そういった意味で，偶然以上の一致があるといえる。

この事件では，これらの分析なども利用しながら捜査が行われ，最終的に，行方不明だったジュリーは，シマーソンの車から廃材置場に降ろされたドラム缶の中から遺体で発見された。シマーソンは，殺人を否認したものの，裁判で終身刑となった。

日本でも，メールの分析などは統計的アプローチを用いたものがしばしば行われている。金(2009)では，2001 年に起こった保険金目的の殺人事件における，手紙の分析を紹介している。

まず，事件の約 10 日後の 2001 年 10 月 8 日に書かれ，浅草警察署に届いた自称「文京区在住一サラリーマン市民」からのワープロで作成された A4 用紙 2 枚ほどの「目撃者の手紙」の一部（冒頭の部分と文末の部分）を以下に示す。

警視庁浅草警察署共同捜査本部　御中

9月27日深夜の私の体験と目認について。まずもって連絡が遅くなって大変すみません。

＜中略＞

以上が私が体験，目認した9月28日午前0時30分前後の事故現場の状況です。ひき逃げされ，死亡された方に心から哀悼の意を表します。

2001年10月8日

文京区在住一サラリーマン市民

この手紙が届いた数日後の10月14日に書かれた，A3用紙3枚ほどのもう1通の匿名の「告白書・遺書」が届いた。こちらで使われていたフォントはその前に送られてきたものとは異なるフォントであった。

告白書・遺書

さる9月27日深夜の台東区今戸2丁目26番地内で起きた，「死亡ひき逃げ事件」の犯人は，私です。

＜中略＞

この手紙が警察に届くころには，私は東京をはるか遠く離れた，誰にも発見のできない場所で，自分自身を「ひき逃げ殺人犯の犯人」として，自分自身を処罰します。

警察のみなさん，ご迷惑をかけて本当にすみませんでした。

2001年10月14日

警視庁浅草警察署長　殿

この事件では，目撃者もなく，物的証拠が乏しい事件であったため，これらの手紙は重要な手掛かりであった。死亡した被害者には約4000万円の交通事故による死亡の保険金が掛けられていたことから，保険金を掛けた兄が捜査の対象となった。そこで，上述の書類(告白書・遺書については文をランダムに分けて「告白書・遺書1」「告白書・遺書2」としている)とこの兄が他の交通事故で浅草警察署に提出していた上申書と質問の回答に関して計量的な分析・比較を行った。それぞれの文章のn-gram(単語単位ではなく文字単位で検索対象を分解することで出現頻度を求める方法)，助詞の使い方，文法の情報から，これらの文書5種類及び他の4人の文書5編と比較し，クラスター分析と主成分分析という統計的手法を用いてそれぞれの文書の分布に基づく類似度を求めたところ，図 7・図 8 のような分布を示した。

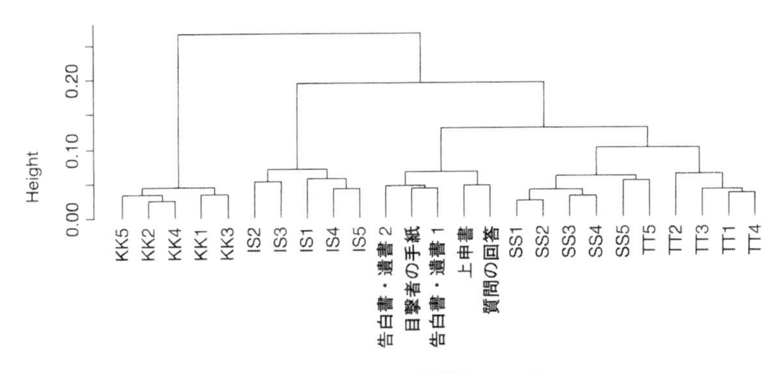

図 7　クラスター分析(金 2009)

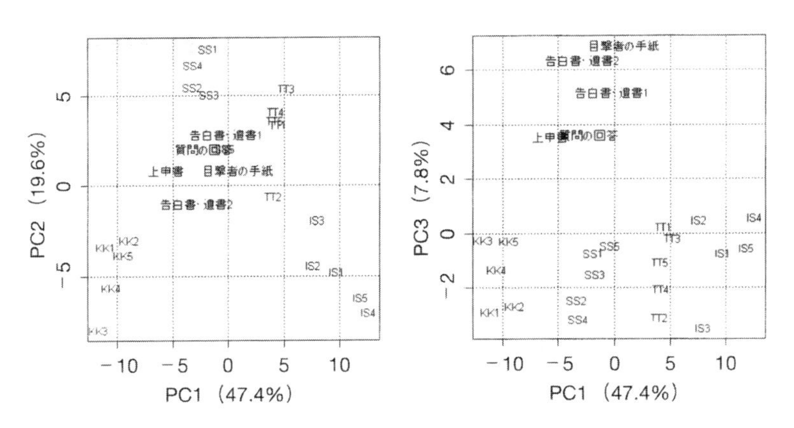

図 8　主成分分析(金 2009)

クラスター分析は，各特徴の分布が近い者同士が近い順に結ばれていくのだが，図 7 のように問題の文書はすべて近い分布を示した。同様に，主成分分析とは，複数の変数(＝要素)間の相関関係を少ない変数で説明しようとする分析方法であるが，その得点に基づいた分布を見てみると，図 8 のように，こちらでも問題の文書はすべて近い分布を示した。すなわち，警察に送られてきた目撃者の手紙も告白書・遺書も兄が作成した可能性が高いことを示唆したのである。

3 話者同定・プロファイリング

プロファイリングも捜査段階ではよく用いられる手法である。プロファイリングとは,「犯罪現場から得られた資料及び被害者に関する情報などから,犯人の性別,年齢層,生活スタイル,心理学的特徴,前歴の有無,居住地域など,犯罪捜査に役立つ情報を推定する」ことである(渡辺 2005)。1963 年に起きた「吉展ちゃん事件」と呼ばれる誘拐殺人事件で,言語学者が犯人の出身地方を特定し,実際に逮捕された犯人もその地方の出身者であったというのは有名な話である。

プロファイリングには,「同一犯の推定」「犯人像の推定」「居住地の推定」の 3 つのパターンがある。「同一犯の推定」は,いくつかの類似事件が同一の犯人か否かを推定するものであり,連続事件のリンク分析と呼ばれる。「犯人像の推定」には,個々の事件に特徴的な行動の事例を分析して臨床心理学や精神医学の知識をもとにして犯人像を推定する**臨床的プロファイリング**と社会心理学や環境心理学の立場から犯罪と犯罪者の様々な側面を統計的に解析する**統計的プロファイリング**の 2 つがある。「居住地の推定」は,**地理的プロファイリング**と呼ばれ,犯行地点の位置から犯人が居住している可能性の高い地域を推定するための分析である。法言語学で最も多く用いられるプロファイリングは地理的プロファイリングであろう。

イギリスのヨークシャーで,1975 年から 1979 年にかけて 10 人の女性の連続殺人事件が起きた。この事件の犯人と名乗る人物から 3 通の手紙や 1 本のカセットテープが送られてきた。2 人の言語学者が,それらの音声的特徴から,その送り主の出身地をサンダーランドのサウスウィックかキャッスルタウン地域の出身者であると予想した。これらの手紙やテープに捜査をかく乱され,警察が真犯人が住んでいた地域から数十キロも離れた地域を重点的に捜索している間に,真犯人はさらに 3 件の殺人を重ねた。殺人の真犯人は 1981 年に逮捕されたが,鑑定を行った言語学者は,真犯人の話し方にはサンダーランド地域の話者に観察される音韻的特徴が見られなかったため,テープの主が別にいると主張していた。2005 年になって,26 年前の連続殺人に関わるテープと手紙を警察に送った容疑で,ジョン・ハンブルという男が逮捕・起訴された。最終的な決め手は手紙の切手に残された唾液の DNA だったが,ハンブルの出身地は,サウスウィックとキャッスルタウンからちょうど 500m ほどの地域であった。言語学者による地理的プロファイリングの精度の高さがうかがえる例である。

言語学のプロファイリングは，前述の心理学的アプローチほど精密ではないが，時として高い精度を発揮する。日本でも方言学を基にしたプロファイリングや証拠の鑑定が行われることがある。

4 剽窃

剽窃（ひょうせつ）とは，いわゆる盗用のことで，他人の書いた文書やアイデアを無断で自分が書いた，あるいは思いついたもののように表現することである。インターネットの普及に伴い，他人の書いた文書をそのままコピーして貼付けたり，あるいは多少変えたものを，コピー元や出典を明記せずにレポートとして提出・公表する行為が，大学をはじめとした諸教育機関で世界的に大きな問題になってきている。欧米の大学では，レポートや論文の剽窃が判明すると，退学処分になってしまうところも少なくないほど重大な非倫理的行為，そして場合によっては違法な行為なのである。剽窃の問題は，学校内だけの問題ではない。ダン・ブラウン氏のベストセラーで，2006 年に映画化され，日本でも話題になった「ダ・ヴィンチ・コード」(The Da Vinci Code)は，作家のリチャード・リーとマイケル・ベイジェントらが 1982 年に出版したベストセラー『レンヌ＝ル＝シャトーの謎 ― イエスの血脈と聖杯伝説』(Holy Blood, Holy Grail)をもとにして書かれたもの(アイディアの剽窃)として，これらの著者に裁判を起こされた。剽窃かどうか，言い換えれば文書の同一性の判断の問題については，これまで見てきたような言語学的な文書分析の知見が役立つため，法言語学の世界ではしばしば扱われるトピックである。

文化は，先人の創作物の上に成り立っており，他人の創作物を全く使わないで全く真新しいものを作り出すことはほぼ不可能であろう。学生に身近なレポートや論文では，自分の意見だけを述べていくのは主観的な意見として質が低いものとみなされる。様々な文献や資料を引用することによって，客観性を出すことができるため，引用は必須であるし，著作権法上で「引用」と呼ばれる行為に該当するならば合法である。「引用」にするためには，教育・研究目的であるとか，出典を明記したり，内容の改編を行わないなどの一定の要件を満たす必要がある。

では，剽窃と言語分析はどう関わってくるのだろうか。原典をまるごと移してあるケースであれば，特に言語学者の出番はないが，改編が行われているものであれば，言語学の知見が役立つ。ジョンソン(Johnson 1997)は，以下の特徴を調査することで学生の提出物における剽窃の可能性を判断した。

i. 共通して使用されている表現の割合
ii. 共通に用いられている1度しか用いられない表現の数
iii. 共通に用いられていない1度しか用いられない表現の数

この基準をもとに，分析例を見てみたい。以下の表では，3人の剽窃の疑いのある学生の文章の一部が示されている。

表1 Bill, Bob, Barry の比較(Johnson 1997 より引用)

Bill	Bob	Barry
It is essential for all teachers **to understand the history of Britain as a multi-racial, multi-cultural nation.**	In order for teachers to competently acknowledge the ethic minority, **it is essential to understand the history of Britain as a multi-racial, multi-cultural nation**.	It is very important for us as educators to realize that **Britain as a** nation has become both multiracial and multi cultural.

Bill と Bob の間には表1のように，it is essential や to understand the history of Britain as a multi-racial, multi-cultural nation のような全く同一の順序の表現が見られる。一方，Barry には，Billy と Bob に見られる表現と順序まで同じものは3つだけだが，続く語は，順番こそ違うものの同じ単語が用いられている。Johnson は，これらの文章を，剽窃の疑いのない他の3人の学生の文書と比較した。それぞれのエッセイから500語を対象に，同一の単語や表現を調査した結果が表2（次ページ）である。

Bill，Bob，Barry は剽窃のある疑いのある学生，Gill，Gerry，George は剽窃の疑いのない学生である。他の文書に表れていない単語を使っていれば使っているほどオリジナリティが高い，すなわち剽窃の疑いが少ないと言うことになる。

表 2　剽窃の疑いのある学生と疑いのない学生の比較

	剽窃の疑いのある学生			剽窃の疑いのない学生		
	Bill	Bob	Barry	Gill	Gerry	George
1 度しか出てこない単語の全体からの割合	79.7%	76.4%	81.9%	82.1%	77.9%	75.0%
当該文書の中での 1 度しか出てこない単語の割合	16.6%	15.3%	39.1%	61.1%	54.3%	54.4%
全体からの共通に使われている単語数と単語の種類の割合	12.5%/49.3%			2.6%/17.9%		

「1 度しか出てこない単語の全体からの割合」はこれら 6 人の学生で大きな違いはないが，「当該文書の中での 1 度しか出てこない単語の割合」は，剽窃の疑いのある学生の場合は(16.6%，15.3%，39.1%)と，剽窃の疑いのない学生(すべて 50%以上)に比べてかなり低いことがわかる。そして，「全体からの共通に使われている単語数と単語の種類の割合」は，剽窃の疑いのある学生の間では，それぞれ 12.5%(単語数の割合)と 49.3%(単語の種類の割合)であるのに対し，疑いのない学生の場合は，それぞれ 2.6% と 17.9% と大きな開きがあった。このように，コーパス言語学の分析方法を援用することで，文書の類似性を定量的に示すことが可能なのである。

5　対話型生成 AI の問題点

対話式生成系 AI の登場は，1990 年代の Windows，2000 年代のスマートフォンの登場以上の大きな衝撃を私たちの生活に与えたと言われている。その主なメリットは，テキストの生成，情報の収集・リスト化，翻訳の自動化などによって業務の大幅な効率化が図れるようになり，人間はより創造的な仕事に集中することができるようになること，そして，新しいサービスの開発や既存サービスの改善を行うこともできるようになることなどである。
一方，デメリットとして，誤った情報の提供，社会的に不適切な発言の生成，そしてセキュリティリスクなどの問題が生じる。それと同時に，法的な観点からは，著作権，所有権，権利侵害，公正使用などの問題が生じる。ここでは，特に著作権との関連から考えてみたい。

対話式生成系 AI は，訓練に現存の文章データを利用する。しかも生成された文章には，出典が明記されないこともある。また，訓練に使用した元データの文章がどれだけ原文に近いまま使っているかがわからない。したがって，生成された文章をそのまま利用した場合などは，その文章が，原文の作者の権利を侵害している可能性があり，剽窃や盗作になる可能性がある。

Lee et al.(2023)の研究によると，原文の出典を示さずに引用するいわゆる「コピー&ペースト」，コンテンツを言い換えたり再構成したりする「言い換え」，そして元の文章のアイディアを自分のアイディアとして利用する「アイディアの利用」，という三つの剽窃行為を生成系AIが生成した文章において行われているかどうかを検証した結果，これらのすべてが行われていることが明らかになった。したがって，例えば学校の生徒や大学生などが，生成系AIを利用して作成した文章をレポートとしてそのまま提出することは，剽窃という行為にあたる可能性が高いということになる。

一方で，帰責という観点からは，盗作や剽窃行為をした主体が誰かという問題も残されている。エンドユーザではなく，サービスを提供する事業者が当該行為の責任を負う可能性もあるためである。

創作を行うものの創作意欲の促進と文化の発展が著作権保護の目的であるが，創作者の権利を認識する一方で著作者のコントロールが公共の利益より特権的でないことを保証していくというバランスがとれた判断をし，新しい技術を適切に利用していく方法が確立されていくことが望まれている。

6 まとめ

本章では，筆跡鑑定，文書分析，話者同定，プロファイリング，剽窃に関する様々な分析例を見た。実にいろいろな分析法があり，また言語学分析の応用範囲の広さも垣間見ることができたであろう。近年は，文書分析においても，より高い客観性を担保するためにコーパスを使った分析も増えてきている。また，剽窃の発見に関しては，様々なソフトウェアの開発も行われている。本文で紹介した金(2009)のような，複雑な統計手法を利用した分析法も今後増えていくことであろう。

■ 課題 ■

1. 迷惑メールをいくつか準備し，筆者が同一かどうかを分析しなさい。方法は自由。
2. 紙にあなたの名前を手書きで書いて友達に渡し，その友達にあなたの名前の筆跡を３回真似て書いてもらう。次に，あなたの名前をもう３回，今度はその友達自身の筆跡で書いてもらう。そうして，どういう特徴があるかを分析しなさい。

さらに学びたい人のために

〈筆跡鑑定〉

■ 根本寛(2009)『筆跡事件ファイル：筆跡検定人が事件の謎をとく』廣済堂出版.
☞マスメディアが報道した周知の事件を，筆跡鑑定の視点から分析した興味深い書。実例も豊富で，実務的知識に関する解説もあり，筆跡鑑定だけでなく文字によるプロファイリングについても扱っている。

■ 魚住和晃(2007)『筆跡鑑定ハンドブック』三省堂.
☞裁判と筆跡鑑定，筆跡鑑定の分類，筆跡を生む脳のメカニズム，筆跡と書，筆順と筆跡，目による筆跡鑑定，コンピュータによる筆跡鑑定などを含む小事典。

〈プロファイリング〉

■ 越智啓太(2008/2021)『犯罪捜査の心理学：プロファイリングで犯人に迫る』化学同人.
☞プロファイリングは，基本的に心理学に関わる領域であるから，心理学的なアプローチを理解しておくことは重要であろう。プロファイリングの様々な手法を解説する犯罪心理学の書。

〈計量分析〉

■ 金明哲(2009)『テキストデータの統計科学入門』岩波書店.
☞筆者同定だけでなく，様々な計量文体学の手法について紹介する書。統計的知識を有しない読者には少々難解であるが，様々な分析手法を広範にわたって扱っているため，計量分析に関心がある読者には，大変有用な書。

学習室⑨　製品の表示と注意書き

かつて，アメリカのマクドナルドのドライブスルーでコーヒーを買った年配の女性が，コーヒーをこぼして大火傷を負い，訴訟を起こして高額の賠償金を勝ち取った話はあまりにも有名である。それ以来，マクドナルドが提供するコーヒーの容器には，「中身が非常に熱い」と注意を喚起する文言がはっきりと表示されるようになった。

1．製品の表示と注意書きとは

製品の表示と注意書きの研究は，英語圏では warning labels（警告表示）の研究として知られている。

我々の身の回りのものを見ても，いろいろな警告表示が見つかる。例えば，魔法瓶型の水筒を見てみると，「熱い飲み物は入れないでください。」と書いてあったりする。たばこを見れば，「喫煙は，あなたにとって肺気腫を悪化させる危険性を高めます。」などと書いてある。薬品を見てみれば，「小児の手の届かない所に保管してください。」などと書いてある。製品本体だけでなく，説明書などにも様々な警告表示が書かれている。

この警告表示が不適切なものであるために，製品のユーザが怪我をしたり，病気をしたり，財産に損害が発生したりすることがある。そして，不適切な警告表示が原因で生じた損害は，法律によってその救済策が用意されている。そういった警告表示が適切なものであるかどうかを調査するのが法言語学の仕事なのである。

製造物責任法

警告表示が最も直接的に関わってくる法律は，製造物責任法，通称 PL 法である。PL というのは，Products Liability（製造物責任）の略である。製造物責任法では，製品が原因でユーザの身体なり財産なりに損害が発生してしまった場合，メーカーに故意や過失がなくても賠償責任を負わせる（無過失責任と言う）。

製造物責任法では，取り扱い説明書や警告表示・注意書きや口頭で，起こる可能性がある危険をあらかじめユーザに示しておく必要がある。これは，指示・警告義務という表現が用いられることが多い。たとえ，製品が設計や構造の面で問題がなくても，適切な指示・警告がなされていないと，「指示・警告上の欠陥」ということで，製造業者側の過失が認められることになる。このように，製造物責任法は，まさにことばが問題になる分野なのだ。

2. 警告表示の言語学的分析

アメリカでは，警告表示の適切さをめぐって，訴訟が頻繁に起こされる。そして，警告表示のことばを分析するために，言語学者が雇われることがしばしばある。ここでは，アメリカの警告表示の研究例を参考に，どのような警告表示が適切かを考えていく。

警告表示と協調の原理

警告表示が適切であるためには，どのような条件が必要なのか。それに端的に答えてくれるのが，グライスの協調の原理(Grice 1975)である。協調の原理は，もともと円滑なコミュニケーションを遂行するための原則であるから，当然，警告表示においても同様に，伝えられる情報の量，質，関連性，様態のそれぞれの公理に違反しないような言い回しで構成されることが求められる。

例えば，消毒用アルコールの警告表示で以下のようなものがある。

FOR EXTERNAL USE ONLY
「外部使用のみ」　(Tiersma 1993)

「外部」とは一体何を指すのだろうか？屋外のことだろうか？おそらく，「体外だけに使ってください」ということなのだろうが，これでは情報が足りな過ぎて伝わらない。すなわち，量の公理の違反が生じている。

もし，ユーザが子どもや教養のない者だった場合は，これを読んですぐに理解できないのではないかと，Tiersmaは指摘している。その観点からは，様態の公理の違反ということになるであろう。

このように，協調の原理を用いると，問題の警告表示が，どういう部分で伝わりにくいのかが明らかになるわけである。

警告表示として必要な情報

Shuy (1998) によると，警告表示に求められる情報として，以下のようなものが挙げられる。

1)　何が危険 / 有害なのか
2)　その危険にどう対処すべきか
3)　万が一その危険に直面したら，何をしなければいけないのか　(Shuy 1998)

1は，どういった有害な物質を含んでいるか，どんな危険があるのかなどに関する情報である。2は，どういう行為を避けるべきかなどに関する情報である。3は，もし問題が起こってしまった場合には，どういう処置をすれば良いのかということに関する情報である。

これらは，製造物責任法で定められているわけではないが，これらの情報があることによって，よりユーザにとっては危険が回避でき，製造業者にとっては危険の告知義務をより適切な形で実現できることになる。また，訴訟になった場合に警告表示が不十分であったとされるリスクを減らすことができる。鑑定においては，これらのどの部分が欠けているかあるいは満たしているかを分析することにより，警告表示の善し悪しを判断する手掛かりを提供できるのである。

3. まとめ

欧米では，指示・警告表示の文言の分析に言語学者が関わることもあるが，日本では皆無である。これは，法言語学という分野全体に言えることであるが，Griceの協調の原理のように，言語学の理論や考え方が有用に活かせる分野だということを，言語学者自身もあまり気づいていないことも現状の一端を担っている。

このように，警告表示は，法学，言語学，そして実務の世界で，今後の発展が非常に期待される分野なのである。

（堀田秀吾）

第9章 ことばの証拠(2) 商標の類否と識別力

五所万実

● Keywords ●
商標の類否，識別力，要部，普通名称化，商標の両義性，需要者アンケート，コーパス

本章のねらい

あるフランスのネーミング会社の調査によると，一般の人が知っている語の 40% が商標（ブランド名）で占められているという。国に登録することで独占排他的に使用する権利が発生する商標は，もっとも身近な法的現象といえるが，我々の窺い知れないところで商標をめぐる争いが日々繰り広げられている。本章では，ことばの類似性や一般性，意味変化と密接に関わる「商標の類否」と「普通名称化」に焦点を当て，実際の商標紛争における言語鑑定や分析例を示しながら，法実践への言語学的アプローチを展開する。

1 商標制度

1.1 商標法の目的

商標とは，商品やサービスを区別するための識別標識をいう。文字，図形，記号のほかに，色彩，音，動きなど商標の形態はさまざまで，一部の国では匂いの商標まである。商標は，需要者が商品・サービスの提供者（「出所」）や品質を見分ける際の目印となり，「もの言わぬセールスマン」としてブランド・イメージを伝え，購買・利用を喚起させる重要な役割を担っている。購入あるいは利用した商品・サービスへの信用は，その商品・サービスに付された商標に化体し蓄積されていく。そうした商標を知的財産として保護し，商標を用いて製造・販売を行う事業者の「業務上の信用」の維持を図る法律が，「商標法」である。

商標法の究極の目的は，「産業の発達に寄与」し，「需要者の利益を保護」することにある（商標法 1 条）。当然，商標に蓄積された信用は，品質改良やマーケティング等の企業努力によるものである。自己の商標が他人に無断で使用されると，築き上げてきた信用が横取りされ（場合によっては害され），

経済損失につながる。ひいては，競争秩序が乱され産業の発展の妨げとなる。一方で，商標を目印に商品を購入する需要者は騙され，購入した商品がオリジナルの商品よりも劣悪だった場合には，不利益を被ることになる。このような状況に陥らないよう，特定の範囲内で独占排他的に使用できる「商標権」を与え，信用の維持を図るのである。

1.2 商標権の効力

特許庁へ使用する商品・サービス(「指定商品・指定役務」。以下，「指定商品」あるいは「商品」と総称する場合がある)とともに商標を出願し，審査後に登録が認められることで商標権が発生する。なお，代理人として，主に商標の権利化までを知的財産の専門家である「弁理士」が担当し，商標権侵害等の訴訟は「弁護士」が担当する。商標権の効力は，特定の範囲内で登録商標を独占排他的に使用する「専用権」(商標法 25 条)だけでなく，類似範囲にある商標を他人が使用することを禁止する「禁止権」(同法 37 条 1 号)にまで及ぶ。したがって，第三者が登録商標と同一または類似の商標を，同一または類似の商品・サービスに，正当な理由なく商標権者に無断で使用する行為は，商標権侵害に該当し，使用差し止めや損害賠償の対象となる。もちろん，そうした同一・類似商標を登録することはできない(同法 4 条 1 項 11 号)。

注意したいのが，商標権は商標の表現自体を保護するものではないという点だ。よく耳にする特許や著作権は「創作」によるものであるが，商標はあくまで識別標識として採択された「選択物」であると考えられている。商標権は，商標と指定商品，またその出所や信用の記号関係に与えられるものであるため(Beebe 2008: 47)，異なる商品に同一あるいは類似の商標を用いることは，原則，問題とならない。現に，大手流通企業イオン株式会社の「AEON」や，英会話教室を運営する株式会社イーオンの「AEON」は，それぞれ異なる指定商品に用いられているため併存している。aeon はラテン語で「永遠」を意味するが，同じ語が異なる商標に用いられる例は意外と多い。こうした例からもわかるように，文字からなる商標についていえば，「ことばの独占」とは言い切れない。

1.3　商標の登録要件

商標は「選択物」であるという考え方を示したが，選択範囲には一定の制約がある。ここでは一部の登録(保護)要件に絞り説明する。商標の本質的機能は，自己と他者の商品・サービスを区別することにある。したがって，「識別力」がない，すなわち特定人が提供するものと認識できない商標は登録することができない(商標法3条1項各号)。

商標は，指定商品との関係から捉える識別力のレベルによって，「普通名称」「記述的」「暗示的」「恣意的」「独創的」の5つのタイプに分けられる。図1は，各タイプの具体例や登録の可否を示しながら，識別力が低い順に並べたものである(括弧内は指定商品を表す)。

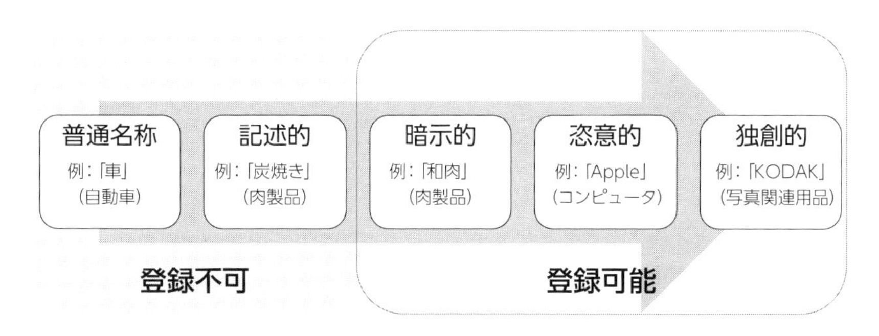

図1　商品との関係から捉える識別力による商標分類
(Shuy 2002: 65，堀田 2004: 112を改編)

左から順に説明すると，たとえば，何の工夫もなく自動車に「車」という商品の一般名称を用いても，まったく識別標識として機能しないため登録できない。なお，法律用語で商品・サービスの一般名称を「普通名称」という。次に，肉製品に「炭焼き」という商品の品質等を一義的に記述しただけの記述的商標も，皆が使う一般的な表現で識別力に欠けるため登録できない。一方で，肉製品に「和肉」という商品の品質等を連想させる暗示的商標は登録可能となる。命運を分ける記述的商標と暗示的商標の別は，具体例からもわかるように，明確な線引きが難しい。両者とも商品に関する情報であることに違いはないのだが，その伝え方が直接的か間接的か，あるいは慣習的かそうでないかという点で異なる。なお，記述的商標でも，長年にわたる使用や，広告宣伝，メディア掲載により，「使用による識別力（acquired distinctiveness)」

を獲得した場合は，登録が認められる(同法3条2項。例：余市町で製造されるウイスキー「余市」)。最後に，コンピュータに「Apple」という商品とは関係のない表現を用いる恣意的商標や，写真関連用品に「KODAK」というまったくの造語を用いる独創的商標は，高い識別力を発揮するため登録可能となる。

2 商標の類否

2.1 商標の類否判断

(1) 類否判断基準

商標登録や商標権侵害の場面でよく問題となるのが,「商標の類否」である。商標が類似するか否かは，需要者や取引者を判断主体とし，特許庁や裁判所によって判断される。ともすると「ことばの類似性判断」ともいえる商標の類否は，単なる言語表現の比較に留まらない。二つの商標が同一または類似の商品・サービスに使用された場合に出所の混同が生じるか否か，つまり，同一の提供者によるものと誤認混同されるか否かが類否判断の基準となる。商標法に基づく商標審査基準〔第15版〕によれば，商標の類否は，外観(見た目)，称呼(呼び方)，観念(意味合い)を判断要素とし,「取引の実情」と照らし合わせながら総合的に判断される。

取引の実情とは，簡単にいえば，商標が使用される文脈のことで，出所混同に影響を与えうる商品･サービスに関する一般的な取引状況のことを指す（例:取引方法や需要者層，流通形態等)。米国商標の興味深い事例で説明すると,「BOTTOMS UP」という二つの同一商標が，それぞれ女性・子供用下着と男性用被服で使用された場合，両商品は同じ売り場で販売されることがあったとしても，男性用被服に対しては「BOTTOMS UP」から「一気に飲み干す，乾杯」という意味合いが生じるのに対し，女性・子供用下着からはそのような意味合いが生じにくいため,「商取引上の印象(commercial impression)」が異なるとし，出所の混同のおそれはないと判断された。

(2) 類否判断手法

購買場面での出所混同は，目の前にある商標と記憶の中にある商標との間で起こるため，商標の類否判断においては，直接並べて比較する「対比的観察」ではなく，時と場所を異にした「離隔的観察」が原則となる。また，商標はその構成全体で識別標識となるため，商標を一体として捉える「全体観察」が原則となる。しかし，商標の構成中，需要者が出所を特定する手がかりとして特に注意を引く部分，すなわち独立して識別力を発揮する「要部」が認定された場合には，要部を重視した「要部観察」が行われる。たとえばある事件では，「ゲンコツコロッケ」という普通名称を含む商標の構成中，「ゲンコツ」が要部とされ，先行商標「ゲンコツ」とは類似すると判断された。

2.2　言語学的分析の実践例

⑴　McSleep Inn 事件

言語鑑定の事例として，接頭辞「Mc-」をめぐり出所混同のおそれが争われた米国での商標権侵害事件を取り上げる。「McLanguage」と称し，「McChicken」や「McNuggets」など数多くの「Mc-+食品」の商品名を有するMcDonald's Corporation（以下，「McDonald's」）は，米国ホテルチェーンQuality Inns International Inc.（以下，「QI」）の「McSleep Inn」というホテル名に対し，「Mc-」からMcDonald'sが連想されるとし，使用差し止めを求めた。一方QIは，「Mc-」は一般的な意味で広く使われる接辞であると主張し，混同のおそれはないと反論した。

この事件では，「Mc-」接辞の一般性（genericness）が大きな争点となり，両サイド共に言語学者が鑑定人として起用された。QI側についた法言語学者Shuyは，新聞・雑誌の記事からMcDonald's関連を除く「Mc-」の一般的な意味での使用を調査し，「Mc-」は，人名に用いられる「～の息子」という原義から離れ，文脈によって「基本（basic），便利（convenient），安価（inexpensive），標準（standardized）」を意味する柔軟な接辞として，日常言語の一部になっていると報告した（Lentine & Shuy 1990）。Shuy（2002: 99–100）が指摘するように，これらの意味は，McDonald'sが提供する食品の製造販売過程を特徴づけるものである。つまり，「Mc-」接辞の意味変化の背景には，少なからず市場における使用が影響していると考えられる。このように，日常言語の使用にも影響を与える商標のダイナミズムは，言語学的にも興味深い。最終的に裁判所は，「McSleep Inn」の使用差し止めを命じ，McDonald'sの使用する「Mc-」と一般名称の組み合わせについて排他的権利を認めた。

堀田（2004，2010）は，商標の識別力判断モデルを提唱し，当該事件を次のように分析している。本来は人名と結びつく「Mc-」接辞と一般名称が結合した語は，関係のあることを述べよという会話における「関連性の公理」

(Grice 1975）に違反した「有標」（特殊）な結びつきをしている。そのため，「Mc-」に含意された意味を探ろうと認知的負荷が生じる。このように，より認知的負荷がかかる有標な部分こそが，商標の要部，すなわち独立して識別力を発揮する部分になりうると考察している。Hotta & Fujita(2012)は，この考察について言語処理の実験を行い，心理言語学的な裏付けを与えている。

(2)　商標の要部認定

「McSleep Inn」事件では，「Mc-」接辞が基体と分離する形で「要部」と認定され，混同のおそれがあると判断された。つまり，商標の類否判断においては，商標が分解され要部観察となるか，裏からいえば，商標の一体性が認められ全体観察となるかが類否を大きく左右するといえる（五所 2021)。そこで，商標の「分解可能性」あるいは「一体性」について語形成の観点から考察し(詳しくは，Hay & Plag 2004; Hilpert 2014 を参照)，「Mc-」の要部性について検討してみたい。

分解可能性とは，つまり語の成り立ちをどれほど意識できるかという分析性と関係する。たとえば greatness，sweetness のように，接尾辞「-ness」はさまざまな形容詞(基体)と結びつき，多くの名詞を作ることができる。このような知識があると，図 2(左)のように基体と接辞を分解して認識しやすくなる。[形容詞 + -ness] のように，さまざまな基体と結びつき多くの語を作り出せる場合を，「生産性」が高いという。逆にこの生産性が低いと分析性が弱まり，一体として捉えやすくなる。たとえば，図 2(右)のように生産性の低い接尾辞「-th」を含む truth は，[形容詞 + -th] を介さずに，直接 truth という語にアクセスされる。したがって，greatness と truth では，生産性の高い接辞を含む前者の方が，相対的に分解可能性が高まるということになる。

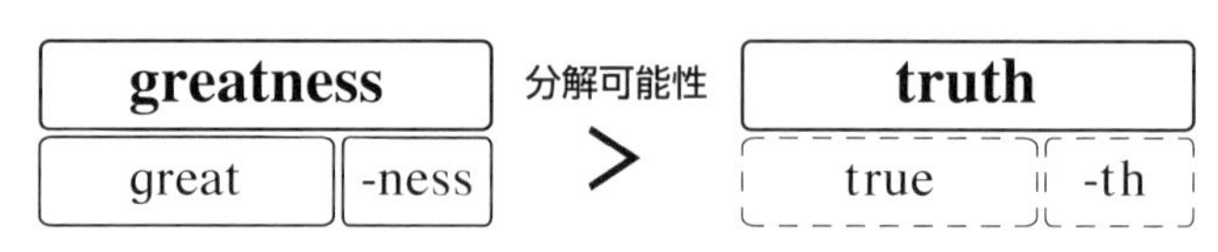

図 2　接辞の生産性に基づく分解可能性

以上の知見を，「Mc-」の要部性問題に当てはめてみる。「McLanguage」の影響により，「Mc-」は多くの新語を作り出せることを需要者は知っている

(生産性が高い)ため，[Mc- +普通名詞(食品)]のうち，分解かつ固定された「Mc-」部分にブランド・イメージが蓄積し，独立して識別力を発揮するようになったと考察できる。

3 商標の普通名称化

3.1 商標の普通名称化判断

(1) 普通名称化の判断基準

「自動階段」を意味する「エスカレータ」は，実はもともと米国の登録商標であった。このように，もとは商標であった語が識別標識としての機能を失い，その商品・サービスの一般名称へと転じる現象を「商標の普通名称化」という。普通名称化したと判断されたものには,「うどんすき」,「巨峰」,「正露丸」,「招福巻」,「サニーレタス」などがある。普通名称化すると，商標として適切な保護が受けられなくなるため，普通名称化したか否かは大きな問題となる。

普通名称の保護を否定する理由には，識別標識として機能しえないからというほかに，公益的観点から一般的な語を独占すべきでないという考え方がある(「独占適応性説」。田村 2012: 152)。同業者が普通名称を自由に使えなくなると，市場競争を通じた産業発展に悪影響を及ぼすだけでなく，需要者が同種の商品・サービスにアクセスしづらくなる(井上 2008: 238)。普通名称化したか否かは，こうした影響も踏まえ，商標権者の利益と社会一般の利益を比較衡量しながら規範的に判断される。

日本の商標法では，普通名称化の判断主体について明文化されていない。しかし，特許庁の工業所有権法逐条解説〔第 22 版〕では,「一般の消費者等が特定の名称をその商品又は役務の一般的名称であると意識しても普通名称ではない。問題は特定の業界内の意識の問題であ(る)」(p. 1541) とされている。また，商標審査基準〔第 15 版〕でも,「取引者において，その商品又は役務の一般的な名称(略称及び俗称等を含む。)であると認識されるに至っている場合には,「商品又は役務の普通名称」に該当すると判断する。」(p. 28) とされている。つまり，直感的には商標を目印に商品を購入したり，品質を把握したりする需要者の目線が重要になると思われるが，法実務においては業界内の意識が問題となっている。

米国に目を向けてみると，普通名称を保護しないという点では同じだが，普通名称化したか否かは，「関連する公衆(relevant public)」にとっての「主要な意義（primary significance)」によって決まると明文化されている（15 U.S.C. § 1064(3)）。つまり，米国では需要者を含む関連公衆が判断主体となっている。それゆえ，立証場面において，商標の語に対する需要者の認識や用法を問う需要者アンケートが，日本よりも積極的に活用されている。

商標の普通名称化は，商標権者の利益，さらには産業の発展といった観点が絡む問題ではあるが，現象自体は需要者の日常言語の中で起きている。したがって，普通名称化判断においては，関連需要者のオーセンティックな言語活動を実証的かつ科学的な手法でもって反映させていくことの意義は大きいと考える。

⑵ 普通名称化の立証方法

では，法実務で採られている普通名称化の立証方法について，言語学的観点も交えながら紹介する。

① 辞書

普通名称化の立証にあたり，登録商標の表示なしで辞書に記載されているという事実が，ときに判決を左右することがある。首藤(2005）は，オーストリア最高裁判決で，辞書を一つの根拠として普通名称化が肯定されたSONYの「Walkman」事件を取り上げ，辞書を論拠とする際には，辞書の記載基準を十分に考慮する必要があると指摘している。辞書編纂には，辞書には正しい用法を記載すべきとする規範的立場と，実際の言語使用を忠実に記載すべきとする記述的立場がある。前者の立場からすれば，商標の普通名称的使用は誤用であるため記載すべきではないという考えになり，後者の立場からはありのままに記載すべきという考えになる。このように，辞書への記載は辞書編纂者の見解によってばらつきがみられるため，決定証拠にはなりえないだろう。

② メディア等における使用実態

もっとも一般的な立証方法が，メディアや業界，当事者による使用実態の記録である。問題となる商標が，一般名称として普通に用いられているという証拠を，新聞・雑誌・広告・書籍・論文などあらゆるメディアから人力で収集し，量で示すという手法である。しかし，ある意味恣意的に収集されるため，代表性（対象の母集団を代表しているか）や統計を確保しづらいという問題がある。

③　需要者アンケート

日本ではあまり活発ではないが，普通名称化や混同のおそれ，使用による識別力などを実証調査するために，需要者アンケートが用いられることがある。米国には，普通名称化の調査技法の系統として，「Thermos 法」と「Teflon 法」がある。それぞれ実際の訴訟で普通名称化が争われた商標に由来した名称である。

Thermos 法は，問題となる商標の商品を注文する際，何と注文するかを自由回答させ，購買場面での言語使用から商標の用法に迫るタイプである。商標以外の一般名称を知っているか否かも確認できる。一方，Teflon 法は，問題となる商標の語が，「商標」であるか商品の「一般名称」であるかを分類させ，言語知識から商標の認識に迫るタイプである。

別の角度から普通名称化を検証する両技法は，それぞれに弱点があるため，相補的に用いることでより多面的に普通名称性を捉えることができる（詳しくは，井上・五所 2022 を参照）。需要者アンケートは，統計的結論を導き出せる反面，調査の実施に高額な費用がかかる。また，回答者のバイアスを最小化し信頼性を高めたより高度な設計管理が求められるという課題もある。

④　コーパス

従来の立証方法は，それぞれに効率性や代表性，費用面などに難点を抱えている。そうした側面を克服する新たな試みとして，諸外国では近時，コーパスの活用が注目されている。コーパスとは，目的に応じて集められた大量の言語産出データに，品詞や出典などの情報がタグ付けされたデータベースをいう。多くが電子化されており検索システムが一体となっているため，語彙の特性や慣用性を統計的に効率よく分析することができる。法言語学においてコーパスは，主に犯罪捜査で用いられてきたが，商標紛争における言語鑑定も含め，法実践にコーパス言語学の手法を応用する，「コーパス法言語学」とも呼べる分野が確立しつつある。

大規模コーパスを用いた実証的アプローチは，あらゆるコストの削減，効率化，再現性の確保が可能となる。一方で，使用するコーパスの規模や対象範囲，また，あるコーパスでみられなかった表現を，実際に使われていないと判断することはできないという点に留意する必要がある。

3.2　言語学的分析の実践例

⑴　App Store 事件

言語鑑定の事例として，Microsoft Corporation（以下，「Microsoft」）が，Apple Inc.（以下，「Apple」）の米国商標「App Store」に対し，普通名称性を根拠に登録の異議申し立てをした事件を取り上げる。この事件は，普通名称化というよりも，本来的に普通名称であるか否かが争われたが，和解により異議申し立てが取り下げられる形で終結した。ここでは，両サイドについた言語学者が繰り広げる議論の一部を紹介する。

Apple 側の言語学者である Robert Leonard は，COCA（Corpus of Contemporary American English）という新聞・雑誌などから作られたコーパス（2011 年当時は 4 億語以上）を用いて，「App Store」が固有名詞であることを主張した。調査の結果，生起した当該表現のすべてが，Apple のアプリケーションダウンロードサービスが開始して以降のものであったこと，また，全体の 88％が Apple のサービスを指す固有名詞であったことを理由に，普通名称性を否定した。

これに対し Microsoft 側の法言語学者である Ronald Butters は，そもそも当該表現が 33 例しか生起していない COCA のコーパスサイズを問題視した。さらに，たとえ Apple のサービスを指す「App Store」の使用が優勢であったとしても，それが普通名称であることを否定する証拠にはならないと反論した。Leonard は，語頭が大文字であることを根拠に固有名詞を主張していたが，Butters は，たとえば「Godiva Chocolate Store」のうち，固有名詞によって修飾される普通名詞「chocolate store」の部分も，文法上大文字になるとし，「Apple App Store」となっている場合であっても，普通名称性を否定することはできないと指摘した。

⑵　普通名称化理論

商標の普通名称化は，いわゆる「意味の拡大（semantic broadening）」である。本来は，商品の出所を示す名前であったはずの商標が，その商品自体を指す語から商品全般を指す語へと通時的に意味拡大し，最終的に出所を示す名前としての機能を失う。もとの意味（商標）が廃用となるまでは，拡大した意味(普通名称)と共存する段階があるため，明確な線引きをすることが難しい。

普通名称化判断において注意が必要となるのが，「商標の普通名称的使用」である。たとえば，飲み物の一種であると知りながらも，「お茶」で飲み物全般を指すように，商標であると知りながらも，「サランラップ」を食品用ラップフィルムを指す一般名称として便宜的に用いることがあるだろう。こうした用法は，下位概念(種)で上位概念(類)(あるいはその逆)を表す「提喩(synecdoche)」と呼ばれる一般的な比喩に基づく。あくまで普通名称化の判断基準は，識別標識としてではなく，商品・サービスの一般名称と認識されるに至っているか否かが問題となるため，普通名称的使用の事実のみで普通名称化を立証することはできない。

商標の普通名称的使用は，「商標の両義性」あるいは「ハイブリッド性(hybridness)」(Folsom & Teply 1980 ほか)の問題と関連する。商標の両義性は，問題となる商標の語について，個人が商標としても普通名称としても使用する場合を指すだけでなく，商標としてのみ使用する集団と，普通名称としてのみ使用する集団が拮抗する場合も含まれる。適切に設計された需要者アンケートは，ミクロとマクロから捉える商標の両義性，ひいては普通名称性の度合いについて，両方の側面から質的・量的に分析することができる有効な手段といえよう。

最後に，普通名称化のプロセスや普通名称化を促進(抑制)する要因について触れておく。Clankie(2002)は，普通名称化が疑われる米国のブランド名100個を用いて仮説検証し，以下のような普通名称化理論を打ち立てている。

① 商品の新規性：これまで存在しなかった革新的な商品に用いられる商標（例：rollerblade, xerox, thermos など）は，普通名称化しやすい。
② 語の長さと優位性：時間および労力の節約から，頻度の高い語ほど短くなるといういわゆる「ジップの法則」（Zipf 1935）に基づくもので，ある商品カテゴリーの中で優勢，かつ一般名称よりも短く発音しやすい商標は，普通名称化しやすい。

③ 普通名称化のプロセス：「固有形容詞＋普通名詞」（例：a KLEENEX tissue（「クリネックス」のティッシュ））という形式での用法から普通名詞が省略され，固有形容詞から固有名詞を経て普通名詞へと品詞転換するというプロセスを辿る。

④ 商標と商品の連想関係：香水や洋服など商品ラインが複数あり，多様な商品と結びつく商標は，単一商品との連想関係が生じづらいため普通名称化しない。

これらは，普通名称化の十分条件ではないにせよ，普通名称化を防ぐ対策に示唆を与えるものとなるだろう。

4 商標言語学の展望

本章では，商標の言語的側面に係る諸現象・諸問題を研究対象とする「商標言語学（Trademark Linguistics）」を概観した。商標言語学は，言語学的な理論や方法論を用いてアプローチする実学的な法言語学の一分野といえる。米国では，商標権をめぐる争いにおいて，言語学者が鑑定人として意見書を提出し，証拠として採用されている。しかし，日本においてそのようなケースは稀で，言語学，法実務の両分野において法言語学の認知度は低い。法言語学全体にしてみても，商標を対象とする研究はあまり活発であるとはいえず，発展可能性の余地を残している。

利権の絡む「商標の類否」や「普通名称化」の言語的判断は，法の下，判例や学説，またそれらの相互交渉から導き出される法理や法的直感，実践知によってなされる。しかし，それらは，需要者の言語実態や認識に科学的検証を与えるものではない。さらにいえば，判断権者自身の言語直観が影響し，客観性や透明性に欠けるおそれさえある。そこへ理論的裏付けや予測，方法論を言語学の立場から提供することができれば，「司法判断の明確性，安定性，および予測可能性」（堀田 2010: 117）の確保につながるであろう。

法実践としての言語的判断に，言語理論がいかに応用可能かを検討することは，その言語理論の有効性をはかる試金石となる。言語理論はあくまで理想化されたものであるため，その妥当性あるいは応用価値を検証し評価する必要がある（黒田 2008）。したがって，商標言語学の試みは，法実務，司法判断への貢献が期待できるだけでなく，言語学にとっても理論の有効性を見出す好機になるといえる。

Shuy(2002: 9)が述べるように，法と言語学は交差するも，両者の専門領域は独立しており，学問分野が連携し融合する学際研究とは多少種が異なるかもしれない。言語学者は証拠となる言語データに科学的知見を提供し，法律家はその知見をいかに事件へ活用するかを判断する。しかしながら，たとえば要部認定の理論的裏付けや，需要者アンケート，コーパスといった客観的事実を捉える方法論などについては，分野を横断した知の協働によって得られるものは大きいはずである。本章が，その協働を促す一助となれば幸いである。

■ **課題** ■

1. 原告商標「ゲンコツ」は，被告商標「ゲンコツメンチ」とは非類似，同被告商標「ゲンコツコロッケ」とは類似と判断された事件がある。同じ語形成同士の比較とも思われる両事件の判決が別れた理由について，表1を参考に自由に考察しなさい。

表1 「ゲンコツメンチ」事件と「ゲンコツコロッケ」事件の類否判定

<table>
<tr><th>原告商標</th><th>判決</th><th>被告商標</th></tr>
<tr><td rowspan="4">「ゲンコツ」
(指定商品：サンドイッチ，ハンバーガー，弁当他)</td><td rowspan="2">非類似</td><td>「ゲンコツメンチ」</td></tr>
<tr><td>(指定商品：メンチカツ入りサンドイッチ，メンチカツ入りハンバーガー他)</td></tr>
<tr><td rowspan="2">類似</td><td>「ゲンコツコロッケ（ゲンコツコロッケ）」</td></tr>
<tr><td>(指定商品：コロッケ入りサンドイッチ，コロッケ入りハンバーガー他)</td></tr>
</table>

2. 普通名称化の立証手段として需要者アンケートを行うとしたら，どのような質問方法があるか考えなさい。

さらに学びたい人のために

■ Shuy, R.（2002）. *Linguistic battles in trademark disputes*. New York: Palgrave.

☞ 法律と言語学両方の基礎知識を踏まえ，商標紛争における言語鑑定事例を豊富に紹介。

■ 堀田秀吾（2004）「商標の言語学的分析モデルの一例：言語学的分析から何が見えるか」『立命館法學』293, 91–126.

☞ 商標の言語構造に着目した識別力判断モデルを用いて，商標の類否判断手法を提案。

■ 五所万実（2021）「商標言語学の試み：類否判断における認知言語学的考察」『認知言語学論考 No.15』(pp. 181–212). ひつじ書房

☞ 商標の類否判断プロセスにおいて重要となる概念について，認知言語学の観点から考察。

■ Clankie, S. M.（2002）*A theory of genericization on brand name change.* Lewiston: E. Mellen.

☞ 普通名称化の要因やプロセスについて，実際のデータを用いて仮説検証を行う。

■ 首藤佐智子（2005）「商標の普通名称化問題における言語学的論点―ウォークマン事件を題材に」『社会言語科学』7(2), 14–24.

☞ 商標の普通名称的使用を含め，普通名称化問題について，社会言語学的観点から考察。

■ 茶園成樹（編）（2018）『商標法〔第２版〕』有斐閣

☞ 商標法について本格的に学びたい人向け。各条文がわかりやすく解説されている。

学習室⑩　言語学鑑定 ― コミュニケーションの証拠

1．はじめに

欧米では過去30年の間に「コミュニケーションの証拠」（communication evidence）の分野に対する関心が急激に高まった。英語では linguistic evidence（「ことばの証拠」）という呼び方が普通であり，裁判や捜査におけることばの証拠鑑定を指していう場合が多いが，ここではあえて「コミュニケーションの証拠」という呼び方をする。その理由の一つには，法言語学の専門家は司法制度に直接関係しない鑑定も行うということがある。例えば，自殺者の遺言を検証したり解釈したりする場合である。また，色やイラスト（商標関係ではこれは特に重要である可能性がある），咳（French 2007を参照），身振りや視線（Matoesian 2010を参照）といった言語以外の記号体系を分析することもある。

コミュニケーションの証拠のみが裁判の行方を左右することは稀であり，他の証拠と同じように，天秤にかかる重りの一つなのである。また，コミュニケーションの証拠が100％確信の持てるものであることもほとんどない。これらを念頭におきつつ，以下に欧米では言語学者がどのようなコミュニケーションの証拠に関わっているか紹介しよう。

2．ことばの犯罪

コミュニケーションの証拠が使われるのは，名誉毀損や，特定の民族や宗教などに対する中傷（それが不法行為とされている場合），そして偽証・脅迫・収賄などがある。Shuy（1993）はある収賄事件において，収賄の証拠とされた会話の録音を分析し，誘われた側は収賄を受けていないという結論を導いた。この分析により，誘われた側は無罪となった。Shuy（2010）はまた，言語学者として関わった11の名誉毀損訴訟について論じている（詳細は第7章参照）。ドイツの名誉毀損に関わる分析についてはKniffka（2007: 113–148）を参照してほしい。また，クリティカル・ディスコース分析の主要な研究者にはWodak（1988）やVan Djik（1987）のように，ヘイトスピーチ研究にレジスターの分析を援用した例もある。Van Djikは，民族差別語についてネオナチのグループに対してオランダの法廷で証言を行っている。

3．伝達に関する鑑定

分析する対象は，まず伝達過程に関するもので，ある特定の発話や文章を理解できるか，十分な表現の機会が与えられているか，相互コミュニケーションが十分に機能していたか，などがある。例えば，Gibbons (1996) は，ディスコース分析によって警察官と第 2 言語話者の被疑者の間で行われたコミュニケーションに問題があったことを示し，裁判でそれが認められた。次に，伝達内容の意味を分析する場合がある。例として，意図的に理解不能な形にされたことばを解読・解釈するというものがある。アメリカでは麻薬の密売人などが通用語を用いて，警察の通信傍受が行われても犯罪行為だとわからないようにすることがよくある。Gibbons (2003: 294–295) には，電話で使われている秘密のことばを解読した分析が紹介されている。また，ことばの異なる解釈がある場合，意味の分析を言語学者が行うこともある。Shuy (2008) は，語句の意味，句読法，統語構成や発話行為などを含め，状況や文脈を考えた上で意味を鑑定した多くの事例を挙げている。

4. 商標名と商標

この分野は，Shuy (2002) や Butters (2008, 2010) をはじめ，文献が豊富である。語句レベルの分析が中心だが，音声面でも発音が似ている商標名を比較分析したり，表記においてフォントやフォーマットがどの程度類似しているかなども証拠になる。また，接頭辞が商標名において争われる原因となることがある。例えば，Lentine & Shuy (1990) が鑑定を行った裁判では，McSleep Inn という格安宿のチェーンが McDonald's に訴えられた。鑑定では Mc- が使われているその他の商標名を調べた結果，Macintosh のコンピューター関係製品を扱う店など，McDonald's 以外から Mc をとった商標名が数多く存在することが示された。

5. 筆者及び話者の鑑定

コミュニケーションの証拠が欧米で最もよく使われ，また進歩しているといえるのがこの分野である。年齢層や性別などの特徴について証言する場合と，筆者あるいは話者である個人を特定する場合がある。筆者・話者鑑定のもう一つの側面は，対象となる文書や発話がある人物によるものでないことを示す否定的鑑定と，筆者あるいは話者が誰であるかかなりの確信を持って証言する肯定的鑑定の二つの方法があるということである。後者のほうが難しく，100%確信を持てることはほとんどない。両者をよく表している例がいわゆる「バーミンガムの 6 人」事件 (p. 41 参照) で，Coulthard (1994b) は警察への供述調書が，被疑者のことばであるとされていたがそうではなかったこと (否定的鑑定) と，その供述調書が警察官によって書かれた可能性があること (肯定的鑑定) を示した。言語学者は，その他剽窃 (盗作) や身元詐称などの事件に関しても鑑定を行っている。

(John Gibbons・中根育子)

第10章

ことばの誤解 意味内容の解釈をめぐる争い

首藤佐智子

● Keywords ●
脅迫，偽証，あいづち，フェイス，ポライトネス，言語行為，協調の原則，推意

本章のねらい

司法の場でことばの解釈をめぐる争いが繰り広げられることがある。解釈に関する議論が起こるという事実は，発信されたことばの解釈がことばの表面的な意味だけでは説明することができないという言語運用の重要な性質を示している。これまでの章で扱った判例の多くが，広い意味ではことばの解釈をめぐる問題であったわけだが，本章では，より純粋にことばの意図と解釈が論点となったケースを題材に，司法の場でことばの解釈を論じる際に考慮すべき論点を考察する。

1 ことばの解釈

我々が言語を使用するときには，意図した意味があり，それは発せられたことばの文字どおりの意味とは限らない。例えば，「今何時かわかりますか」という発話は，表向きは時刻に関する情報の有無を尋ねる質問の形式をとっているが，実際には，情報提供の依頼として機能する。言語学者は，話し手の「本当の」意図を科学的に証明することはできず，聞き手がどのように解釈したのかを証明することもできない。言語学が貢献できるのは，ある言語表現が使用されたときに，聞き手が解釈する(した)内容を予測することである。我々は言語を使用するときには，聞き手が解釈するであろう内容を考えて発話するので，意図された内容と聞き手の解釈は通常はほぼ一致する。「今何時かわかりますか」と聞いておいて，時間を聞くつもりはなかった，ただ「わかるかどうか」だけを知りたかったのだと言い張ったとしても，聞き手が時間を聞かれていると解釈することは質問者は十分に予測できたのであるから，質問者の主張は言語学的には理不尽であるということになる。

2 ことばの解釈と司法判断

我々が言語を使用する際に，意図された発話内容が正しく解釈される保証はなく，誤解が起こることは当然であり，我々は時には誤解が起こっていることさえ気がつかずに日々を過ごしている。言語使用者はことばの解釈については楽観的な態度をとり，意図や解釈について相手に確認をすることはめったにない。その意味では，司法の場でことばの解釈を論じるという作業は極めて特殊なプロセスである。日常生活でも些細な誤解が元で喧嘩が起こることは珍しくはないが，司法の場ではより重篤な問題に発展することもある。

1952年にイギリスで起きたBentley事件は，法と言語という分野を世に知らしめることになった事件としても有名である。事件当時19歳のDerek Bentleyは当時16歳の友人Chris Craigとともに強盗を企てたが，通報を受けて駆けつけた警官をCraigが拳銃で撃ち，死亡させてしまう。実際に引き金を引いたCraigは18歳未満であったため，死刑を免れたが，拳銃を所持してさえいなかったBentleyは死刑判決を受ける。控訴は退けられ，翌1953年には死刑が執行された。この事件は，Bentleyに軽度の知的障害があった事実や，供述書が警察によって大幅に書き換えられた可能性など，他の重要な論点を含む複雑なケースなのだが，ここでは，本章に関連することばの問題だけに焦点をあてる。問題となったのは，先に警官に拘束されていたBentleyがCraigに向けて言ったとされているLet him have it, Chris! ということばである。当人たちは，この発言の事実を否定した。このことばには，少なくとも2通りの解釈があり，「銃で撃ってやれ」と解することもできるが，「銃を渡せ」と解することもできる。この事件を題材にした映画『Let him have it』(1991年)では後者の解釈のみが成り立つ流れで描かれている。どちらの解釈が意図されたものであったかを明確にすることはできないが，このように多義に解釈できる表現をもって，BentleyがCraigを唆して発砲させた証拠とすることには問題がある。死後45年が経過した1998年にBentleyは正式に赦免された。赦免には，様々な要因が働いたが，そのうちの1つはイギリスにおける法言語学の草分けであるCoulthardによる取調べ文書の分析であった(Coulthard 1994a)。Coulthardは，使用された表現の特徴に着目し，文書が被疑者の実際の供述に忠実ではないことを示したのである。

3 ことばに対する誤解

アメリカの法言語学分野の先駆者であり，数多くの判例に関わってきた経験を持つ Shuy は，司法の場ではことばに関して誤解されている点が多いことを指摘している。Shuy は，以下の「誤解」の存在を指摘している。

誤解① 意味は基本的に個々のことばに見出すことができる。

誤解② 録音されたデータの内容を判断するためには，1 度聞けば十分である。

誤解③ 録音データの反訳(書き起こしたもの)は録音データと同等である。反訳は正確であり，録音データの情報のすべてが記載されている。

誤解④ 会話参与者は言語表現を同様に理解する。

誤解⑤ 発せられたことばは，話し手が意味したことを表し，意図したことを示す。

②と③は録音データを証拠とする際の問題だが，①，④，⑤は，ことばの解釈というものがことばの表面的な意味だけでは説明することができないという言語運用の重要な性質に帰依する。司法の世界では文章に多大に依存するので，文字どおりの意味というものに重きが置かれることが多いが，解釈から乖離した文字どおりの意味に固執していては本質を見失う。

Prince というアメリカの言語学者は，裁判において言語が証拠として扱われる場合の危険性を指摘した。以下の会話は，X が殺害された事件で，被告人 D が実行犯 T と共謀していたことを示す証拠としてアメリカ連邦捜査局(FBI)から提出されたものだが，Prince は弁護側の専門家として分析を行った。

(1) T: When we killed that [X].
D: Yeah.
T: He wanted to have me killed, you know.
D: Yeah.
T: Yeah, [Y]-You know?
D: Yeah.
T: And uh I still got that against him.

検察側は，T の最初の発言の後に，D が Yeah と答えていることを取り上げ，

Dが殺人の共犯であるという事実を裏付ける証拠であるとした。Princeはこの主張に対して二つの問題点を指摘した。一つは，Tの発言におけるweの意味が曖昧であるという点である。もう一つは，上記のYeahは相手の発言内容に同意を示しているのではなく，会話をスムーズに進行させるために使われる「あいづち」の役割を果たしている可能性である。代名詞のWeには，包括のwe (inclusive “we”)と呼ばれる使用法と，除外のwe (exclusive “we”)と呼ばれる使用法がある。前者は，Can we meet again? のような場合で，話し手と聞き手を含むが，後者は，In Japan, we take off our shoes in the houseのように使われ，聞き手は含まれない。Tの発言のweはどちらにも解釈でき，もし後者の解釈であれば，Yeahがあいづちである可能性はさらに高くなる。

上記のようなあいづちは，言語学ではbackchannelと呼ばれ，英語話者が頻繁に使用するuh-huhもその一つである。前述の法言語学者Shuyは1982年にuh-huhが重要な意味を持つ可能性を持つケースに遭遇した。アメリカで多くの日本人が逮捕され，手錠をかけられた写真が新聞に掲載され，日本中に衝撃を与えた産業スパイ事件である。Shuyが依頼されたのは，被告人の一人がおとり捜査の対象となった会話を録音したテープの分析である。以下はその一部である(Shuy 1993)。

(2) 捜査官 : You see, these plans are hard to get. (この設計文書を手に入れるのが難しいのはわかるだろう？)
エンジニア : Uh-huh. (ええ。)
捜査官 : I'd need to get them at night. (入手するのは夜じゃなければならないんだ。)
エンジニア : Uh-huh. (ええ。)
捜査官 : It's not done easily. (簡単にはやれないんだ。)
エンジニア : Uh-huh. (ええ。)
捜査官 : Understand? (わかっているのか。)
エンジニア : Uh-huh. (ええ。)

日本企業が違法にコンピューターの設計文書を入手しようとしているとの情報を得たFBIはおとり捜査を計画したのだが，捜査官は日本企業のエンジニアが行為の違法性を認識していたことを確認し，録音する必要があった。

上記は，この確認作業を示す証拠として提出されたものである。Shuy は，上記の会話をエンジニアが違法性を認識していた証拠とすることには多くの問題があることに気づき，ことばを文脈から切り離して議論することの危険性を指摘している。

言語表現があいづちとして使用されている可能性があるにもかかわらず，先行する命題に対する同意を示すとすることの問題点は既に論じたとおりだが，上記の会話にはさらなる問題点がある。日常生活では我々は意図した内容が明確に伝わるように努力するわけだが，おとり捜査という特殊な状況ではそのような通常の原則を前提とすることができない。提案されている行為の違法性を提示するという言語行為（speech act の訳で「発話行為」とも）においては，2 つの背反する方向性が共存する。おとり捜査における違法性認識の確認作業の一環としては，行為の違法性に関して明確に伝えなければならない。Shuy によれば，FBI はおとり捜査における違法性の確認作業に関して，「提案中の行為が違法であることを明確かつ明瞭に提示しなければならない」というガイドラインを設定している。しかしながら，おとり捜査を成功させるためには，対象者に警戒心を抱かせるような情報を送ることは望まれない。機密文書を入手するという行為が違法であることを伝達するために，入手が困難であることや夜間に入手する必要があるというような婉曲な表現が使われているのはこのためであるが，聞き手が英語の非母語話者であることを考慮すると，ガイドラインの趣旨が遵守されているかという疑問が残る。明確性や明瞭性は，対話が母語話者によってなされ，文化基盤を共有することを前提としている。しかしながら，話者の文化が異なる場合はさらなる注意が必要である。

Shuy は証拠として提示された部分だけでなく，テープの他の部分を聞いてみた。そして，このエンジニアの英語の聴き取り能力と uh-huh という表現の運用の仕方に重大な疑問を呈することができる部分を発見する。

(3) 捜査官　：Hello. How are you?（こんにちは。調子はどうだね。）
　　エンジニア：Uh-huh.（ええ。）
　　捜査官　：［同僚に］Joe, bring me some coffee.（ジョー，コーヒー持って来てくれ。）
　　エンジニア：Uh-huh.（ええ。）

捜査官に調子を聞かれて，uh-huh と答えているが，適切な回答ではない。次には，捜査官が同僚に話しかけているにもかかわらず，エンジニアは自分に話しかけられたと思って，uh-huh と答えている。このエンジニアに対する公訴は後に棄却された。棄却の理由は明らかにはされていないが，上記のような事実の積み上げが，録音された会話が証明力あるいは証拠能力に欠くことを示した可能性は大きい。実際には，(3)のような会話が同時に録音されることはむしろ稀であり，言語能力が欠けていることを示すことは極めて難しい。非母語話者がおとり捜査の対象となった場合の違法性認識の確認に関しては，対象者の理解を直ちに前提とするべきではない。

4 言語行為の解釈

4.1 脅迫

ことばの解釈自体には曖昧さを含まなくても，言語行為としての解釈が司法の判断を分けるケースもある。例えば，「脅迫」という行為は，多くの場合，言語を通して行われるわけだが，何をもって脅迫とみなすかは，言語表現の文字どおりの部分では説明できない。

以下は既婚のアメリカ人女性が高校時代に付き合った男性から受け取った手紙である(Solan & Tiersma 2005)。

(4) <u>Your husband, David Goldstein will have his health take a turn for the worse this Christmas Season and you will be widowed in 1990</u>. I am truly sorry that this is the “Kay Ser Ra Ser Ra” scenario that has to take place. However you will always be the foci of my desires as I remember you to be the most exuisite［原文ママ］creature that has ever taken me in. ...　(下線は本章著者)

(君のご主人の David Goldstein はクリスマスの頃には具合が悪くなり，1990年に君は未亡人になるだろう。こんな刹那的なシナリオが起きなくてはならないということに関しては本当に気の毒に思う。でも君は僕にとっては，僕をとりこにしたこの世で創造された最高のものであり，いつも僕が求めるものの中心であり続けるだろう。)

手紙を受け取った女性が背筋の凍る思いをしたであろうことは想像に難くない。問題は，下線の部分の解釈である。このような予測をされて，気持ちがいいはずがないが，単なる予測であれば犯罪ではない。手紙の筆者がそのような状況になるために何らかの行動を起こすことを意図した上で書いているのであれば「脅迫」である。手紙の筆者は20年以上に渡って，女性とその家族にストーカー行為を繰り返していた。このような背景を考えると，脅迫とする見方が強まることは言うまでもない。それでも事実審では，上記の文面や同様の内容の手紙における表現は曖昧であると認められ，無罪となった。この判断は上級審で覆されたが，脅迫という概念を定義することの難しさを如実に物語るケースである。

脅迫は文字どおりの表現では定義できない。我々は大袈裟に表現するということを日常的に行っている。仲のいい友人から飲みに誘われて，「来なかったら，ぶっ殺すぞ」と言われても，警察に届け出ることはしないであろう。逆に強盗から「痛い思いはさせたくない」と言われても，同情をされているわけではないのは明らかである。発話によってなされた行為は，発話されたことばの文字どおりの意味だけでは説明できない。言語哲学者のAustinとSearleは言語を使用した行為を**言語行為**(発話行為)と呼び（Austin 1962; Searle 1969)，発話に関して「発語行為」「発語内行為」「発語媒介行為」という3つのレベルを考えることができるとした。例えば，「英語が上手ですね」という発話は，発語行為のレベルでは，聞き手の英語に対する評価を表す命題を提示している。話し手がこの命題を提示した意図は，聞き手を「褒める」という「発語内行為」を行うことにあったと考えられる。これによって聞き手を「喜ばせた」とすれば，それは「発語媒介行為」というレベルで説明できることになる。発語内行為は発話そのものによってなされる性質のものであり，話し手が否定することはできない。「英語が上手だ」と言っておきながら，「褒める」という発話内行為を行っていない，と主張することはできない。一方，発語媒介行為は聞き手に与える効果によって実現するため，話し手が意図していたとしても必ず伴うわけではない。仮に話し手が「喜ばせた」のだと言い張っても，聞き手が喜ばなければその発語媒介行為は成立しない。

脅迫は発語内行為であるが，それをもたらす発語の命題は様々である。話し手がその意図するところは文字どおりの意味であったと主張しても，発語内行為を決定するのはコンテクストにおける発語の意味である。一方，発語媒介行為として聞き手が「脅えた」という事実があっても，話し手が意図していないような状況では，脅迫という犯罪行為があったとはいえない。例えば，医師が患者に手術のプロセスを説明し，結果として患者が脅えたとしても脅迫に当たらない。手紙のケースは，書き手がストーカー行為を繰り返している過去の交際相手であったというコンテクストによって初めて，脅迫という発語内行為が成立したと考えられる。

4.2　対人配慮と言語使用

文字どおりの意味と解釈の違いだけでは説明がつかない言語学的現象が司法の問題となる場合もある。我々が言語を用いて情報を伝えたり，発話行為を行ったりする際に配慮するのは，情報の量や質だけではない。聞き手や読み手との人間関係への配慮が言語使用に大きな影響を与える。Shuy は対人配慮の「ポライトネス」という概念が説明する現象の例を挙げている。アメリカで化学薬品販売業を営む D が顧客の S と電話で話をしていたところ，この S に麻薬製造の容疑がかかっていたため，麻薬取締局によって電話の内容が録音されていた。S の容疑は他の証拠で確定したが，容疑は D にも及んだ。S は薬物を製造するために必要な資材を D に供給してほしいと依頼したのだが，D は依頼を断らずに Let me check around（当たってみるよ）と答えたのである。数日後に S は再度電話して，依頼を繰り返したが，ここでも D は I haven't had any luck（まだ見つかっていない）と答えた。検察側は D の発話が資材を供給する意図を示しているとしたが，Shuy は，事業者と顧客という関係が D の発話を説明すると分析する。言語学者の Brown と Levinson は，社会学者の Goffman が提唱したフェイス（face）の概念（Goffman 1967）を発展させて，他者に受け入れられたいという願望を positive face への配慮，自己の領域を他者に邪魔されたくないという願望を negative face への配慮と位置づけた（Brown & Levinson 1987）。言語学においてポライトネスと呼ばれる概念は，フェイスに対する配慮を指し，語が通常連想させる丁寧さや礼儀正しさとは異なる。フェイスを威嚇する行為を行う場合には，言語運用においては緩和を狙う方略が用いられることが多い。D が顧客 S の依頼を断るのは，S のフェイスを威嚇する行為であり，それを緩和するために曖昧な発話がされた可能性が高い。このような対人配慮に起因する行動を犯罪の弁護とするのには慎重な配慮が必要であることは言うまでもない。「当たってみるよ」と言った後で，実際に四方に連絡をとっておいて，依頼者への対人配慮から依頼を断れなかったからという口実は弁護にならない。対人配慮を弁護として使用するとすれば，あくまでも実際の行動を伴わなかったということが示せた上で，発話だけが証拠となっている場合に限るべきであろう。

4.3　司法コンテクストと偽証

司法という特殊なコンテクストにおける言語行為が問題になることもある。最も顕著な例は偽証罪である。**偽証**とは法律により宣誓した証人が虚偽の陳述をすることである。何をもって虚偽とするかは意見が分かれる。通常は事実の認定によって虚偽の陳述であることが明らかにされるわけだが，純粋にことばの解釈が論点となったケースもある。

1970年代のアメリカの事例である。映画製作会社が倒産の申立てを行った。審理の場で債権者側の弁護士Aが社長Bに質問をし，以下のような会話が交わされた。

(5) A：　Do you have any bank accounts in Swiss banks, Mr. [B]?（スイスの銀行に口座を持っていますか。）
B：　No, sir.（いいえ。）
A：　Have you ever?（これまでに一度も持っていたことは？）
B：　<u>The company had an account there for about six months, in Zurich.</u>（会社がチューリッヒに6か月程口座を持っていました。）

問題となったのは下線の部分である。その1つ前の質問では，スイスの銀行に口座があるかを聞かれ，これは否定した。次の質問では過去に持っていたことがあるかを聞かれ，自分のことに関しては何も言及せず，「会社はチューリッヒに6か月程口座を持っていた」と答えたのである。ところが，その後の調査では，B氏がスイスの銀行に過去に5年間に渡って個人の口座をもっていたことが判明した。下線の部分の内容自体に虚偽はない。しかしながら，この発言はB氏が個人の口座を持っていなかったという情報を伝達する。このような情報伝達のメカニズムは，言語学では**推意**と呼ばれている。

推意を使用したやりとりを我々は毎日耳にしている。「車持ってる？」に対して「兄は持ってる」と答えたり，ある場所への行き方について「電車で行けるのかな？」と聞かれて「バスが走っているそうだよ」と答えたりする。共通しているのは，元の質問に対する答えはノーである点である。少なくともノーであるとする解釈が話し手によって期待されている。通常は，話し手の意図と聞き手の解釈は一致する。言語哲学者の Grice は，推意が起こるメカニズムを情報伝達における協調性という基本的な原則によるものとして説明した。我々は，会話の目的に見合った内容を伝え(「関連性」の公理)，正しいと思う情報を伝達し(「質」の公理)，情報を十分に提供し(「量」の公理)，その伝達形式は曖昧ではなく，順序良く，簡潔であるようにする(「様態」の公理)ことをお互いに期待するという原則である。このような公理は何らかの理由で逸脱することもあるが，基本的には遵守することが期待されているという性質のものである。例えば，「電車で行けるか」という問いに対して，行けるのであれば，それをまず先に伝えることが期待される。したがって，バスに関する情報を伝えることにより，聞き手は電車では行けないのだと推測するのである。電車で行けるのにバスに関する情報を提供するのは，**協調の原理**から見れば，言語使用におけるルール違反だということになる。電車で行けるのであれば，電車に関する情報のほうが「関連性」が強いのであり，それを提供せずにバスに関する情報を提供するのは，関連性の公理から逸脱している。仮に後から電車に関する情報を与えるつもりであったとすれば，それは「量」や「様態」の公理に違反する。B 氏の発言にも同種の問題がある。我々は言語を解釈する際に，話し手がそのような「ルール違反」をすることはないと考え，推測を行う。個人の銀行口座を持っていたかを聞かれた B 氏が会社の口座について回答することで，個人の口座を持っていなかったという情報を伝達してしまうのはこのようなメカニズムによるものである。

B 氏の発言が言語使用のルールを違反していることは議論の余地がないとしても，偽証を行ったとみなされることは全く別のものである。司法の論点は，虚偽の内容を含まない発言を偽証とみなすかであり，判断は割れた。1審と控訴審では有罪になったが，最高裁での判断は無罪になった。最高裁は，ある発言が意図的に誤解を生じさせるものであったとしても，そのような曖昧な発言を正し，質問の主旨を聞き直すのは質問した弁護士の側の責任であるとしている。法と言語という観点からは，これは極めて重要な論点である。推意のメカニズムは日常の言語使用の基本をなすものである。我々は推意を有効に活用することを前提として言語を使用している。推意のない言語使用は経済的ではない。日常生活では「金曜日に会いたい」と持ちかけて，「土曜日ならOKだ」と言われたときに，「金曜日はどうか」と再度尋ねれば，変わり者だと思われるであろう。しかしながら，このような推意を用いて誤解を誘導するような証言が増えれば，宣誓した証人とことばを交わす検察官や弁護士は通常の言語使用を超えた特殊な言語使用能力を身につけることが要求されることになる。アメリカのクリントン元大統領が女性問題に関して行った証言の多くは偽証を疑われたが，クリントンは虚偽の陳述は行っていないという立場を貫くことで自らを弁護した。検察官や弁護士は推意のメカニズムについて十分に理解しておく必要があるだろう。

司法の場というコンテクストにおけることばの解釈が，日常生活と同様に扱われるべきかどうかは慎重に議論されるべき問題である。最終的な判断は司法の手に委ねるべきであることは言うまでもない。しかしながら，ことばのしくみに関して十分な理解を得ないまま安直に判断されることは避けなければならない。Shuyが指摘したように，司法の世界においてはことばに対する誤解が蔓延している。食べ物を食べて消化することは簡単であるが，消化のしくみを説明することは難しい。ことばの解釈のしくみも同様である。司法の場でことばの解釈が議論される際には，言語学者をはじめとすることばの専門家の見識が重要な役割を示すことが周知されることが望まれる。

■ 課題 ■

1. 本章で扱った事例のうちで，「発せられたことばは，話し手が意味したことを表し，意図したことを示す」と考えるのは，ことばに関する誤解の1つである(Shuy)ことを示す例を挙げ，説明しなさい。
2. 暗い帰り道で見ず知らずの人から呼び止められ，「横浜までのタクシー代が足りないので少し助けてもらえませんか。」と言われた。知らんぷりをして通り過ぎようとしたら，コートの前をちょっと開けたので見ると大きなナイフがむき出しになっていて，「痛い思いはさせたくないんです。」と言われた。この行為が脅迫として機能することを，発話行為の概念を用いて説明しなさい。

さらに学びたい人のために

■ Shuy, R. W. (1993). *Language crimes.* Oxford: Blackwell.

☞言語表現をめぐる判例を題材に，司法の場で言語表現について論じる際に留意すべき重要な論点を挙げている。

■ Solan, L. & Tiersma, P. (2005). *Speaking of crime.* Chicago: University of Chicago Press.

☞脅迫や偽証など，言語表現が論点となる可能性のある犯罪は様々だが，詳細な判例を題材に踏み込んだ考察を行っている。

■ Shuy, R. W. (2008). *Fighting over words: Language and civil law cases*. New York: Oxford University Press.

☞民事裁判において言語表現が争点となった興味深い事例を数多く紹介している。

■ 堀田秀吾(2010).『裁判とことばのチカラ ― ことばでめぐる裁判員裁判』ひつじ書房.

☞模擬裁判員裁判の評議における言語使用について，語用論とレジスターの観点から分析した好著。一般向き。

学習室⑪　黙秘権

1. 黙秘権とは

憲法38条1項は，「何人も，自己に不利益な供述を強要されない」と定める。また，「市民的及び政治的権利に関する国際規約」の第14条は「すべての者」について「刑事上の罪の決定」にあたり「自己に不利益な供述又は有罪の自白を強要されないこと」を権利として宣言する。これら規定が「黙秘権」の法的な根拠だ。

黙秘権とは，捜査段階であれば被疑者が，起訴された後法廷では被告人が行使できる権利だ。捜査段階では，警察官・検察官(取調官)は被疑者の取調べを行う。被疑者と犯罪との関係を問い質し，追及し，矛盾やあいまいな点を指摘しながら事情を聞く。その際，取調官は「被疑者に対し，あらかじめ，自己の意思に反して供述をする必要がない旨を告げなければならない」(刑事訴訟法(以下，法)198条2項)。被疑者は黙秘権を行使して「黙る」ことが認められている。

しかし，実際の取調べはなまやさしいものではない。取調官は真実と判断したストーリーどおりに被疑者に自白させようと強く働きかける。時に，脅迫，恫瞰，威迫，利益誘導まがいの手法も組み合わせて自白を迫ることもある。被疑者も弁解すれば解放されないかと期待して説明を急ぐ。被疑者が取調べ室で「黙秘」するのは容易ではない。

ただ，裁判員裁判対象事件や心に障がいがあると思われる場合に限るが，取調べは録音録画されている。被疑者に黙秘権があるからこそ，弁解は正確に記録に残す制度がうまれたものだ。

もっとも，録音録画がない事件では，取調べ室は密室だ。何があったかわからない。裁判官は，被告人が取調べの違法を訴えても，公判廷では取調官の説明を信じやすい。被疑者の白白と事件に関するその他の事情を説明する供述が書類にまとめられていると(自白調書と供述調書)，精密に真相を解明できると信じているのが日本の裁判官の一般的意識だ。「自白中心捜査」「調書裁判」「精密司法」などと呼ばれる日本の刑事裁判の特徴はまだ残る。そこに捜査段階での「虚偽白白」に基づく冤罪の危険性がつきまとう構造が残っている。

2. 裁判の手続き

検察官が事件を起訴し，裁判所の法廷で裁判官が主催する裁判手続きが始まる。その第1回公判期日での冒頭手続では，検察官が起訴状を読み上げる。その後，裁判所は被告人に事件に関する意見表明の機会を与える(罪状認否という)。その際，黙秘権の説明がなされる。「裁判長は，起訴状の朗読が終った後，被告人に対し，終始沈黙し，又は個々の質問に対し陳述を拒むことができる旨」など告げた上，被告人及び弁護人に対し，被告事件について陳述する機会を与える（法 291 条 3 項）。

しかし，日本では，被告人が裁判官・検察官・弁護人から事件について質問をうけ，被告人が積極的に事情を説明する運用が普通に行われている。「被告人質問」だ。被告人が「黙秘」すると，検察官は執拗に問い質そうとするし，裁判官も供述を暗に促す。裁判官が答えない態度を検察官の主張が正しいと判断するひとつの事情に入れているおそれも残る。なにより，実は，国民は，被告人が証言台で「真相を語る」ことを期待し「黙秘する被告人」を怪訝に思い，不審感をもって観察する。

3. 黙秘権をどう守るか

⑴ 捜査段階では，「可視化」の徹底が必要だ。①被疑者取調べの事前，最中いつでも被疑者・弁護人が請求するとき接見して相談できること（自由・即時の接見交通権の保障），②取調べに弁護人が立会できること，③被疑者取調べの全過程を録音録画すること，以上が必要だ。

2023 年段階では，検察官が特に接見の時間等を指定すると決めている事件を除き，接見を申し込むと取調べを中断する運用が定着している。取調べの弁護人立会は実現できていない（日弁連は被疑者取調べへの弁護人立会を立法化することを求めている）。最近でも，取調べが密室で行われて虚偽自白が強要されるなどした事件で「えん罪」であったことが再審手続の中で発覚しているだけに，今後裁判員裁判対象事件等に限らず，逮捕勾留中の取調べについて「密室取調べ」を避け録音録画をするべきだ。

⑵ 被疑者の自白を裁判で証拠とする場合，「任意性」が求められる。被疑者が黙秘権の告知を受けたかどうかは重要だが，裁判所は一つの事情として考慮するだけだ。アメリカの「ミランダ・ルール」のように取調べ前に黙秘権などの告知を厳格に実施していなければ自白を証拠にしないルールを裁判所が採用すべきである。

⑶ 被告人の黙秘権が保障された裁判の理想は，被告人は法廷でなにも語らない手続きである。検察官が提出する証拠で「合理的疑いを超える証明」がなされたか点検するのを裁判員・裁判官の任務とする運用が不可欠だ。そうでなくとも，被告人が黙秘権を行使すると宣言した場合，裁判官がしつこく追及することは許されない。また，法廷で黙秘したから犯人だという事実認定や重く処罰すべきであるという量刑も許されない。

（渡辺 修）

第11章

ことばが記憶を変える　目撃者の記憶の変容

藤田政博

● Keywords ●
目撃証言，記憶，ラインナップ，事後情報効果，語法効果

本章のねらい

陪審員のように，法の素人は判断をする際に目撃証言を最も重要な証拠とする傾向がある。目撃証言は，目撃者の記憶に基づいて行われる。しかし，その記憶が，ことば遣いひとつで無意識のうちに変えられてしまうとしたらどうだろう。本章では，そのようなことばのサブリミナル効果とも言うべき，ことばと記憶に関する現象について概観していく。

1　ロフタスたちの実験

あなたが街に出て道路の脇に立っていたところ，車が目の前を通りすぎていった。ここまではよくある光景だ。しかし，その数秒後，その車が別の車と当たってしまった。こうなると，あまりあることではなくなってくる。

1週間後，あなたは事故の目撃者として警察に事情を聞かれた。

「車同士が衝突したときのだいたいの速度はどれくらいでしたか？」

「そうですね……時速60kmくらいだったでしょうか」

「間違いありませんか？」

「はい，間違いありません」

「そうですか……運転手は，だいたい時速50kmくらいだったと言っているのですが，やっぱりちょっと遅めに言っているみたいですね」

「はあ，そうですか……でも，だいたい60kmくらいでした」

あなたは確かに見た。しかし，今のやりとりの中であなたの記憶は変わった可能性がある。そして，あなたの目撃証言は，その記憶に引きずられて変わった可能性がある。警察官はわざとあなたの記憶を変えてやろうと思ってはいないし，あなたも事故の目撃者として解決に役立つよう，できる限り覚えていることを思い出して話そうとしている。そして，見たことは確かに覚

えているしそれについては自信もある。もちろん嘘をつくつもりはないし，仮に嘘をついたとしても何の得にもならない。2台の車の運転手とは知り合いでもないし，事故の前も後も関係は特にない。だとすれば，記憶が変わったことについて責められるべき人はいないといえるだろう。

このような条件が揃っていても，あなたの記憶はあなたの気づかないうちに変わっている。その原因はことばだ。

記憶が変わったとして，どこで変わったのだろうか？ これについて実験したのが，目撃証言の研究者として知られるロフタス(Elizabeth F. Loftus)とその共同研究者である。Loftus & Palmer(1974)は，45人の大学生を使って次のような実験を行った。

大学生を集めて，車同士がぶつかる映像を7本見せた。この映像は，安全運転協会や警察から提供を受けたものだった。この映像は，おおよそ5秒から30秒の長さだった。大学生が映像を見た後で，ロフタスたちは次のような質問を大学生にした。「車同士があたったとき，車はおおよそどのくらいの速さで走っていたでしょうか？」(About how fast were the cars going when they hit each other?)大学生は数字で「時速XXマイル」と回答した。実は，45人のうち9人は「車同士があたった(hit)とき」，別の9人は「車同士が激突した(smashed)とき」，さらに別の9人は「車同士が衝突した(collided)とき」，それとはまた別の9人は「車同士がぶつかった(bumped)とき」，残りの9人は「車同士が接触した(contacted)とき」と聞かれていた。

ロフタスたちが大学生の回答の平均時速を比較したところ，「激突」ということばで聞かれた大学生の回答の平均値は時速40.8マイル(約65.3km/h)，「衝突」では時速39.3マイル(約62.9km/h)，「ぶつかった」では時速38.1マイル(約61.0km/h)，「あたった」では時速34.0マイル(約54.4km/h)，「接触した」では時速31.8マイル(約50.9km/h)と回答した。「激突」と「接触」では，全く同じ映像を見せられたにもかかわらず，時速にして約14.4kmの差が回答に出てきたのである。

また，150人を集めて自動車事故の映像を見せ，同じように動詞を変えて車のスピードを尋ねた。そしてその1週間後に「(映像の中で)割れたガラスを見ましたか？」(Did you see any broken glass?)と尋ねた。そうしたところ，映像を見せられた直後に「車同士が衝突したとき，車はおおよそどのくらいの速さで走っていたでしょうか？」と聞かれた大学生のうち32%が「はい」

と回答したのに対し，直後に「車同士があたったとき，車はおおよそどのくらいの速さで走っていたでしょうか？」と聞かれた大学生のうち「はい」と解答したのは 14% だった。実際には，大学生が見せられた映像には，割れたガラスは映っていなかったにもかかわらず，である。

直後にどのような動詞で尋ねられるかが，ガラスを見たかどうかの記憶に影響したのである。実際には存在しなかったガラスを見たと言ってしまう。この実験では，スピードについては質問を受けない**統制条件**に割り当てられた大学生もいた。統制条件の大学生のうち，「割れたガラスを見ましたか？」と聞かれて「はい」と回答したのは 12% だった。つまり，何もなくても「割れたガラスを見ましたか？」と聞かれると間違って「はい」と言ってしまう割合が 12% ある。それからすると，「あたった」と聞かれて「割れたガラスを見た」と回答する大学生はほとんど変わらないが，「衝突した」と聞かれた場合には 20% 近く「はい」と回答する率がはねあがることがわかる。

このように，大学生が見た映像は同じでも，それを描写することばによって意味付けが変わってくるし，印象も変わってくる。それだけでなく，見終わった後に，見た内容について尋ねられるときに使われることばで，記憶の内容そのものが変わってしまうのだ。これは，記憶したものを思い出す際に，思い出すときに与えられた情報が影響するからだ。これは後ほど触れるが，**語法効果**と呼ばれている。

これが起きるのは，人間の記憶がビデオカメラのように見たままを記録しそれを見たままに再生するというものではなく，記憶された事象を，再生する際の状況や文脈に合わせて「思い出す」ようにつくっていくという作用をするものだからである。

そこで次に，記憶のしくみの一般論を見ていくことにしよう。

2 記憶のしくみ

人の記憶は，符号化，貯蔵，検索の 3 段階からなる。

外から入ってきた情報は，目や耳などの感覚器官を経て入力される。例えば，周りの景色や状況を見ることができるためには，目を通じて情報が電気信号に変換されて視神経を通じて脳に入っていく必要があるし，耳は音の情報を電気信号に変え，聴覚神経を通じて脳に入力する。触覚・味覚・嗅覚も，人間が外界から取得した情報が脳に入力されて初めて処理可能な情報となる。しかし，処理可能な情報となっても，そもそも注意を向けていないと，その情報は記憶される前に消えてしまう。人間は，注意を始めとしたフィルターによって，感覚器官から入ってきた情報をスクリーニングしながら情報を処理していく。そのようにして入ってきた情報は，意味をもとにした変換を受ける。そして，その変換された意味という表象が記憶に蓄えられることになる。

そのため，例えば人に聞いた話を後で思い出すときには，一言一句正確に思い出すのは容易ではないことが多い。なぜなら，我々は意味を記憶に蓄える際に，不要と思われる情報をカットしたり，実際にはない情報を，無意識のうちに推論で補ったりした後の，自分にとって有意味な表象を記憶に蓄えるからである。

このように，外から受け取られた情報については，記憶をする人間が自分なりの意味に変換し，その意味にあうように加工されてから記憶の中に保持されることになる。保持された記憶は，必要に応じて検索され，想起される。検索に失敗したり，記憶内容が減衰したりしていくと，その記憶内容は「忘れた」ことになる。

私たちが貯蔵した情報を再利用するときには，情報を想起する過程を踏むことになる。その想起の過程は，機械が音楽やビデオを再生するようにはいかない。そもそも我々の記憶に蓄えられるのは，事象そのものではなく意味の表象である。そのために，我々の認識の枠組みに合わない事象は，合うように記憶が変容されてゆく。その変容された記憶を，我々は時に応じて想起の際の質問文の影響を受けながら，その時々で想起内容を「思い出して」いくといってよい。

それでは，次のセクションでは，目撃証言とはどのようなものか，そしてことばが目撃証言に影響する場合としてどのようなものがあるかについて見ていくことにしよう。

3 目撃証言

3.1 目撃証言の定義

目撃証言とは，事件などが発生した際にそれを見た(目撃した)人が，捜査機関や裁判所に対して目撃した内容を報告することを言う。証言というと，正式には，裁判所に行って証言台に立ち，真実を話すと宣誓した上で，自分の記憶していることについて話すことを指す。しかし，法と心理学，法と言語学の文脈で言う目撃証言では，法廷での正式な証言以外に，捜査機関に対して見聞きしたことを話したり，それを捜査官が調書に書きおろしたりしたものも広く目撃証言と呼ばれている。

3.2 裁判と証言

裁判は，証拠に基づいて行われる。例えば刑事裁判であれば，罪を犯したとして起訴された被告人が，本当に罪を犯したといえるのかについて，証拠を挙げながら検察官が立証していく。民事裁判であれば，原告が被告に対して金銭を請求できるだけの権利を持っているかについて，原告が証拠を挙げながら立証していく。

証言は，裁判に出てくる証拠の一種である。原則として証人が法廷にやってきて証言する事が必要だが，証言が難しい場合や記憶違いがありうる場合には，裁判が始まる前に証人が話したことを書き留めた書類を提出して証言の代わりとすることができる。

証人が，事件に関して見たことを話したのが目撃証言である。証言以外の証拠としては，指紋や体液などの何らかの事実が存在した痕跡や，事実があったことを証明する文書などがある。こういった証拠は物体そのものに事実の痕跡が残っているために，事件後も変質しづらく，勝手に作り変えるのは大変である。それに比較して，目撃証言は人の記憶に基づいて法廷で証言するものであるために，記憶が変容することもあるし，ひどい場合には証人が嘘をつくことも可能である(なお，宣誓の上，法廷で証言する際に嘘をつくと偽証罪で処罰されることがある)。そこで裁判では，証人が本当に正しいことを言っているか，つまりどのくらい信用できるかを裁判官の前で示すために反対尋問が行われる。

目撃証言が問題になるのは刑事裁判が多い。数からすると民事裁判のほうが多いし，その中で目撃証言が問題になることもある。しかし，刑事裁判では目撃証言が誤ったことによって，無実の人が獄につながれ，あるいは死刑に処せられるという取り返しがつかないことが発生することもある。そのような事件の被告人が，無実の罪を晴らして社会復帰したときには，マスコミでセンセーショナルに取り上げられ，我々に深く印象づけられる。そのような経験から，刑事事件を主な舞台として目撃証言が問題にされ，できるだけ誤りのない証言を引き出す努力が重ねられてきた。

捜査機関は，捜査過程を通じて，いわゆる物証を探すことに努力を傾けるだろう。被告人が犯罪を行ったことを直接証明する物的な証拠があれば，裁判になっても確実に立証できるからである。しかし，十分な物的証拠がない場合，その事件を目撃した人の証言が，裁判で重要な役割を演ずることになる。目撃証言は，人間の記憶に依拠するものだけに，物理的な痕跡として存在する証拠よりも，はるかに変容しやすい。次で取り上げるKassin et al.(2001)の研究では，目撃証言に影響する要因として30の要因が挙げられている。そして中でも特にことばに関わりの深い要因が3つ挙がっている。次のセクションでは，それについて見ていくことにしよう。

3.3　目撃証言にことばが影響する場合

目撃証言は，尋ねられる目撃者と，尋ねる捜査官のやりとりによって出てくる。また，裁判になったあと，目撃証人が法廷で証言する際には，証人は弁護士や検察官と一問一答を繰り返す。このように，目撃証言は目撃者がすらすらと自分の覚えていることを一人で語るのではなく，目撃者と捜査官，あるいは目撃者と弁護士といった人々の問答として語られることになる。(ただし，捜査段階で目撃証人と捜査官の問答でわかったことについては，捜査官が調書を作成する。調書の中では，捜査官との問答があったことが記載されることは少ない。調書は目撃証人が自分の記憶を捜査官の前ですらすらと話したような文章が書かれることが多い。その中で，特に捜査官が問答を残しておく必要があったと判断した部分について，一問一答の形で記載される。)

目撃証言は問答の形で現れるため，質問者がどのような内容の質問を証人に対して投げかけるかが証言内容に影響を与える。それだけでなく，質問者がどのような形の質問文で目撃証人に尋ねるかが，どのような目撃証言を引き出すかにおいても重要になる。

3.4　質問文の内容が目撃証言に影響する場合

Kassin et al.(2001)は，心理学の専門家に対して，目撃証言研究で扱われている命題がどのくらい信頼できると思うかについて質問紙調査をした。Kassinたちは13カ国の心理学研究者，64人から回答を得た。この64人のうち，半数強が認知心理学を専門とし，約 1/4 が人格心理学・社会心理学を専門とする心理学者であった。彼らがこのような質問紙調査をしたのは，目撃証言研究で明らかにされてきたことが，目撃証言研究者のコミュニティの中でどれくらい受け入れられているものかを知るためであった。

この研究で専門家に対して質問された命題は，それまでの目撃証言研究でよく扱われてきたものである。Kassin たちが研究者に尋ねたトピックは 30 にのぼる。そのうち，ことばに関係が深いトピックとしては，「ラインナップの教示」「事後情報」「質問の語法」が挙げられている。

(1) ラインナップの教示

ラインナップとは，映画やドラマなどでもよく見られる犯人識別手続きのことである。事件の目撃者がマジックミラーの仕込まれた部屋に案内され，椅子に座る（目撃者からはマジックミラーの向こう側が見えるが，向こう側からは鏡のようにしか見えない）。目撃者が待っていると，マジックミラーの向こう側に怪しそうな男が 5 人くらい出てきて，目撃者のほうを向いて並ぶ。並んでいる男たちからは，マジックミラーの反対側にいる目撃者の姿は見えない。この状態で，目撃者の隣に立っている捜査官が「この中に，あなたが事件現場で見た男はいますか？」と目撃者に尋ねる。この捜査官の質問が**ラインナップの教示**である。

この時，警察官がどのように尋ねるかで，目撃者の答えが違ってくる。例えば，「この中からあなたが見た男を選んでください」というか，「この中に，あなたが事件現場で見た男はいますか？」というかで違ってくる。前者の質問は，並んでいる男たちの中に正解があるという前提が置かれているのに対し，後者の質問にはそのような含みはない。実際，前者のような質問の仕方をすると，目の前に並んだ男の中に自分が見た真犯人がいない場合でも，目撃者は何とかしてその中から誰かを選ぼうとする。そのため，真犯人ではないが真犯人と似た特徴を持つ男が，犯人として選ばれる確率が上がる。

そして，一旦目撃者が真犯人として誰かを選ぶと，それを前提としてその後の捜査過程が進んでいく可能性が高い。つまり，目撃者が選んだ人物が犯人であるという前提で他の証拠や証言が集められ，裁判での立証に耐えるだけの証拠固めが行われていく。その過程で，目撃者の記憶が変容していくことがある。つまり，目撃者が「一旦，捜査官の前で言ったことは引っ込みがつかないから」「後から『間違っていました』と言うのは恥ずかしいから」等の，いかにもありえそうな理由でなく，目撃者が自ら選んだ人物が真犯人であるという前提で進む捜査過程で繰り返し事件を見た時のことを尋ねられ，答えることを繰り返すことで，たとえ真犯人でない人物を選んでしまったとしても，その人物を真犯人であると，疑いなく信じるようになることがある。

したがって，ラインナップの教示は，それ自体は僅かなことばの違いに過ぎないことがあるが，その後の捜査過程を大きく変える可能性があるという点で，非常に重要な意味を持つ。

⑵ 事後情報

目撃者が目撃した後に取り入れた情報(＝**事後情報**)の影響で，目撃時の記憶が変容する場合がある。例えば目撃者が毎日通るような場所で事件が起き，それを目撃した場合，事件の後の日にも毎日同じ所を通っていたとすると，事件の時の情報とその後に見た情報の区別がつかなくなることで，事件当日見たことの記憶が変わる可能性がある。また，複数の友人と出かけた際に事件を目撃した場合，友人と事件について話し合うと，話した内容の影響を受けて事件時に目撃した記憶が変容することがある。あるいは，目撃内容についての記憶を想起するように質問された際，その質問文の中の情報で目撃者の記憶が変容することがある。このように，あとから取り入れた情報で記憶が変容することは**事後情報効果**と呼ばれる。

事後情報効果に関する研究の結果わかったこととして，事後情報効果によって記憶が歪むのは，次のような場合である(厳島・仲・原 2003)。事後の誤った情報が出来事の根幹部分ではなく細部に関するものであり，細部に関して，誤った情報が与えられると思っていないときに起こりやすい。

例えば，車同士がぶつかっている事故の写真を見せられた目撃者が，あとからその写真についての想起を求められた場合を例としよう。この場合，目撃者にとっては車同士の衝突の様子がこの写真の中心であり，注意もその点を中心に注がれると考えられる。そうだとすると，車の脇に標識があったとして，それが「徐行」だったのか「一時停止」だったのか，写真にたまたま写り込んでいた，事故現場を通り過ぎた車の色が青なのか緑なのか，といった点は，この写真においては細部にわたるものであり，根幹部分ではなくなる。したがって，このような部分の記憶については，事後情報効果が現れる可能性が高い。

また，目撃した事件に関して友人と話し合う場合を考えてみると，通常そのような場合，自分たちが見た非日常的な出来事の内容について確認するとともに，話し合うことでその非日常的な出来事をなんとか心に収めようとするだろう。そうだとすれば，友人が事件の細部についてあえて事実と違ったことを言うとは考えないし，たとえ記憶違いでそのようなことを言ったとしても，その場では心に平静を取り戻すことが優先され，問題にされないだろう。また，自分自身も友人と話し合う際に，事件の細部についてあえて事実と違ったことを進んで言うつもりはないだろう。そのような場合，友人と話し合うことで細部の記憶が話し合いの内容に引きずられる形で変容する可能性が高い。

これに対して，事後情報効果が起きにくい場合としては，①事後情報がはっきりそれとわかる形で与えられた場合，②被験者が注意深く事後情報を処理した場合，③被験者の記憶力が特に良い場合，④事後情報が呈示される前に，事後情報が呈示されるかもしれないことを警告した場合，とされている(厳島・仲・原 2003)。

⑶ 語法効果

語法効果は，目撃者に想起させるときに，質問文中でどのような語を選択するかで回答が異なってくることを言う。この章の最初で見たとおり，質問文に新たな情報が含まれていない場合でも，質問文の動詞としてどのようなものを選択するかによって回答が影響を受けることをいう。そして自分がした回答に引きずられて，目撃者の記憶が変容するのである。

この章の冒頭で示した例よりも，さらに微妙な違いで目撃者の回答，さらには記憶を変えることを示したのが Loftus(1974)である。この研究では，被験者は自動車事故の映像を見た後で，Did you see a broken headlight? または Did you see the broken headlight? と尋ねられた。この2つの質問で異なっているのは，冠詞が a か the かという点だけである。冠詞が a であれば，映像の中に壊れたヘッドライトがあったか否かについてはいずれとも仮定されていない。それに対し，冠詞が the であれば，映像の中に壊れたヘッドライトがあったことが仮定されている。つまり，冠詞の意味を強調すると，a が入った質問は「(映像の中に壊れたヘッドライトがあったかどうかはわからないのですが，)壊れたヘッドライトを見ましたか？」といえるのに対し，theが入った質問は「(映像の中に壊れたヘッドライトがあったのですが，その)壊れたヘッドライトを見ましたか？」という意味になる。このように聞かれた場合，theで聞かれた時のほうが，aで聞かれた時よりも「壊れたヘッドライトを見た」と回答する率が高かったのである。

日本語では，英語の定冠詞・不定冠詞のような，1語で明白に前を受けたものかそうでないかを明示する便利な単語は存在しないかもしれない。しかし，日本語でも質問文全体のニュアンスや聞き方によって，聞き手がヘッドライトの存在を前提として尋ねているのか，それともヘッドライトが存在するかどうかわからないけれども回答を聞きたくて尋ねているか，聞き手に示すことはできるだろう。それは，ラインナップの教示における聞き方にも共通するニュアンスの含め方である。Loftus(1974)の研究で見られた結果は，英語だから鮮やかにでたと結論づけることはできないだろう。目撃した記憶を証言する者は，聞き手が暗黙のうちに置いている前提を読み取って，知らず知らずのうちにその前提に沿った記憶を創り上げる可能性があることを，この研究は示している。

⑷ まとめ：上記3要因についての専門家の評価

Kassin et al.(2001)の目的は，専門家に対する質問紙調査を行うことで，信頼できる知識とそうでない知識を見分けることにあった。この研究で挙げられた質問項目のうち，目撃証言にことばが影響する要因としては，ラインナップの教示，事後情報効果，語法効果が挙げられていた。これらに対する専門家の評価は，次のとおりであった。

ラインナップの教示については，「非常に信用できる」との回答が59%(36人)，「信用できる」との回答が28%(17人)であった。

事後情報効果については，「非常に信用できる」との回答が67%(42人)，「信用できる」との回答が25%(16人)であった。

そして，語法効果については，「非常に信用できる」との回答が76%(48人)，「信用できる」との回答が22%(14人)であった。

このように，目撃証言に関してことばが関係する要因として，専門家が信用に足ると判断している知識であるということができる。

もちろん，この結果に関して回答者の数が非常に少なく代表性が乏しいという批判はできるだろう。しかし，目撃証言にことばが影響するということは，全く根拠なく主張されているものでもなく，専門家としてそのような知識の正しさを，国等の出自が異なっても認められたものであることを示す一つの証拠となるだろう。

3.5　質問文の形が目撃証言に影響する場合

これまでのセクションでは，質問の内容が目撃証言に影響を与える場合として，事後情報効果や語法効果などを取り上げた。それはいわば質問文の内容が目撃証言に与える影響といえる。それに対して，質問文の形も，証言に大きな影響を与える。

質問者がどのような形の質問文で目撃証人に尋ねるかが，どのような目撃証言を引き出すかにおいても重要になる。次のセクションでは，どのような質問文の形が目撃証言の内容にどのように影響を与えるかについて見ていくことにしたい。

⑴　質問文の形：オープン質問・クローズ質問

目撃証人に捜査官や弁護士が発する質問として，大きく**オープン質問**(open questions)，**クローズ質問**(closed questions)に分けられる(厳島・仲・原 2003)。

オープン質問とは，答える側の制約が少ない質問のことである。例えば，「事件があった時のことを話してください」という，回答者が自由に語れるタイプの質問(自由ナラティブ質問)や，「それはいつありましたか？」「彼とはどこで会ったのですか？」「誰がそのようなことをしたのですか？」といったような，答えの種類は特定されるが，答えそのものに対する縛りのゆるい質問(英語で言うと when, where, who などで始まることが多いため，「wh 質問」と呼ばれるもの)がオープン質問に含まれる。

それに対してクローズ質問とは，答えの選択肢が限られる質問である。「あなたはその場にいましたか？」「事件があったのは夕方ですか？」などの「はい」(yes)または「いいえ」(no)で答える形の質問である。他には，「あなたが見た犯人は，大人でしたか，子どもでしたか？」というような，質問者が回答の選択肢を明示または暗示し，回答者はその中から選択して回答するという形の質問がこれにあたる。

⑵ 質問の形式の影響

一般的には，オープン質問は回答者からより多くの情報を引き出すことができ，しかもその情報には質問者の期待や意図などの影響が少ない。それに対してクローズ質問は，回答者の記憶が曖昧であっても質問者の呈示した選択肢の中から選んで回答してしまったり，「はい」「いいえ」などの選択肢の間を揺れ動いたりするために，繰り返し質問すると答えが安定しないことがある。このため，証言者から情報を引き出すために質問を発する場合，オープン質問で行うことが望ましいとされる。

ただし，実際の法廷の場面では，明らかな事実を確認する質問については，クローズ質問でどんどん進めていくのが裁判の運営上望ましいことがあるし，証人に次々とクローズ質問となげかけて次々と「はい」と言わせ，証人が言い逃れする途をふさいだ上で矛盾をつくという尋問方法が採られる場合もある。そのため，心理学的には証人からより多くの偏りの少ない情報を引き出す上ではオープン質問が望ましいとされる場合でも，訴訟戦略上，クローズ質問のほうが望ましいという場合もありうる。

4 おわりに

この章のはじめで，「記憶が変わったことについて責められるべき人はいないといえるだろう。」と述べた。しかし，ここまで紹介してきたことからすると，あなたに事情を聞いた警察官は責められるべきかもしれない。なぜなら，どのようなことばを使ってあなたに聞くかが，証言内容に決定的に影響を与えるにもかかわらず，不用意に「車同士が衝突」と言ったからである。

そうはいっても，事情を聞いた警察官は，わざと記憶を歪めようとしたわけではないだろうし，経験が浅くてただ知らなかっただけかもしれない。しかし，わざとではなかったとしても，捜査過程におけることば遣いのあり方によっては間違った結果を生み，その結果不利益を受け，人生を台無しにされる人が出ることもありうる。それが，捜査，そして裁判という強制力を持った手続きの重大さである。裁判はことばで構成された手続きであり，裁判の結果は国家権力によって当事者に強制される。そのためことばがとても大きな力を持つことになる。比喩でも何でもなく，裁判で使われることばは当事者の人生を変えることばとなる。それだけに，裁判や，その前段階の捜査段階で出ることばは，非常に重要である。そのような場面でことばを不用意に使うことはとても恐ろしいことである。したがって，事件発生から裁判までの過程において，ことばが人間の記憶に与える影響について知っておくことは，非常に重要であるといえるだろう。

■ **課題** ■

1. 目撃証言の間違いが裁判に影響を与えたと考えられている実際の事例について，調べてまとめよ。

さらに学びたい人のために

■ エリザベス・ロフタス（著），西本武彦（翻訳）(1987)『目撃者の証言』誠信書房.

☞目撃証言について認知心理学的な理論付けを行いながら法律的な文脈でどのような意義を持つかについて言及した古典的な書物。ロフタスが専門家証人として法廷に立った経験が織り込まれている。目撃証言について学ぶ際に抑えておくべき書籍。

■ エリザベス・ロフタス（著），キャサリン・ケッチャム（著），厳島行雄（翻訳）(2000)『目撃証言』岩波書店.

☞物的証拠のない重大事件に関して，目撃証言だけで死刑が宣告された。そのような事件を複数紹介しながら目的証言の危うさを指摘する書籍。理論書ではなくストーリー仕立てになっているので小説を読むように読める本。

■ 高木光太郎(2006)『証言の心理学 ― 記憶を信じる，記憶を疑う』中央公論新社.

☞人の記憶は脆（もろ）い。虚偽の証言や自白を生み出す心理的メカニズムを，興味深い実例を用いて解き明かす。

■ 厳島行雄・仲真紀子・原聡(2003)『目撃証言の心理学』北大路書房.

☞目撃証言全般についての入門書。目撃証言研究について勉強を始めるときの，ハンディな入門書。

■ 森敏昭・井上毅・松井孝雄(1995)『グラフィック　認知心理学』サイエンス社.

☞目撃証言だけでなく，人間の記憶の一般的特性が詳しく述べられたやや高度な概説書。目撃証言は，認知心理学の分野から見ると最終章の「日常世界の認知心理学」に位置づけられる。

■ 山内光哉・春木豊(2001)『グラフィック　学習心理学』サイエンス社.

☞学習という観点から生体の行動と認知の関係を追究する，学習心理学のやや高度な概説書。目撃証言に関わるテーマとしては，フラッシュバルブ記憶，展望的記憶，自伝的記憶といった特徴的な記憶のあり方の他，エピソード記憶と意味記憶の区別が解説されている。

■ 仲真紀子(2011)『法と倫理の心理学 ― 心理学の知識を裁判に活かす』培風館.
☞裁判員裁判において，法的判断を下す場合に，法律家と非法律家は目撃証言・記憶の回復・子どもの証言をどう考えるか。司法場面の事例に則して書かれた本である。

■ 渡部保夫監修，一瀬敬一郎，厳島行雄，仲真紀子，浜田寿美男(2001)『目撃証言の研究 ― 法と心理学の架け橋をもとめて』北大路書房.
☞掲示自然における供述証拠の中でも，特に目撃者あるいは被害者の目撃証言に焦点を当てて，法と心理学の双方からアプローチした本格的研究書である。

学習室⑫　子どもの目撃証言

交通事故や事件の目撃，あるいは自らが怪我をしたり被害を受けるなど，子どもが事件や事故に巻き込まれることは少なくない。そのようなとき，子どもから「何があったのか」という事実の報告を得ることは重要である。多くの場合，目撃／被害の内容は，言葉で尋ねられ，言葉で報告される。しかし，そこには事実を不明瞭にするいくつもの障壁が存在する。

（法廷での報告は証言，裁判になる前の取調べ段階での報告は供述という。また，目撃者と被害者を区別することもあるが，ここでは証言と供述，目撃者と被害者は，特段の必要がない限り，区別しないで包括的に用いる。）

1．体験・出来事の記憶

体験や出来事の記憶（例えば，「お父さんが私に暴力を振るった」）はエピソード記憶と呼ばれ，一般的な知識（例えば，「お父さんは暴力的な人である」）（これを意味記憶という）とは区別される。事実の調査においては「いつ，どこで，誰が，どうしたのか」というエピソード記憶が重要であるが，この記憶は生後10数年をかけて成長すると考えられている。子どもの年齢が低いほど，保持できる情報の量は少なく，保持できる期間も短い。また，外から与えられた情報との区別がつきにくくなったり（目撃した人物の顔か，写真で見せられた他者の顔か），イメージしたこととの区別がつきにくくなることもある（目撃した人物の顔か，尋ねられて「目が細い」「鼻がとんがってる」などと思い描いた顔か）。出来事の記憶は，必ずしも言語で記憶されているだけでなく，見たことの視覚的情報であったり，叩かれた痛みや，驚きなど，非言語的な情報であることも多い。これらを言葉で語ってもらうのは容易なことではない。

2．面接の問題

このような状況で，私たちは言葉で話を聞こうとする。効率よく聞くために「いつ」「どこで」「誰が」「どうした」とWH質問を繰り出すこともある。また「何回？」「何分？」「どれくらいの距離？」などの測定に関わる質問や，「Aだった？」「AかBか，どっち？」「Aだったよね」などの具体的な内容を含む質問もしがちである。

こういった質問は，子どもが体験を言葉で説明できる，数を測定していた，そしてそれを覚えているといった前提に基づいて行われるが，上述のように，子どもは必ずしもそういった問いかけに応じることができない。ならば，「わからない」「覚えていない」と言ってほしいところだが，子どもの語用論的知識がそれを妨げる。

子どもは家庭や学校での体験から，「わからない」「知らない」と答えることは望ましくないと考えているかもしれない。そのため，「いつ」には時間，「どこ」には場所をと，記憶がなくても推測で答えるかもしれない。また，「何回？」「何分？」「どれくらいの距離？」と問われれば，数字を答えればよいという知識から，「3」「7」などの数を言うかもしれない。さらには，実際にはなかったことを前提とする質問(音はしていないのに「どんな音がしたかな」と尋ねる等。これを暗示質問という)を行うと，子どもは積極的に推論をする可能性もある(「ドーン，だったと思う」)。「白か黒か」などと尋ねれば，答えを知らなくても子どもはどちらかを選ぶだろう。そして，質問に含まれる情報(「音」「白」「黒」)は外部から記憶を汚染し，子どもが自ら発した情報(「ドーン」)は，いわば内部から記憶を汚染する。こういったことから，子どもの目撃証言は不正確なものとなり得る。

3. 面接法

子どもから情報を得ることは難しいという認識から，近年では司法面接(forensic interviews)という方法が用いられるようになった。これは，誘導や暗示を排し，できるだけ正確な情報を，できるだけ心理的な負担をかけることなく引き出すことを目指す面接法である(仲 2016)。面接は導入，本題，クロージングから成る。導入では，子どもがもっている語用論的な知識の影響を減じるため，グラウンドルール(「質問の意味がわからなかったらわからないと言ってください」「答えを知らなかったら知らないと言ってください」「どんなことでも全部話してください」「私(面接者)が間違っていたら間違っていると言ってください」「本当にあったことを話してください」)を告げ，練習も行う。また，子どもに趣味や好きなことを話してもらうことで，話しやすい関係性(ラポール)を築き，思い出して話す練習も行う。そして，「何をお話に来ましたか」というオープン質問で本題に入り，「そして」「うんうん」「そのことをもっと話して」などのオープンな働きかけにより，最大限の自由報告（子どもからの自発的な報告）を得る。終了にあたっては，質問や希望などを尋ね，中立の話題に戻して面接を終了する。

面接は通常，司法や福祉の専門家による連携によって行われ，ビデオ録画される(協同面接，代表者聴取と呼ばれる)。こういった方法を用いることにより，面接を繰り返す必要性も少なくなり，正確な情報が負担なく得られやすくなる。2023年の刑事訴訟法の改正により，こういった面接の録音録画記録は，裁判の主尋問に代わる証拠として用いることが可能となった（刑事訴訟法 321 条 3（新設））。

（仲 真紀子）

第3部 法と言語と社会

第３部では，法と言語についてより広い視野から考える。「言語権と言語法」は，少数言語や手話の地位を問い，言語政策と関連づける。次に取り上げる「法言語教育」とは，法を知るための言語教育のことである。最後に，「法と言語」または「法言語学」の流れを振り返り，今後の展開を占う。

第12章

言語権・言語法と言語政策

橋内 武

● Keywords ●
言語権，少数言語，手話，裁判の言語，司法通訳，言語法，多言語主義，単一言語主義，EU，欧州評議会，コモン・ロー，言語政策，言語計画，JALP

本章のねらい

「法と言語と社会」の問題を人権の観点から考えるとなると，言語権の問題が浮上してくる。また，言語または言語権に関する法制度という点では，言語法という実定法の有無が焦点になる。それがもしあればどのようなものか，言語政策の一環として言語法はEUやコモン・ローの国々ではどのような形を採っているか，日本にはどのような言語政策があるのか問うてみよう。

1 言語権とは何か

1.1 言語権の定義

言語権(language rights)とは，簡潔に言えば，自己が自ら望む言語を使うことができる権利である。

言語権なるものは，環境権や知る権利などと同じく，近年注目されてきた権利である。これは，**言語的人権**(linguistic human rights)とも言われ，「自己もしくは自己の属する言語集団が，使用したいと望む言語を使用して，社会生活を営むことを，誰からも妨げられない権利」である(鈴木 2000: 8)。この定義には，次の2つの観点が含まれる。

① 自己または自集団が使用したい言語を社会的場面で自由に使える権利
② その社会の中で自己の言語が使用する環境を国家が整えることを要求する権利

①のほうが一義的であり，一種の自由権である。②は一種の社会権である。

では，それぞれの定義についてより詳しく検討してみよう。言語権は，精神の自由権の一部である。確かに精神の自由の中核をなす点で個人権であるが，言語集団のアイデンティティに深く係わる点で集団権でもある(鈴木

2000: 8f.)。だからこそ，使用する言語に自己決定権があるのだ。

社会権としての言語権は，少数派言語の地位向上を求めて主張され，以下の 4 領域で用いられる共同財と認識される(渋谷・小嶋 2007: 28f.)。

① 国家的領域
立法・司法・行政の三権を中心とする国家機関または自治体における公的業務言語・文書言語

② 企業活動の領域
企業内の就労言語・業務言語，広告の言語，商品説明書，契約書の言語

③ 市民的公共領域
公営または民営のマス・メディアの言語(特にテレビ・ラジオ・新聞)

④ 学校教育の領域
公立または私立の学校において教育言語または教科(科目)としての当該言語の教育

言語権の観点から言えば，来日移民には次のような施策が必要であろう。

① の国家的領域に関しては，外国人への言語サービス，特にコミュニティ通訳(司法・医療・学校・行政・災害・行事)が十分保障されるべきである。専門別の通訳者が養成され，適切な報酬が保障されるべきである。

② の企業活動の領域に関しては，就労する従業員のグローバル化と市場の多様化に合わせて，言語的多様化が図られるべきである。

③ の市民的公共領域に関しては，多言語情報の提供やエスニック・メディアの発達が助成・推進されるべきである。

④ の学校教育の領域に関しては，外国籍の子どもへの教育が義務化され，日本語を教育言語として学習すると同時に継承語の学習も支援されるべきだ。

1.2 少数言語と手話の地位

地域語・少数言語の話者や手話を母語とするろう者は言語上の差別を受けてきた。しかしながら，1948 年国連総会採択の世界人権宣言は，第 2 条において，人種・性別などによる差別と同様，言語による差別があってはならないとしている。1966 年国連総会採択の国際人権規約(B 規約)の第 27 条は自己の言語を使用する権利について言及し，言語を人権の内容として位置づけている。そして，1992 年採択の民族的又は種族的，宗教的及び言語的少数者

に属する者の権利に関する宣言(マイノリティ権利宣言)においては，彼等の保護・促進に関する国家の義務の基本原則を示している。さらに1996年，世界言語権会議で採択の世界言語権宣言では，「言語権が個人的権利であると同時に集団的権利でもある」と明言し，最も進んだ考え方を表明している(以上の諸宣言に関しては，言語権研究会編(1999)の「第3部 資料編」を参照)。

言語権は，言語社会の多数派・主流派には，取り立てて問題視されることはなかった。だが，そのような権利の保障は，地域語・少数言語の話者において特に重要である。日本列島の地域語としては，北方先住民のアイヌ語と沖縄・奄美の琉球諸語が挙げられる。けれども，アイヌ新法の成立によってアイヌ文化の振興が叫ばれてきたものの，アイヌ語はもはや地域社会の生活言語ではないから，その使用領域は極めて限定的で，「危機に瀕する言語」とみなされている。他方，沖縄・奄美の琉球諸語(ウチナーグチ，シマグチ)は，年配の方々によって使われているものの，若者への継承が不十分である。というのも，日本語(ヤマトゥグチ)への言語的同化が進んだからである。その中にあって，りんけん・バンドなどは，沖縄語の使用ジャンルを広げるのに貢献した。次の1.3節「裁判の言語と司法通訳」で述べるが，裁判における地域語(方言)の使用は，言語権をめぐる議論に問題を投げかける。

その他に，少数言語としては，オールドカマーの朝鮮語や中国語，ニューカマーのブラジル・ポルトガル語，スペイン語，フィリピノ語などの移民・移住者の言語がある。果たしてそれぞれの言語権が社会生活の諸領域でどの程度保障されているだろうか。これは「多文化共生社会」の課題である。

ところで，耳の不自由な人々などの間で使われる手話も言語である。そこで，ろう児をもつ親の会は小嶋勇弁護士を代理人として，2003年に「ろう児の人権救済申立」を行った。この申立てによれば，日本手話を母語として育ったろう児は言語的少数者であるから，教育言語としての日本手話の使用が言語権として保障されるべきであるという。国内の大抵のろう学校では，日本語による口話法で教育が行われてきたが，ろう者の母語である日本手話は(音声)日本語とは異なる独自の言語である。このことを認識して，手話法による教育が保障されるべきだ。日本語の口話法による教育はろう者の母語を抹殺するものであって，ろう児の言語権を軽んじている。だから，このようなろう教育は止めて，手話法による教育に切り替えるべきである。以上がこの申立ての骨子である(小嶋・全国ろう児をもつ親の会2004)。なお，

2011(平成23)年8月にようやく改正された障害者基本法(第3条3と附帯決議)は,「言語(手話を含む。)」とし,手話を法的に言語として認めたことは画期的出来事である。手話言語法の制定が次の政策課題となる。手話言語条例の問題点については,本書「学習室⑮」を参照。

1.3 裁判の言語と司法通訳

日本の裁判所法74条には「裁判所では,日本語を用いる」という規定がある。では,「日本語」とは何を指すのか。いったいウチナーグチ(琉球方言または琉球諸語)は日本語であるのか,その他の各地の方言(地域語)は裁判で使えるのか。札埜(2009)は,a, b, c, d, eの5人の裁判官に法廷における方言の使用について問うている。その回答は下記のようにまちまちである。

a. 「方言」使用を政治的示威行動,あるいは抗議運動と見る。
b. 方言も日本語の1つであるから,方言が通じる場合は,方言を用いることに何ら支障はない。
c. ウチナーグチも日本語であり,通訳を付けるなどそのような意味をとらえることができるような措置をとることが適切である。
d. 日本語は標準語を意味し,地方の方言は含まれない。
e. ウチナーグチは日本語の範疇に入らないが,[外国語ではないから]通訳をつけるわけにもいかない。

札埜(2009)は「言語権の中に方言権が含まれる」と考えている。そして,法廷で方言を使う意味は,次のように3つあるというのである。

① 法廷の中で事実を明らかにするため
② 法廷における方言権の確立のため
③ そのことばを使用する自身のアイデンティティのため

被告人が日本語を解さない外国人の場合には,要通訳の裁判が行われる。刑事裁判の場合には,裁判所が通訳人を選任する。特に被告人の言語権の保障という点で問題になるのは,的確で公正な通訳が行われなかった場合,つまり誤訳や通訳エラー(訳し落とし,語句・文の追加,編集,文法上の誤り,文の意味の誤訳,レジスターの不一致,言い淀み追加など)が生じた場合である。古くはメルボルン事件(1994年),新しくはニック・ベイカー事件(2002年),ベニース事件(2009年)がこれに当たり,本書第5章で詳説している。いずれの場合にも,言語弱者・情報弱者である外国人被告人に不利にはたらき,信頼すべき公正な裁判が受けられなかったことになる。この点に司法関係者は留意して法廷通訳人の資質の向上に力を注ぐべきだろう(渡辺他 2010)。

2 言語法と言語政策

2.1 言語法とその類型

言語権を実定法化したものが**言語法**であるといえる。「言語法」という名の成文法を持つ国は多くないが，ここでは憲法，刑事訴訟法や民族的少数者・メディア関連の法律などの実定法における言語関連法の総体を指す。

鈴木(2000)によれば，世界各国の憲法おける言語の規定は，ほぼ次の 4 つに分類されるという。

① 憲法で，国語，公用語を宣言するもの。例，スイス連邦。「スイスの国語はドイツ語，フランス語，イタリア語及びレトロマンス語である。ドイツ語，フランス語及びイタリア語は連邦の官庁語とされる。」(憲法第 116 条)。スペイン，ベルギーなどの憲法にも言語規定がある。

② 多様な言語を承認，保護しながら，将来，国語統一を目指す憲法。例，インド連邦。「インド領またはその一部に居住する公民であって固有の言語文字又は文化を有するものは，これを保持する権利を有する。」(憲法第 29 条第 1 項)そして憲法第 343 条において，ヒンディー語を連邦公用語とし，英語を「連邦の公のすべての目的のために継続して」使用することとしている。また，第 347 条は州の人口の多数が使用する言語を公に承認するとし，憲法第 8 付則に 22 の言語を例示している。

③ 民族語を尊重する憲法。例，中華人民共和国。「中華人民共和国は，多民族の統一国家である。(中略)各民族はすべての自己の言語，文字を使用，発達させる自由を有し，自己の風俗習慣を保存し，又は改革する自由を有する。(以下省略)」(憲法第 3 条)

④ 特に，国語や公用語には触れない憲法。例，日本(後述の日本国憲法)

世界各国の憲法における言語の地位に関して特に注目すべきは，EU の公用語，欧州諸国における公用語と地域語の扱いである。カナダやウェールズにも地域語尊重の言語法があり，社会言語学的な関心を呼ぶ。

2.2 欧州連合と欧州評議会の多言語主義

ヨーロッパの国際機関として注目されるのが，欧州連合(European Union,

EU）と欧州評議会（Council of Europe, CoE）である。前者の本部はブリュッセルとルクセンブルク，後者の本部はフランスのストラスブールにある。

欧州連合（EU）は，その前身である欧州石炭鉄鋼共同体（1951年）・欧州経済共同体（EEC, 1957年）を経て，欧州共同体（EC, 1967年）を1993年に発展させたものである。2023年現在27の加盟国があるが，その公用語は24を数える。この点で他の国際機関と比べて突出している。EUは「多様性の中の統合」を目指し，多言語主義・多文化主義の政策を採るからだ。加盟国の数と公用語の数が同数ではないのは，英語は連合王国とアイルランドとマルタで，フランス語はフランス・ベルギー・ルクセンブルクで，ドイツ語はドイツ・オーストリア・ベルギー・ルクセンブルクで公用語の地位があるからである。そして，国によっては複数言語を公用語として認めている。欧州委員会，欧州議会，欧州理事会や欧州裁判所などの諸機関ではこれらの公用語を使うことが可能で通訳官によって同時通訳される。系統の異なる少数言語の公用語（例えば，フィンランド語とマルタ語）の間では，作業言語を介してリレー通訳がなされる。公式文書もこれらすべての公用語に翻訳される。ただし，EUの様々な部局の委員会における主な作業言語は，英語・フランス語・ドイツ語である。

EU内の欧州委員会（European Commission）では，加盟国が申請すれば，公用語に加えて国内の地域語を併用公用語として認める。だから，例えば，バルセロナの市民がカタルーニャ語で欧州委員会に問い合わせをすれば，同委員会はカタルーニャ語で回答をしなければならない（EUについては村上2009を参照）。

他方，**欧州評議会**（CoE）は、第2次世界大戦後の1949年に議会制民主主義と法秩序の維持と人権擁護を基本理念とし，平和主義を標榜する国際機関である。本部はフランスのストラスブールにあり，欧州人権裁判所を併設している。2023年現在，46カ国が加盟している。公用語は英語とフランス語，作業言語はドイツ語，イタリア語，ロシア語を含む。この機関の本部には言語政策局があって，2001年以来「ヨーロッパ共通言語参照枠」（CEFR）の枠組による複言語主義・複文化主義（個人レベルでの多言語・多文化対応能力の向上を目標とする）の言語教育政策を提言している。欧州評議会による政策提言は，EUの国々で採用されて，「母語＋2」の言語教育が進展している（大谷他2010）。

2.3 ヨーロッパ諸国の言語法

ヨーロッパ諸国においては，「言語に関する法律」が個別に制定されている(渋谷編 2005)。それは，国家が国全体の公用語として認知する言語，国内のある地域・自治州において公的に認める言語を規定するものである。

EU の多言語主義は加盟各国の国内法制定に影響を与えている。例えば，オーストリア東部のオーバープレンドルフ(Oberpullendorf)とオーバーヴァルト(Oberwart)においては地域語のハンガリー語が行政・郵便・鉄道・軍隊で公用語としての法的地位を得た(Gibbons 2003: 258)。これらの地域社会におけるハンガリー語からドイツ語への言語移行(language shift)を食い止めて，地域少数言語を振興するねらいがある。

次に述べるスペインとベルギーの例は，地域語を公用語とする地方分権という点で興味深い。

スペインは，フランコ独裁の時代(1939–1975)には中央集権国家であったため，スペイン全土においてスペイン語(カスティーリャ語)を唯一の公用語としていた。だが，議会君主制民主主義を謳(うた)う 1978 年憲法の第 3 条では，スペインの国家公用語はスペイン語であるものの，各自治州毎に公用語を持つことが認められている。それは，言語の多様性を文化財として尊重し保護する考え方とも関連する。それゆえ，カタルーニャではカタルーニャ語(1979 年)が，バスクではバスク語(1979 年)，ガリシアではガリシア語(1981 年)，バレンシアはバレンシア語(1982 年)，ナバーラはバスク語(1982 年)，バレアレス諸島はカタルーニャ語(1983 年)を各々の自治州の自治憲章に規定した。それらに関連して，各州毎に地域公用語に関する法律が制定された。さらに，カタルーニャ自治州のアラン谷では「アラン谷特別体制法」(1990 年)により，アラン語も公用語の地位を得た。カタルーニャ語などの自治州の公用語は，欧州連合(EU)の欧州委員会における併用公用語の地位も獲得した(渋谷編 2005: 112)。

他方，ベネルクス 3 国の 1 つであるベルギーは「共同体と地域圏で構成される連邦国家である」(1994 年憲法第 1 条)ので，言語共同体毎に地域自治が行われている。①ワロニー地域圏(フランス語共同体，ドイツ語共同体)，②フラーンデレン地域圏(オランダ語共同体)，③ブリュッセル首都地域圏(フランス語・オランダ語併用共同体)である。各共同体は言語境界線によって区分されていて言語共同体毎に公用語が異なる。連邦政府における「各議院の選出議員は，法律をもって決められた方法により，フランス語言語集団とオランダ語言語集団に分けられる」(憲法第43条)そして「憲法の法文はフランス語・オランダ語・ドイツ語で作成される」(憲法189条)。

現在ベルギーは，立憲君主制の連邦国家であり，図1のような複雑な国家体制を敷いている(石部2011: 31を参考にした)。

<table>
<tr><td>連邦国家</td><td colspan="5">ベルギー王国</td></tr>
<tr><td>言語圏</td><td>オランダ語圏</td><td colspan="2">首都二言語併用圏</td><td>フランス語圏</td><td>ドイツ語圏</td></tr>
<tr><td>共同体</td><td colspan="2">フラーンデレン共同体</td><td colspan="2">フランス語共同体</td><td>ドイツ語話者共同体</td></tr>
<tr><td>地域</td><td>フラーンデレン地域</td><td colspan="2" rowspan="2">ブリュッセル地域</td><td colspan="2">ワロニー地域</td></tr>
<tr><td>州</td><td>5州</td><td colspan="2">5州</td></tr>
<tr><td>自治体</td><td colspan="5">589自治体</td></tr>
</table>

図1　ベルギーの国家体制

ベルギーの言語法は1830年の独立以来，言語政策(language policy)の変遷とともに4つの時代区分により変化してきている(石部2011: 64)。

第1期(1830年〜1860年代)　単一言語主義 — フランス語のみが公用語
第2期(1870年代〜第1次世界大戦)　二言語主義(フラーンデレンのみ)
第3期(第1次世界大戦後〜1950年代)　地域別一言語主義
第4期(1960年代〜現在)　連邦制と地域別一言語主義の厳格化

このように，ベルギーでは各時代に異なる言語法が制定された。言語政策の方針が変わるたびに，行政・教育・裁判・軍隊の領域別に新たな法律が制定されたのである。これら4つの領域が「言語戦争」の主戦場であり，法律が修正・改正される毎に新たな言語政策が展開したのである。

先に述べたスペインの場合は，カスティーリャ語と地域語(例えば，カタルーニャ語)による社会的バイリンガリズムを推進する言語政策が実施されているのに対して，ベルギーの場合には，言語圏・共同体ごとに公用語が異なり，二言語併用地域である首都ブリュッセル以外ではモノリンガリズム(単一言語主義)を強化させる施策で推移しているように見える。

2.4　コモン・ローの国々の言語規定

では，英米法で代表されるコモン・ロー諸国の言語規定について取り上げてみよう。以下，カナダとウェールズについては，主に鈴木(2000)による。

⑴ カナダ

1988 年 7 月に成立した「カナダにおける多文化主義の維持と振興に関する法律」(略称，カナダ多文化主義法)により，二言語二文化主義を発展させて，多文化主義へと前進させるようになった。ここで二言語二文化とは英語とフランス語，二文化とはイギリス文化とフランス文化を指す。これら二言語はカナダ連邦の公用語として機能している。新たに多文化主義を謳うのは，政府には先住民(イヌイットとアメリカ原住民)と移民の文化を含めたモザイク型社会を維持，発展させようという姿勢があるからである。この点で，ときにメルティング・ポットと喩(たと)えられる合衆国の政策とは対照的である。

カナダ多文化主義法の第 3 条と第 5 条には次のように謳っている。

第 3 条① ここにカナダ連邦政府の施策として次のように宣言する。
(i) カナダ公用語の地位と使用を振興するとともに，英仏語以外の言語使用を保持し，推進する，そして
(j) カナダ公用語への国家的公約と調和させながら，カナダ全体を通じて多主義を進めること。
第 5 条① 担当大臣はカナダの多文化主義政策の実施にあたって，必要と考える限度において，(中略)次によりこれを施行しなければならない。
(f) カナダの多文化継承財産に寄与したすべての言語の修得，保持及び使用を促進すること。

なお，多言語主義・多文化主義という点で，カナダはオーストラリアと比べられることがある。類似点はともにイギリス・アイルランド系住民が多数派であって，先住民と多様な移民からなる国であることである。相違点は，カナダは主にケベックなどに居住するフランス系市民に配慮して英仏両言語を連邦の公用語とするのに対して，オーストラリアは英語のみが公用語であることである。

⑵ ウェールズ

ウェールズは連合王国(UK)の一部をなすが，ケルト系の言語であるカムリー語(ウェールズ語)の文化が息づいている。1940 年代からカムリー語高揚運動が高まり，1967 年にカムリー言語法(全 5 条)が成立した。この言語法は 1942 年，ウェールズ裁判所法第 1 条を廃止して，次のように改定された。

「ウェールズ言語法及びマンモスシャーにおける法手続きのいかなるものであっても，カムリー語の使用を望む当事者，証人あるいはその他のいかなる人々も，カムリー語を用いることができる。カジストレート・コート以外の裁判所で取り扱われる事件についても，これに基づく裁判所規則で定めるところに従い，また通訳に関して必要とされる諸規定もこれに従って作られるものとする。」とある。

この規定によって，裁判所においてカムリー語を使う権利が保障されたのである。カムリー語の訴訟に関しては，必ず通訳された。上級裁判所では法廷内に同時通訳の設備が設けられ，必要な通訳要員を国家の費用で養成した。このようにカムリー語が英語と同等の地位が得られるような司法制度改革が進んだのである。

1993 年には新しい「カムリー言語法」(全 37 条)が成立し，カムリー語委員会によるカムリー語運用計画と地方教育委員会によるカムリー語教育計画が盛り込まれた。この言語法はカムリー語の地位を確固たるものにし，EU 内における言語少数民族の言語と文化の尊重という国際的な要請にも対応するものである。

なお，ウェールズと同様ケルト系のアイデンティーを持つアイルランド共和国の場合は，ゲール語(アイルランド語)を国語・第一公用語とし，英語を第 2 公用語としている。伝統的ゲール語社会は辺境の地に散在している。

以上述べてきた国々は，すべて多言語国家または複数言語国家である。世界全体の言語状況から言えば，それが一般的である。というのも，世界にある 200 余の国家の中で，合わせて 7,000 近い言語が使われているからである。

(3) ニュージーランドとオーストラリア

大洋州のニュージーランドは，イギリス女王が 1840 年に先住民族のマオリ族首長と結んだワイタンギ条約が法的根拠となり，1975 年のワイタンギ条約法が成立し，和解の課程で英語・マオリ語の両言語を公用語とするに至った。隣国のオーストラリアは先住民族のアボリジナルとトレス海峡諸島民の少数言語(その大半は消滅危機言語)が数多使われてきたものの，公用語は(多数派が使用する)英語のみである。

以上述べてきた国々は，すべて多言語国家または複数言語国家である。世界全体の言語状況から言えば，それが一般的である。というのも，世界にある

200余の国家の中で，合わせて7,000を越す言語が使われているからである。

2.5 日本の言語法

日本には，実定法としての**言語法**はないし，その必要性が公に論じられたこともない。日本国憲法には，この国の国語や公用語に関する条文はない。言語に関する言及は裁判所法第74条「裁判所では，日本語を用いる」という規定に留まる。国の言語規定が乏しいのは，戦後長い間「わが国は日本語だけの単一言語社会である」という暗黙の前提(つまり，**単一言語主義**の神話)が多数派である日本語母語話者の間にあったからである。

人権を重んじる立場からすれば，憲法改正の折りには，第14条(法の下の平等)「すべて国民は，法の下に平等であって，人種，信条，性別，社会的身分又は門地により，政治的，経済的又は社会的関係において，差別されない。」に「言語」を加えることが望まれる。もっとも，現行の日本国憲法第14条にある「人種」以下の文言は例示であって列挙ではないと解釈するならば，既に「言語」も含まれていると判断できるだろう。

現実の日本列島は，歴史的・地理的に北から先住民のアイヌ語，日本語(共通語と方言)，沖縄・奄美の琉球諸語に加えて，日本手話，来日移民の諸言語(韓国語，中国語，ブラジル・ポルトガル語，スペイン語，フィリピノ語など)が使われる多言語社会である(学習室⑬⑭⑮参照)。だが，現状では法制度を含む社会の諸制度がそのような多言語状況に対応しきれていないのが現状である(真田・庄司2005)。他方，来日旅行者への多言語対応は進んできている。

刑事訴訟法第175条では「国語に通じない者に陳述をさせる場合には，通訳人に通訳をさせなければならない。」とある。しかしながら，通訳人の能力に高度なものを要求していないために，的確で公正な裁判が必ずしも保障されていない。手話通訳士の資格認定制度が有効に機能する一方で，外国語通訳の公的な通訳人資格認定制度が未だにないのは大きな疑問である。

3 日本の言語政策・言語計画

3.1 日本の言語政策・言語計画

ところで，言語法は言語政策という施策に基づいて法制化される。一連の言語政策は**言語計画**(language planning)と称され，3つの段階を経る。

第1に地位計画(国語・公用語の選定，地域語や少数言語の扱い)，第2

に実体計画(文字の創案・標準語と標準表記の確定，語彙の近代化)，第3に普及計画(公的機関・教育機関・メディアなどを介して使用・普及)が推進される。ならば，近現代史を言語政策の点から捉え直す価値がある。

日本には総合的な言語政策はない。国語政策は，第1に日本語を「国語」に定め，第2に語彙の近代化(借用翻訳語彙の採択と文体の言文一致)と国語の標準語化・共通語化を図って，文法・語彙・書記体系(漢字制限や送りがな，仮名遣い)などの規範化を行い，第3に共通語を公的機関・教育機関・メディアを介して普及させた(田尻・大津編(2010)所収の西原論文)。その結果，日本手話，地域方言，アイヌ語・琉球語や旧統治領の言語は，中央集権的同化政策により周縁化・矮小化された。現在，外国語政策(自治体の言語サービスなど)と日本語教育政策は日本社会の多言語化状況に十分に対応していない。「多文化共生社会」という認識が進む中で，日本の外国語教育政策はすべての教育段階で英語偏重であるから，中国語・韓国語・ロシア語を含む隣語教育や移住者複言語教育の推進が俟(ま)たれる。今後は言語権や言語法への一般の関心を高め，総合的な言語政策を立案し実施することが期待される(なお，本章の執筆は橋内(2012)に基づいた)。

日本には総合的言語政策がないものの，国家機構（立法・行政・司法の三権）は，表1に示すように，個別に言語政策に関わる業務・施策が行っている（上村 2022)。

表1　日本の国家機構と言語政策の関わり（上村 2022 の JALP 特別セミナー資料)

国家機構	関連する業務・施策
国全体	憲法上の公用語・言語権
内閣	文字・表記（常用漢字・仮名遣い)
文部科学	国語教育，外国語教育，継承語教育
法務	出入国在留管理（日本語学校の告示)，司法
厚生労働	労働環境，職業訓練
外務	外交，対外文化政策
経済産業	経済（海外向け製品，コンテンツ)
総務	放送・通信，地方参政権，多言語情報発信
国家公安	警察・法執行
国土交通	交通（道路標識)
内閣府	共生（包摂）社会
裁判所	裁判所の言語，法廷・司法通訳
国会	議事進行・議事録の言語，参政権と言語

3.2　日本言語政策学会（JALP）

⑴　日本言語政策学会（JALP）の沿革と設立趣旨と会員数

日本言語政策学会（Japan Association of Language Policy, 略して JALP）は，2000 年に設立された日本言語政策研究会を前身として，2002 年 11 月に発足した。設立趣旨には，「言語問題への意識を高めつつ，それが言語政策，言語教育関係の団体や個人の行動にどのように現れるか，あるいはそれはどのように対応すべきかを討議するための学際的な研究の場を作ることを目的とします。」（JALP ホームページ）とある。会員数は個人会員・学生会員・名誉会員・団体会員と賛助会員を含めて，2023 年 3 月 31 日現在 277 人である。

⑵　会長・理事・事務局

初代会長は水谷修であり，言語教育政策や日本語教育政策に力点を置いていた。その路線を引き継いだのが，田中慎也，森住衛，宮崎里司であった。第 5 代会長山川和彦は，インバウンド旅行客に対する観光言語政策（多言語対応）への関心が強い（山川編 2020）。会長の下に理事会があり，学会運営の要となっている。本書「学習室」⑬⑭を執筆した杉本篤史も岡本能里子も理事である。

⑶　研究大会

研究大会は原則として毎年 1 回，6 月に 2 日間，各地の大学を会場にして開催されてきた。プログラムには，基調講演・シンポジウム・研究発表（口頭発表・ポスター発表）・WiP セッションなどが含まれる。新型コロナ蔓延の間は，学会主催の懇親会は行われなかった。

大会には大会テーマが設定される。第 20 回以降は次のとおりである。第 20 回（2018 年，早稲田大学）は「現代と未来の課題解決に取り組む持続可能な言語政策」，第 21 回（2019 年，関西学院大学）は「転換点を迎えた日本の言語政策」，第 24 回（2022 年，京都大学）は「21 世紀の言語普及地図」，第 25 回（2023 年，麗澤大学）は「言語政策と『空間デザイン』」である。ただし，新型コロナ感染症流行のため，第 22 回（2020 年，神田外語大学）は通常開催中止，第 23 回（2021 年）はオンライン開催となった。総じて，この 20 年間に研究の対象と方法の多様化が進んだ。

⑷ 学会誌『言語政策』などの研究活動

学会誌『言語政策』は年1回刊行されるが，研究論文・研究ノート・調査報告・政策提言・短信・書評・新刊紹介が含まれる。近年は，学会賞「発表賞」「優秀論文賞」という顕彰制度を設けて，特に若手の研究者の研究を奨励している。

顧みるに，『言語政策』は2005年に発刊され，2023年3月には19号が刊行された。上村（2020）によれば，『言語政策』（1号～15号）に掲載された研究論文は次のように特徴づけられる。

① 研究対象となる事例は，地域的には日本と欧州諸国に関するものが目立って多い。

② 取り上げられた言語としては，日本語と英語が多いが，他の言語の事例も豊富である。

③ 掲載論文の半数は政策・精度の設計や評価，決定のプロセスを扱うが，三分の一は政策の前段階の現状確認型の研究である。

④ 言語・社会的な現状確認型研究に留まったままでは，政策サイクルとの関連づけが行われないうらみがある。

⑤ 今後の課題は，『言語政策』誌上で政策提言を行っていくことであろう。

なお，『言語政策』の紙版は2023年3月刊行の19号で終了，20号からは電子版のみの発行となる。また，本学会は2020年度よりJALP特定課題研究会（複数）を支援している。

⑸ 特別セミナーの開催

2022年9月から2023年3月にかけて，2022年度JALP特別セミナー「言語政策研究への案内」がオンラインで開催された。各々1時間半。講師はいずれも言語政策学の理論や事例研究に造詣の深い専門家であり，この分野に関心のある聴講者に知的刺激を与えた。

第一部全6回では，言語の地位，言語の近代化，異言語間コミュニケーション，言語政策のプロセス（言語問題から政策の評価まで）について展望。講師は山川和彦・原隆幸・サウクエン・ファン・高民定・上村圭介・嶋津拓の6氏。第二部全4回では，言語政策とは何か，多言語主義・複言語主義，言語権と少数言語コミュニティ，コミュニティと企業の言語政策について取り上げられ，言語政策研究の最前線を紹介した。講師は木村護郎クリストフ・西山教行・杉本篤史・猿橋順子の4氏であった。

(6) 国際学術交流

2018年以来韓国言語研究学会（KALS, 済州）とJALPは提携して，学会参加による相互交流を深めてきた。済州特別自治道は，歴史的に日本との関係が深く，①この島固有の済州語が消滅の危機に瀕していること，②英語村が創られていること，③独自の観光言語政策が採用されていることで，言語政策上特に注目される。

■ 課題 ■

1. 言語権に関する捉え方がどのように進展してきたかを明らかにしなさい。
2. 複数の国・地域または国際機関の言語規定を調べて，比較検討しなさい。
3. 日本の言語政策に関わる個々の機構・組織がどのような政策課題をもって政策形成に関与しているか明らかにしなさい。

さらに学びたい人のために

■ 日本言語政策学会編（2024）『言語政策研究への案内』くろしお出版
☞ JALP言語政策研究特別セミナーに基づく入門書。p. 209参照。

■ 木村護郎クリストフ（2021）『異言語間コミュニケーションの方法―媒介言語をめぐる議論と実際』大修館書店
☞「ことばの壁をどう乗り越えるか」という問いに答えた上で，ドイツ・ポーランド国境地域における諸方略の使用実態を報告する。

■ 多言語社会研究会編（2013）『多言語社会日本―その現状と課題』三元社
☞多言語社会日本の言語政策について国語政策と多言語政策の2つの観点から論じる。

■ 西山教行・大木充編（2021）『CEFRの理念と現実　理念編―CEFRの理念をめぐって』くろしお出版
☞欧州評議会が提唱してきた「ヨーロッパ共通言語参照枠」（CEFR）の理念について考察する。姉妹編に『CEFRの理念と現実　現実編―教育現場へのインパクト』がある。

学習室⑬　先住民族の言語権

1. 日本の先住民族継承語・消滅危機言語

日本には多くの少数言語が存在するが，その中でも近代国家化前から存在する民族集団の言語を先住民族継承語という。主なものとして，アイヌ語や琉球諸語が挙げられる。ユネスコは2009年に「世界の消滅危機言語アトラス」を発表した。そこでは，消滅危険度が，安全(safe)，脆弱(unsafe)，危険(definitely endangered)，重大な危険(severely endangered)，極めて深刻(critically endangered)，絶滅(extinct)に分類され，日本でも，アイヌ語(極めて深刻)，八丈語(危険)，奄美語(危険)，国頭語(危険)，沖縄語(危険)，宮古語(危険)，八重山語(重大な危険)，与那国語(重大な危険)が消滅危機言語として認定された。なお，ここで挙げられた8言語はいずれも先住民族継承語であるが，消滅危機言語ということならば，視覚言語である日本手話もこれに含まれる。学習室⑮を参照。

2. 言語権からみた日本の先住民族継承語問題

国際人権法上の観点に基づくと，言語権は，第一言語に関する権利，(民族)継承語に関する権利，ある地域で広く使用されている言語に関する権利の3類型に大別される。先住民族の言語権は，2つ目の権利類型に含まれる。具体的には，継承語を学ぶ権利，公教育等において継承語で学ぶ権利，継承語を日常的に使用する権利，継承語を保存・継承・進展させる権利，継承語によるマスメディアを運営する権利，継承語話者の(特に海外の)コミュニティに参加する権利などが認知されている。だが，日本国内で事実上保障されているのは，アイヌ語に関して保存・継承する権利ぐらいであり，それ以外の権利はアイヌ語においても保障されていない。他の先住民族継承語にいたっては，後述するようにその存在すら国家により認知されていない現状である。なお，先に「事実上保障」と記したのは，日本の国内法においては，国際法上の言語権をローカライズして国内法化した法令は存在せず，アイヌ語の保存・継承の権利保障も国の恩恵的施策の結果に過ぎないからである。2019年4月に制定された「アイヌの人々の誇りが尊重される社会を実現するための施策の推進に関する法律」は「アイヌ文化の振興等」を進めるためのアイヌ施策について定めている。ここでの「アイヌ文化」とは，「アイヌ語並びにアイヌにおいて継承されてきた生活様式，音楽，舞踊，工芸その他の文化的所産及びこれらから発展した文化的所産」(第1条)と規定されている。同法におけるアイヌ語の振興とは，文化振興政策の一部であり，上述した国際人権法における言語権に由来するものではない。

日本政府はアイヌ語以外の先住民族語の存在を認めず，琉球諸語を日本語の「方言」と位置づけている。興味深いことに文化庁は毎年「危機言語・方言サミット」を開催しており，国立国語研究所では琉球諸語の継承に関する実践的研究が行われている。政治のホンネと建前が垣間見える。

3. 日本独特の歴史的民族継承語問題

日本の近代化は，明治維新後の北海道及び南西諸島の内国植民地化と，台湾島及び朝鮮半島への帝国主義的侵出という第 1 段階と，戦後直後の民主国家化という第 2 段階がある。戦後に行われた外地籍帝国臣民からの一方的な国籍の剥奪という事実は，言語権の保障上無視できない問題をはらんでいる。日本国憲法施行日の前日である 1947 年 5 月 2 日，最後の勅令である外国人登録令が発せられ，「台湾人のうち内務大臣の定めるもの及び朝鮮人は，この勅令の適用については，当分の間，これを外國人とみなす」（第 11 条）と規定され，多くの大日本帝国臣民が一方的に国籍を剥奪された（これには外地籍男性との婚姻前は内地籍だった女性も含まれる）。この経緯から始まる在日コリアンの民族継承語の問題は，日本独特の歴史的問題である。本コラムでは先住民族継承語を扱っているが，歴史的問題としての民族継承語問題として括るならば，アイヌ語，八丈語，琉球諸語のみならず，在日コリアンや在日台湾人の継承語問題や，冒頭で触れた日本手話の継承の問題にも目を向けなければならない。

4. 先住民続継承語問題に立ちふさがる諸課題

日本における先住民族の言語権問題を解決するには，何よりも国際人権法上の言語権概念の国内法化が必要だが，これ以外にもいくつか障壁が存在する。まず，これら先住民族に対する根強い偏見と差別の存在がある。それはマジョリティからマイノリティへ向けられるだけでなく，マイノリティ相互における偏見や対立を生み，共闘を困難にしている。また，国際機関が沖縄の人々を先住民族と位置づけると，沖縄県内からも反対の声が聞こえてくるが，これは「先住民族」という用語に内包される偏見への拒絶が根底にあるのだろう。

先住民族語といってもその状況は一様ではなく，話者が高齢化して継承が難しい場合には，ニュースピーカーと呼ばれる新たに先住民族語を学び継承する存在がカギとなるが，その際には，そこで継承される「ことばの正しさ」，すなわち継承語の正統性の問題などが浮上してくる。（杉本篤史）

第13章 法言語教育

札埜和男

● Keywords ●
法教育，法言語教育，学習指導要領，国語科

本章のねらい

「法教育」といえば，まず「社会科」での教育が連想される。しかし，そもそも法はことば無くして存在し得ない。法が人々を縛るのはことばの力によってであり，人々が法を変えるのもことばの力による。法はことばそのものであり，法教育とは換言すれば「法言語教育」であるといえる(ここでいう「言語」とはことば・国語・日本語・文学等を含めてこのように表現する)。本章では，法教育と国語科教育の関係，法言語教育の実践例と方法，その目的について説明する。

1　法教育と国語科学習指導要領の関連

なぜ法教育と国語がつながるのか，詳しく説明しよう。法教育とはアメリカの Law-Related Education(LED)の訳語であり，「ロースクールでの法律家養成教育である法学教育(Legal Education)と区別される」(関東弁護士連合会編 2002: 11)。

2004 年に出された法教育研究会「報告書」によれば，法教育とは「法律専門家ではない一般の人々が，法や司法制度，これらの基礎となっている価値を理解し，法的なものの考え方を身につけるための教育を特に意味する」(法教育研究会 2004: 2)とあり，「法やルールの背景にある価値観や司法制度の機能，意義を考える思考型の教育であること，社会に参加することの重要性を意識付ける社会参加型の教育である」(法教育研究会 2004: 2)と記されている。また法教育の基本的な考え方として「実社会で生きて働く力として，思考力，判断力，表現力などを高めることを重視する」(法教育研究会 2004: 3)とも述べられている。

このような法教育で重視される力を養うには「国語」が最適である。なぜなら法教育で高めようとする力に合致するからである。2018 年 3 月 30 日告

示の改訂高等学校学習指導要領で国語の目標は「言葉による見方・考え方を働かせ，言語活動を通して，国語で的確に理解し効果的に表現する資質・能力を次のとおり育成することを目指す」とあり，(2)として「生涯にわたる社会生活における他者との関わりの中で伝え合う力を高め，思考力や想像力を伸ばす」と書かれている。「生涯にわたる社会生活」とは「現実の社会そのものである実社会を中心としながら，生涯にわたり他者や社会と関わっていく社会生活全般を指している」(文部科学省 2019: 23)とされる。「国語で的確に理解し効果的に表現する」とは表現力のことであり，「思考力や想像力を伸ばす」とは「言語を手掛かりとしながら創造的・論理的に思考する力や深く共感したり豊かに想像したりする力を伸ばすことである」(文部科学省 2019: 23)としている。そして「思考力や想像力などは認識力や判断力などと密接に関わりながら，新たな発想や思考を創造する原動力となる」(文部科学省 2019: 23)と記されていることから，思考力の他に「判断力」も関わることがわかる。このように法教育で養う力は国語科でのそれと重なるのである。

各科目の目標についてみると，関係性はより明瞭になる。条文や契約書などの実用的な文章も教材として扱う，必修科目「現代の国語」の目標(2)には「論理的に考える力や深く共感したり豊かに想像したりする力を伸ばし，他者との関わりの中で伝え合う力を高め，自分の思いや考えを広げたり深めたりすることができるようにする」とあり，思考型・参加型の教育にマッチする文言が並んでいる。

以上のことから，法教育で提唱される力や方法は国語科におけるそれらと一致し，相性が良いといえる。しかし，相変わらず改訂国語科学習指導要領においても法教育については全く触れられていないことは不合理であるといわざるをえない。

2 実践例とその内容

ここでは，筆者(札埜)の実践経験(2023 年現在，社会科教員歴 3 年・国語科教員歴 28 年・大学教員歴 6 年)をもとに(主として高等学校を想定した)法言語教育の具体例について説明していこう。

2.1　裁判傍聴・模擬裁判

模擬裁判とは生徒が裁判官，検察官，弁護士，被告人，証人，裁判員等に分かれ，事件現場の見取り図や供述調書といった裁判資料をもとに議論を重ねてシナリオを完成させ，最後は教室に実際の法廷を再現して判決を下すという本物の裁判を真似て行う授業である。「ゼロからシナリオを創り上げる」司法修習生同様の授業（シナリオ創作型）も可能であるが，生徒の様子や授業時間数の制限といった教育条件に合わせて弁護士会や裁判所等が作成した「シナリオそのままに行う」授業（シナリオ踏襲型）や，「シナリオを書き換えて行う」授業（シナリオ改変型）も可能である。

いずれのパターンを採用するにしても裁判傍聴が学習のスタートとなるのが理想である。「本物」を見ることで学習動機を高める効果が期待できる。裁判傍聴は現実社会の生きた教材である。「聴く」という言語活動をここでは行う。文学作品『羅生門』学習後，法廷を傍聴したある生徒は，「聴く」ことを通じて次のような感想をまとめている。「現実には『仕方なくする悪』もあるのだと感じた。悪いことをしたこと自体は確かに悪いが，悪いことには背景や理由が必ずある。傍聴で家族のために身を汚した被告人を見た。彼なりに必死だったと思うし，被害者家族もどんなに辛いだろう。両方の人間の悲しさが見えてきた。表に見えないものを見ようとすることが大切なんだ」。

裁判で相手を説得するためには「何となく」は許されず自分の頭で考え抜いて証拠を固め証明しなければならない。その際に駆使するのが論理である。しかし導き出した論理を単に説明するだけでは不十分である。説得するためには，ことばと身体を使って考え尽くした論理を，法廷という場で表現する工夫が要求される。「One sentence, One meaning」，「重要度を強調するための構成」，「説得しようとする相手への視線の向け方」，「資料の見せ方」など工夫の仕方は枚挙にいとまがない。

ただ，習得させる力として論理力や表現力以上に重視するのは「社会的想像力」である。裁判は法律を適用して終わりではない。事実が記録されている資料などから，例えば遺族や被告人家族といった関係者の思いやマスメディアによる報道姿勢など，書かれていないことをどれだけリアリティを持って想像できるか，資料の向こう側にいる人間が見えた上で真正の判断を下せるかどうかが重要である。そうでないと発することばに命が籠らない。ここに国語科で取り組む大きな意味がある。「被害者はこの後怪我をしてしまったせいで職を失い，どうやって妻を養っていくのか，被告人はこのような事件を起こしてしまいこれからその家族はどうやって生きていくのか，当初はそんなことは一つも考えられず，ただ紙面の上で殺意はあったのかなかったのか考えてしまっていた。これではいくら『思考力』や『表現力』が身についたとしても模擬裁判をした意味はない」という生徒の感想がある。裁判が「知的ゲーム」に陥らないためにも，人間という存在への深い洞察力，つまり人間を見る豊かな眼差しが要求される。この力や眼差しは「読む(読解)力」に基づくといえる。

また模擬裁判には，普段は傷つかない距離をとった人間関係に慣れている生徒同士が，「模擬」という「笠」を被りながら，日常の「笠」を被った人間関係を壊しかけるくらい本気に闘うしくみが備わっている。学びあう他者を通じて学習者自身が成長していくための「人間が見えてくる」しくみといえよう。授業で熱く闘う，本気で喧嘩することを通じて，普段の人間関係とは異なる他者と関わりながら，生きる力としての判断力が養われるのである。この点も「人間を見る眼差し」に関わることである。論理力や表現力の養成に着目して，模擬裁判をディベートと同じにみなす向きもあるが，他人の人生を背負って考えを巡らし「人間」を深く考える模擬裁判とディベートは，全く異なる言語活動であるといえる。

なお 2020 年のコロナ禍で対面実施の模擬裁判は影響を受けたが，その一方でオンラインによる模擬裁判の実践や研究が進んだ。

2.2　実用的な文章

学習指導要領の改訂により国語科では「現代の国語」という新しい科目ができた。この科目では「実用的な文章」が明確に位置づけられ「3　内容(思考力・判断力・表現力等)」の「B　書くこと」,「C　読むこと」,「4　内容の取扱い」には言語活動例として「実用的な文章」が挙げられている。定義として「一般的には，実社会において，具体的な何かの目的やねらいを達するために書かれた文章のことであり，新聞や広報誌など報道や広報の文章，案内，紹介，連絡，依頼などの文章や手紙のほか，会議や裁判などの記録，報告書，説明書，企画書，提案書などの実務的な文章，法令文，キャッチフレーズ，宣伝の文章などがある。また，インターネット上の様々な文章や電子メールの多くも，実用的な文章の一種と考えることができる」（文部科学省 2019: 96–97）とある。

教材として利用規約などの各種契約書，取扱説明書の他，法律の文章や判決文も考えられる。利用規約でいうとネットショッピングやオンラインゲームアプリ，各種契約書でいうと携帯電話や旅行約款，住居の契約などが身近であろう。消費者金融のテレビ CM も教材になる。法律の文章でいうと SNS での個人情報の取り扱いは現代社会において学んでおくべき対象だろう。このように，社会生活では読書を趣味としていなくとも実用的な文章を読むことの重要性は大きい。

利用規約や契約書を扱う場合，司法書士や消費生活相談員との協働授業が効果的である。授業の流れとしては，①司法書士や消費者相談員業務の紹介，②契約にまつわるクイズ，③利用規約や契約書の文章の読解，④消費者の視点から気付いた不都合な点や問題点のピックアップ，あるいは利用規約の読むべき条項 3 点のピックアップ，⑤利用規約の効果的な読み方の創出あるいは改善点の発表，が一例として挙げられる（ケースによっては③で，大手会社 CM のキャッチコピーや起用する俳優を比較して伝えたいメッセージを読解する方法もある）。望まない契約をしてしまった場合や，親友から頼まれた保証人に関する司法書士会オリジナル寸劇の実演（クレジットカード・デート商法・内職商法・モニター商法・キャッチセールス・アポイントメントセールス・インターネットトラブル・マルチ商法・カードとクレジット・多重債務者問題など），クーリングオフの書き方に沿った契約解除通知書」の完成も組み込むことができる。住居契約の場合，不動産適正取引推進機構編『住宅賃貸借（借家）契約の手引き』がテキストとして最適であり，問題を解きながら実施できて効果的である。授業を協働で行った司法書士は「契約の多くは文章の文言を読み，確認しなければならないにもかかわらず，昨今，大人も含めて文章を読むことに疎くなっている。文章を読み，考えていくという点からは，知識詰め込み型の社会科の授業で行うより，国語の授業の一環として行うほうが向いているのではないだろうか」（西脇 2006: 65）と述べる。

判決文を教材とする授業は，裁判員裁判での判決文を使い，被告人が耳で聴いてもわかる文章に高校生の視点から書き換えるとともに，裁判官作成の判決文を「論理性」「表現力」「わかりやすさ」の観点から評価し，通信簿をつけるという内容である（札埜 2013）。その際法曹三者を招き，専門家と高校生の間でわかりやすい判決文を巡って議論を交わすと良い。この授業は法廷で使うことばを介して専門家と市民がどう歩み寄れるか，裁判(員)制度を根本から支える法のことばのあり方を双方が考える機会となる。国語科の観点から述べると，判決文を通じて「作文力」，「読解力」，「語彙力」，「言語感覚」，「文章力」を養う目標が設定できる。

現代社会では読む力の脆弱な若者が，金銭の支払い方法の多様化も相俟って，悪質商法や金融トラブルに巻き込まれる可能性がある。売買契約や住居契約など誰もが社会生活を営みにあたり何らかの契約を結んで生きているが，その契約に関する大事な知識や情報を知らない現状が未だに存在するといえる。実用的な文章の授業は，誰もが人生の中で直面することを想定しながら「大人になるとはどういうことなのか」を考える「大人になるための国語」だといえる。それは生きていく武器として読むことを改めて認識し，読むスキルを獲得する法言語教育である。

2.3　労働法

社会的に弱い存在である高校生や大学生は，アルバイトで雇用の調整弁として使われたり，就職活動で苦渋を味わうといった現実がある。その背景には生徒や学生が，働く際のルールに無知である点が挙げられる。働く際には労使の間で労働条件通知書が交わされなければならないこと，残業手当は分単位で計算されること，アルバイトにも年休を取得する権利があることなどを知らない生徒・学生がいる。

過労死防止対策推進法(2014 年成立)，働き方改革関連法(2018 年成立)など労働にまつわる法律ができた昨今，関連する法律やルールを読み解く授業は社会的に必要とされる法言語教育であるといえる。この場合社会保険労務士との協働授業が効果を発揮するだろう。中心となる教材は労働条件通知書や給与明細書である。

授業の一例を説明すると，①社会保険労務士の仕事の紹介，②社会保険労務士創作の寸劇シナリオ(アルバイトの応募に来た高校生と店長のやりとり等)の実演，③労働条件通知書の読み方，④労働をめぐる契約の問題に関する具体的事例の紹介，⑤労働の契約をめぐる現代の社会問題への考察，といった流れになる。

授業を受けた生徒の感想と社会保険労務士の回答を紹介しておこう。

「全然知らないことがたくさんありました。労働条件通知書もあるなんて知らなかった。もしずっとこういうことを知らずに働き続けていたらどうなるんだろう。自分が疑問に思ったことがあったら遠慮せずにどんどん聞いてもいいもんなんだと思った」(生徒)

「学校は，わからないことがあったら聞けば先生が教えてくださいますが，社会は，まず，何かあったら相手に聞くより前に，自分で正確な知識を持つことが必要だと思います。根拠を持った上で『私が調べたところこうなんですが，いかがでしょう？』というふうに，相手の立場や気持ちも尊重した上でもっていかないと，せっかくのよいこともうまくいかないこともあります。(中略)法律は権利の上に眠る者を保護しない，ということばがあります。法律があるのに知る努力をしない人には法律は微笑んでくれないのです。何事も面倒臭がらず自分で確かめることが社会に出てからは特に大切です。ただ法律は魔法の杖ではありません。法律を知ると同時に，いつ，どのタイミングで使うか，どのように相手に伝えるか，伝え方・言い方もとても大切なポイントです。相手を尊重した上で工夫しないと，うまくいくものもうまくいかないことだってあります。できればお互いに話し合って納得して解決できればそれに越したことはありません」

(金丸京子社会保険労務士・京都府社会保険労務士会会員)

このようなやりとりから，法律を読み解くだけでなくそれを社会で使うには，適切な言語活動が伴わねばならないといえるだろう(これも「法言語教育」の側面である)。

また，アルバイト先から労働条件通知書をもらうこと，保護者の1週間の労働時間や自身のアルバイトの実態(仕事内容・時給・日給・エピソード)の調査を課題として出し，それらのレポートを教材として読み解く実践も大阪で行われた(例えば，朝日新聞大阪本社朝刊2008年1月23日「知ってる？労働条件通知書」)。入手された通知書には有給休暇欄が空白であったり，就業時間外も働かされているにもかかわらず，「所定時間外労働」欄には「無」の印がついていたりした。こういった実践を通じて，最低賃金以下の時給で高校生を雇っていた企業がそれを改善した例もあり，企業のコンプライアンスを高める効果もあったという。

大阪では高校教員と下川和男弁護士が協同で労働と法に関わる実践や研究を進めてきた蓄積があり，その成果が例えば次のような冊子や書籍となっている(発行年順)。

・法律家と教師で育てる法教育勉強会編(2006, 2008, 2012)『「はたらく」を学ぶ―教師と法律家の協働による授業実践集―』
・井沼淳一郎(2010)『大阪府金融広報委員会平成 20〜21 年度研究指定金融教育＊研究活動報告　いっぱい学んだ！考えた！そして，身につけた！「はたらく・つながる・生きる」ちからを育てる現代社会』
・航薫平(2012)『えーっ！バイト高校生も有給休暇とれるンだって！』フォーラム・A，(2020)『Law ☆ Do―ロウ☆ドゥ』公益財団法人日本教育公務員弘済会平成 31 年度日教弘本部奨励金助成

2.4　文芸作品(文学模擬裁判等)

文学作品を使っての法教育も可能である(落語と民間説話については別節で扱う)。国語科としての目的を外さずに，そこに法教育としての目的が加わる。目的を 2 つにすることで着地点が増え，生徒はその教材からより深く複眼的に学ぶことができる。

国語科で行う模擬裁判を，「国語的模擬裁判」として「模擬裁判を通じて，法の知識や法的思考力に留まらず，人間や社会という不条理な存在を深く考える姿勢を養う模擬裁判」と定義するならば，その中でも文学作品を題材とした模擬裁判を「文学模擬裁判」という(札埜 2022)。ここでいう「文学作品」とは具体的には小説だけでなく，古典(古文・漢文)，随筆，詩，口承文芸，落語，民間説話，演劇等のジャンルを含む。したがって古典作品や民話を模擬裁判として行う場合も「文学模擬裁判」といえる。これまで筆者が教材化した作品，争点等は表 1 のとおりである。ただ，『高瀬舟』のように本文をそのまま裁判で使えるような作品は稀であり，できるだけ本文に作為を加えないよう努めるが，やむを得ず翻案せざるを得ない場合が多い。その場合作品のテーマ性を崩すことなく翻案することになる。

実施できる教科も，国語科すべての科目のみならず，公民科「公共」や「総合的な探究の時間」でも可能である。『高瀬舟』や『羅生門』は英訳もあるので，英語科でもインターナショナルスクールでの「日本語」でも実施できる。校種も問わない。またアメリカにはレンデルセンター(Rendell Center)という，フィラデルフィアのレンデル州判事が代表として設立した組織が，Literature-based Mock Trial(文学模擬裁判)を実践している。

表1　文学模擬裁判の争点一覧

作者・作品名等	裁判の争点	被告・被告人
藤原道綱母『蜻蛉日記』	不貞行為の損害賠償	藤原兼家
森鷗外『高瀬舟』	殺人罪(故意か過失か)	喜助
昔話『浦島太郎』	傷害罪か無罪か	乙姫
芥川龍之介『羅生門』	強盗罪か緊急避難成立か	下人
夏目漱石『こころ』	自殺教唆罪か無罪か	先生
民話『猿の嫁』	殺人未遂か無罪か	夫
芥川龍之介『藪の中』	殺人罪か無罪か	多襄丸
新美南吉『ごんぎつね』	傷害罪(故意か過失か)	兵十
古典落語『河豚鍋』	殺人罪か否か	旦那
古川智映子『土佐堀川』		

(札埜 2023: 70　表5一部改)

模擬裁判ではないが，作品を使った法教育も可能である。お笑いコンビ「麒麟」の1人である田村裕著のベストセラー『ホームレス中学生』(ワニブックス 2007)は，中学生の時一家離散となりその後公園で生活した実録である。その作品を「法律違反にあたる行為を探す」というテーマで読み合う(この実践は大阪の地歴公民科教員と弁護士の協働授業が最初である)。「家族解散宣言は父親による扶養義務放棄にあたる」，「自動販売機下の500円を拾い使ったことは窃盗になる」，「襲撃してきた小学生に石を投げ返したことは暴行罪である」等々の疑問が出てくる。専門家はそれらの疑問に対して解説を加える。そして「書かれてあることを読む」という従来の国語の視点とは異なり，法という視点で読み解くことは「言っていること」と「もとになる証拠」に分けて考えていく思考方法であることを説明する。この方法は生徒にとって非常に新鮮であり，新しい読みの「ものさし」を得ることができる授業になる。

今後法教育として使用できる文学作品を「法文学ライブラリー」として整備していく必要があるだろう。

2.5　古典落語・民話(民間説話)

古典での法教育も可能である。古典落語には「天狗裁き」，「佐々木裁き」，「つぼ算」，「一文笛」など裁判に直接関わっており，つながるような作品が豊富にある。筆者はこれまで「太鼓腹」，「饅頭怖い」，「一文笛」を教材として，落語家と法曹をゲストに招き，高等学校のみならず国語科教員免許取得希望者を対象とした大学の授業で実践してきた。落語家と法曹両者を招くことで，古典と法をミックスしたより豊かな授業を構築できるのである。落語家の実演を鑑賞して，文学的な視点から考えるだけでなく，落語に登場する被告人にあたる人物の罪について議論させた上で，法曹関係者から現代の法律を照らし合わせて考えるとどうなるか解説してもらうのである。題して「ワハハと笑ってウーンと悩む」実践である。例えば「饅頭怖い」であれば，まず漢文で古典落語の基になった「饅頭を畏る」を読解した後，この話が古典落語のもとになっていることから，落語家を招き「饅頭怖い」を鑑賞する。それだけに止まらず，さらに法曹を招いて，騙して饅頭を手に入れた者と饅頭を投げ込んだ長屋の住人たちの罪を，刑事と民事の両面から議論するのである。ねらいとしては「漢文を読む力を養い，古典落語の学習から言語文化への関心を深め，登場人物の心情を汲み取り，法的なものの見方を専門家から学ぶことで，議論を通じて人間や社会への見方を深める」ことになる。一作品を漢文・古文・現代文の三分野に跨って学ぶ「一粒で三度美味しい」欲張りな授業である(札埜 2015)。古典に法のものさしを入れることで人間観と法的判断力の間で揺れながら，人間や社会を見る眼を養う機会となり，対話が豊かになって深い学びへつながっていく。また法教育と関連して，「猫の茶碗」は登場人物の人間の業(ごう)を読解させた上で，消費者市民社会の可否を考える消費者教育教材にもなる。

笑いの文化を持つ大阪では，こういった取り組みが社会教育の現場で実践されてきた。数ある地域寄席の中で最も伝統のある田辺寄席(2023 年 3 月終演)では，裁判員制度が始まる 3 年前(2006 年 9 月)から主宰者である桂文太師匠の発案で，落語の噺をもとに有罪無罪を決める「笑呆亭(しょうほうてい)」という企画を毎回の落語会で実施していた。日本司法支援センター大阪地方事務所(法テラス大阪)でも，広報活動の一環として米朝事務所や大阪弁護士会の協力を得て，2008 年より「法テラス寄席」という取り組みを毎年催している。

古典落語と同じように，民話も教材となる。『桃太郎』は以前より学校教育の現場では「鬼の立場」から読み解くという人権学習が実施されているが，法言語教育の教材としても活用できる。刑事法の視点(石塚 2018)で読み解くと，「川へ洗濯にいく」ことは＜水質汚濁防止法＞，「山へ芝刈りにいく」ことは＜入会権・住居侵入等＞，「桃を拾う」ことは＜遺失物等横領＞，「桃太郎を育てる」ことは＜未成年者略取及び誘拐＞，「鬼をやっつけに行く」ことは＜強盗・強盗致死傷＞，「かぞえ15歳年の決断」は＜責任年齢＞，「さる，とり，いぬの登場」は＜共謀＞，「幸せに暮らしましたとさ…」は＜盗品譲受け等・親族等の間の犯罪に関する特例＞というように，昔話の中の「行為」を現在の＜法律＞で考えることができる。

『桃太郎』の他にも，例えば『浦島太郎』や『かちかち山』など法言語教育に利用できる民話は他にも存在し，それらは小学校でも利用しやすい教材となるだろう。

2.6 憲法

法言語教育というと，裁判員制度を意識した教育を連想しがちだが，裁判員制度自体が憲法に触れるという意見もあるように(2011年11月16日最高裁大法廷は，憲法に違反しないとする判断を示した)，法体系の根本にあたる肝心の憲法そのものについての法言語教育を忘れてはならない。

憲法を教えるというと，前文と9条を扱うだけのイメージが強い。しかし，2007年通常国会で改憲手続法が成立したことにより，将来憲法をどうするか迫られる時が来ることを想定すると，教員は生徒に自分の意見を持てるだけの礎を，身につけさせる必要があるだろう。憲法をどう教えるかは，公民科の教員だけでなく教育に携わる者すべてに関係してくることである。

国語科からもことばに関わる様々なアプローチが可能である。憲法に出てくるわからないことばを抜き出し吟味する。憲法をテーマに多彩な立場の方々のゲストを呼び講演を企画する。憲法9条をめぐってディベートを行う。生存権の学習をした上で憲法25条「すべて国民は，健康で文化的な最低限度の生活を営む権利を有する」という漠然とした条文を，わかりやすく自分のことばに書き換える。憲法をテーマに自分以外の人間にどう考えるかインタビューして一人称書きでまとめる。高校の現代文教材として教科書に収録されている「『である』ことと『する』こと」(丸山1978)を扱って学習を深める，などである。また漢文でも憲法の授業はできる。陶淵明「桃花源記」を読解した上で，理想郷(ユートピア)にある憲法を創造するという実践である(札埜2014)。

以上の方法はすべて筆者が国語科の中で行った実践である。権利・自由・

平等といった憲法の恩恵を普段から受けながら，そのありがたみを実感することがない中，「日本国憲法が自分たちの日常にどのようにかかわっているのか，イメージではなく，実際に手に触れて五感で確かめるように『触感』を感じ」（小牧 2007: 163）て実践することが，憲法に対する判断力を養う上で求められるといえよう。

2.7 主権者教育授業（マニフェスト授業等）

一人前の市民としての資質や技能を育てる教育をシティズンシップ教育という。その視点でいえば法言語教育もシティズンシップ教育である。ここでは主に国語科におけるシティズンシップ教育としてのマニフェスト授業を紹介する。

授業の流れとしては，①思いつく現代日本の課題のピックアップ，②各政党から取り寄せたマニフェストの読み比べ，③仲間と政党づくり，④政党マニフェストづくり，⑤演説会実施，⑥模擬投票，⑦投票結果発表と結果分析，となる。

①については「もし自分が総理大臣になったら何を優先課題としてどう解決するか」という質問に対して答えを考える形でもよい。②については，黒板にマニフェストのパンフレットの表紙を並べて掲示するだけでも写真・服装・キャッチフレーズ・色あいから各政党の思惑が読み取れる（メディアリテラシーを養うことにもつながる）。すべての政策に目を通すことは無理なので「教育政策」に絞って比べることもできる。③では，政党名やポスター，キャッチフレーズを考える。④は①②③の学習成果を生かして，誰にどんなことばを使ってどんなふうに記せばマニフェストとして有効か知恵を絞ることになる。⑤は党首によるスピーチ（演説）を実施し，⑥では地域の選挙管理委員会から本物の投票箱を借りて行う。⑦は投票結果をもとになぜそのような結果になったか分析し，投票という現実の政治行動について考える。国語で取り組む特徴は，②でマニフェストを読む際に，読む「モノサシ」はいったい何か，判断基準を自分で考えるところにある。その判断基準を考えた成果が④に活きてくる。⑦も，自分たちの投票行動を相対視することになり，たとえ架空の選挙であっても実際の選挙に共通する大事な点に気づくことになる。

定番評論教材の「『である』ことと『する』こと」では，それぞれが学問や教養を深めてそれをもとに政治に参加していくことを主張しているが，それを実感として理解させることは難しい。しかしこういったマニフェスト学習を加えることで評論内容について当事者意識を持ち理解することが可能になる。架空の選挙ではなく，現実の選挙に基づいて行うこともできる。公職選挙法の条文を学ぶ学習も加えられる。主権者教育をメインに活動する地域のNPO団体との協働も考えられる。模擬裁判の選挙版であるが，至るところに言語活動が織り込まれている。マニフェストを考えることは漠然とした要求を言語化することになり，それは法のことばを考えることにつながり，国語科の特徴を生かした主権者教育にもなる。

また，広島県大竹市議会選挙で書かれた候補者名の解釈をめぐって，民事裁判にまで発展した事例を教材化し，「一票の重み」や「選挙」の意味を深く考える国語科ならではの実践もある（札埜 2017。「法と教育学会第8回学術大会ポスター発表「主権者教育と民事裁判を兼ねた法教育実践の試み」」）。

3 実践の方法

法言語教育を実践する方法を述べておく。一般的な授業方法として最も効率的なのは一斉講義方式である。この方法は知識獲得には有効であるが，法教育が「法やルールの背景にある価値観や司法制度の機能，意義を考える思考型の教育であること，社会に参加することの重要性を意識付ける社会参加型の教育である」（法教育研究会 2004: 2）以上，限界がある。また知識獲得型授業は「予防司法」教育に陥りやすい。つまり「こういう事態にならないように気をつけましょう」という教育である。それは知識として獲得させるには便利な教育方法であろうが，「思考型」の教育ではない。

したがって授業方法としては意見の交流や議論が重要になる。そうなると座席配置といった教室の物理的環境も考慮に入れなければならない。コの字型のゼミ方式の座席や「学びの共同体」方式（4人グループで話し合う方法等）を取ることなどが考えられる。

また「法」という専門的なことを扱うので，学校の教員だけで授業を創るのではなく，随時専門家と協働していくことが大事である。その場合でも専門家は「教育」のプロではないので，専門家に「丸投げ」することは禁物である。両者が「協働で創っていく」という視点を忘れてはならない。そういう意味で教員は「ディレクター」であり，法律の世界と学校の世界をつなぐ「コーディネーター」であり，生徒から意見を引き出す「ファシリテーター」である意識が求められるだろう。

特別支援学校や福祉型大学(学習を継続したり，社会に出る準備期間としたり，学び直したい思いを持つ，特別支援学校を卒業した生徒を対象とした大学形式の学び場)での法言語教育も忘れてはならない。とりわけことばを噛み砕いてわかりやすく丁寧に使うことが求められる。利用規約も「自分が損しないために読まなければならないルール」,「同意」とは「はい，わかりましたの意味」というように言い換える必要がある。障がいの程度に応じて何ができて，何ができにくいのか確認することから始める必要もある。漫画を教材に使うとしても線の濃さや色の使い方はもとより，セリフの表記(平仮名か漢字か)などを考慮することになる。そのような工夫を凝らして利用規約(ネットショッピングやオンラインゲームアプリ)，SNSのネットリテラシーや個人情報の保護，民話を使った模擬裁判，架空の模擬投票など様々な法言語教育の実践を行うことができた。法言語教育は障がいの有無に関わらず誰にとっても必要な学びである。

4　おわりに

法言語教育について，これまでの実践的研究に基づいて述べてきたが，法のことばそのものの専門的な教育は必要がない。裁判員裁判を何度も担当するベテランの刑事弁護人は，法廷で使うことばについて「大学法学部卒業等を対象にしない，おっちゃんやおばちゃんを説得するという感じでしょうか」(2023年5月12日メールでの回答)と述べる。人生経験を積んできた社会人は，その職業や生活体験を経てその人なりの価値観や自分のことばを培ってきているといえる。前述のように，法教育・国語科教育とも共通するねらいは，生きていく力としての思考力・判断力・表現力・伝える力などを身につけることであるが，何よりも法言語教育で目指すべきは，法的なものの見方や考え方を鍛える文章に接することを通じて「読む力(読み解く力)」力を養うことである。

法言語教育におけるゲストの関わり方について言及しておく。法言語教育のゲスト講師というと法曹三者(裁判官・検察官・弁護士)を思い浮かべるが，法言語教育はすべての人々に関わるゆえ，ゲストは法曹三者にとどまらない。地域社会におけるその道のプロの人々(市民)が，すべて講師であるといえる(実際，筆者はこれまで法曹三者をはじめ，司法書士，社会保険労務士，企業関係者，経営者，法医学者，犯罪被害者の会幹事，マスコミ関係者，劇団員，警察鑑識課職員等多くの社会人と生徒たちを出会わせる機会を作ってきた)。模擬裁判の資料でクリスマスケーキが重要となればケーキ店を訪ねたり，銃を使った犯罪であれば銃砲店に話をうかがったり，毒フグ鍋殺人であればフグ処理師に聴いたり，結婚詐欺であれば犯罪に詳しいノンフィクション作家をゲストに招くことで，混沌とした人間や社会の現実に触れて考えることができる。様々なゲストを招く意図は，学校知に支配された視野の狭い生徒の学びを打破し，学びの内容にリアリティを持たせ，生徒が人間・社会への考えを深め当事者意識を持って主体的に関わる姿勢を築くところにある。また出会わせる対象は「社会の現場」であっても良い。リアルな出会いを通じて生徒は社会の「ゲスト」ではなく，社会の「当事者」という意識を持って「市民」になっていくであろう。

法言語教育は教員が生徒と多様な人々をつなぐ接着剤となり，学校外の世界も巻き込み，ことばを通して広い視野とともに当事者性を持った批判的な深い読み(批判的思考力)や社会的想像力，真正の判断力を涵養(かんよう)し，機会を提供できるシティズンシップ教育である。また「国語」とは「人間」を考え，思想の礎を築く哲学的な要素を持つ教科であるといえる。この教科の特性を考えると，ことばを通じて法というモノサシを使い学び考えたことをもとに「自分はどのように生きて，どう社会に関わり，どう還元していくのか」という，生徒の学びの思想化を手助けする役割を持つといえるだろう。

■ 課題 ■

【復習問題】

(1) 法言語教育とは何かを述べなさい。

(2) 法教育と改訂国語科学習指導要領の関係性についてまとめなさい。

(3) 法言語教育を実践するにあたり有効な授業方法を考えなさい。

【発展問題】

(1) 小・中・高いずれかの校種を想定して，法言語教育のオリジナル授業を考案しなさい。

(2) 小学校・中学校・高等学校の国語の検定教科書から法言語教育として使用できる教材を収集し，1つ選んで学習指導案を作成しなさい。

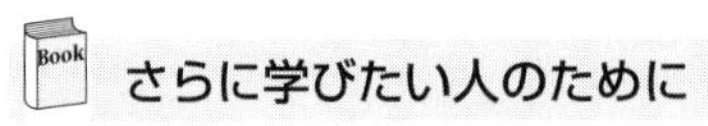

さらに学びたい人のために

■ 法教育研究会(2004)「報告書」法務省大臣官房司法法制部司法法制課
https://www.moj.go.jp/shingi1/kanbou_houkyo_houkoku.html
☞法言語教育を学ぶにあたり，日本の法教育の概要を把握するための基本的な文献である。

■ 土山希美枝編(2018)『裁判員時代の法リテラシー　法情報・法教育の研究と実践』日本評論社
☞裁判員時代の法リテラシーの新機軸として熟慮型及び表現型法教育(模擬裁判など)の研究実践を通じて，新たな展望を示している。

■ 札埜和男(2013)『法廷はことばの教室や！：傍聴センセイ裁判録』大修館書店
☞教育現場での法教育の実際が模擬裁判を中心に書かれていて現場のリアルがわかる。

■ 札埜和男(2014)「高校古典(漢文)における法教育：陶淵明「桃花源記」を使って憲法を考える」法と教育学会『法と教育』5号 pp. 83–93.
☞漢文で憲法を考える実践的研究である。

■ 札埜和男(2015)「漢文「饅頭を畏る」・古典落語「饅頭怖い」を教材とした国語科における法教育の実践的研究」『京都教育大学紀要』126号 pp. 113–123.
☞古典落語を教材とした法言語教育の実践研究である。

■ 札埜和男(2020)「『羅生門』模擬裁判：小説を模擬裁判で読む」京都教育大学『国文学会誌』48号 pp. 23–36
☞芥川龍之介『羅生門』を題材とした文学模擬裁判の具体的な実践的研究である。

■ 札埜和男(2023)「文学模擬裁判の実践より：方法と理念および可能性」法と教育学会『法と教育』13号 pp. 65–74.
☞文学模擬裁判の全体像を知ることができる。

学習室⑭　日本語教育推進法とその問題点

1　日本語教育推進法の基本的構成と問題点

「日本語教育の推進に関する法律（以下，日本語教育推進法）」は2019年6月28日に公布・施行された。その重要なポイントのみを挙げると，まず基本理念として，学習者の状況に応じた日本語教育を受ける機会の最大限の確保や日本語教育の水準の維持向上，外国人児童の家庭教育で使用される言語の重要性への配慮などが規定されている（第3条）。これに対応する形で，基本的施策として，主体別（幼児・児童・生徒，留学生，被用者，難民）の日本語教育，地域での日本語教育のための施策などが列挙されている（第12条〜第26条）。次いで，日本語教育機関の教育水準や教師の能力・資質の向上に関する施策や日本語能力の適切な評価方法の開発等が列挙され，さらに，在留邦人の子等に対する日本語教育の推進についての規定などがある。また，関係行政機関相互の調整を行うための日本語教育推進会議や，日本語学習者をメンバーに含む日本語教育推進関係者会議から意見を聴取するなどの規定がある（第27条〜第28条）。そして制定後の検討事項として，日本語教育機関の類型や範囲，責務，評価制度等が列挙されている（附則第2条）。

本法は理念法で，政府等に具体的な施策義務を負わせるものではなく，国際法上認知されている学習者の言語権を根拠としていない。また上述の基本理念にある，外国人児童の家庭教育で使用される言語の重要性への配慮に対応する基本的施策は示されず，逆に在留邦人の子等に対する日本語教育の推進に関する施策については，対応する基本理念が明記されていないなど，基本理念と基本的施策の間に齟齬がある。ただし，いままでほとんど省みられてこなかった，在留邦人の継承日本語問題について明文で規定されたことは重要である。

2　日本語教育推進法に基づく施策の動向

本法は理念法であるが，基本理念の実施に向けた施策例が具体的に挙げられ，実現に向けた方向性が示されたことは重要であった。例えば，文化審議会国語分科会において日本語教師の資格について審議され，それを受けて日本語教師の資格に関する調査協力者会議で検討され，2021年8月に「日本語教育推進のための仕組みについて（報告）〜日本語教師の資格及び日本語教育機関評価制度〜」がまとめられている。また，「日本語教育の質の維持向上の仕組みに関する有識者会議」では，2022年1月から2023年1月まで8回の会議が開かれた。日本語教育推進会議が2019年から2022年までに3回行われ，同年12月に「日本語教育の更なる充実のための新たな日本語教育法案における連携推進について」がまとめられている。これらの報告書では，多様な関係機関が単独実施の施策だけでなく，複数機関での連携によって実施していく施策もあり，各部署の現行の法律との関係なども含めさらなる課題が出てきている。

日本語教育の質の向上を図る上で，先述の「日本語教育の質の維持向上の仕組みに関する有識者会議」の議論をもとに，2023 年 3 月の第 83 回文化審議会国語分科会では，外国人材受け入れにあたって，CEFR の枠組みを参照した「日本語教育参照枠補遺版の検討に関するワーキンググループの検討状況報告」が作成されている。また，「日本語教育の質の維持向上の仕組みについて（報告）」が公開され，①国による一定の要件を満たす日本語教育機関の認定と②日本語教師の国家資格となる「登録日本語教員」の制度化にあたっての方向性が提示されている。さらに，外国人留学生や就労者等の受け入れ側へのアンケート結果をもとに「留学」「就労」「生活」ごとの人材の育成と環境整備に対する課題が挙げられている。例えば，地域においては，ボランティア頼りであり，就労者を受け入れている企業では，継続的な日本語教育へのサポートやそのための費用負担が難しいとされている。共通の課題としては，それぞれのニーズに合った日本語教育を提供できる人材や教育機関の情報不足や組織的改善の充実を図る仕組みが存在しないことが明らかなっている。ただ，国家資格を整備しても，日本語教師の継続的なキャリア形成の仕組みの整備や人材不足の原因と言われてきた資格や能力に見合った賃金の保障がなければ，人材不足は解消されない。

コロナ禍によって国内日本語学習者は一時的に減少し，日本語教育の土台を支えてきた日本語学校が経営難に陥ったり，大学等の日本語教員養成の現場では，必須とされた日本語教育実習が対面で行えず，「専門的な日本語教育の質を支える人材育成とそのための環境整備」が足踏み状態となったことは否めない。しかし，実習をオンラインで行うという今までにない対応が行われたことにより，今後の人材育成において社会変容に柔軟に対応できる法整備が必要であることが再認識された。ベトナム難民，中国帰国者，介護人材受け入れに伴い，日本語教育の現場は常に待ったなしで法整備の先を進み，柔軟に対応してきた歴史がある。外国人労働者受け入れ問題が検討され，2023 年 11 月には技能実習制度及び特定技能制度の在り方に関する有識者会議の最終報告書において，「特定技能２号」の拡大案と，「技能実習制度」の廃止及び新「育成就労制度」創設案が提出された。このように国内においては外国人を少子高齢化を担う「労働力」として捉える方向が強まっている。コロナ禍だけでなく，自然災害対応，ウクライナ難民受け入れ，入管法改正などが進む中，国内外共に，日本語学習者の学習権や人権保障を基本とした本法の施策実施が急務であり，その運用において柔軟で迅速な対応が望まれる。（岡本能里子・杉本篤史）

第14章

法言語学の成立と展開

大河原眞美・Richard Powell・首藤佐智子

● Keywords ●

法言語学(forensic linguistics)，国際法言語学者学会(International Association of Forensic Linguists)，法律言語学（legilinguistics)，法と言語学会

本章のねらい

最終章の本章では，「法言語学」の起源と研究の動向について解説する。まず，法言語学の発祥の研究について海外から紹介する。日本については，法と言語学会の設立とその後の経緯について述べる。

1 「合理的疑い」があれば，有罪？

まず初めに，法廷クイズといこう。正しい文を選んでみてほしい。

① 合理的な疑いがあるので，被告人は有罪です。

② 合理的な疑いがあるので，被告人は無罪です。

「疑い」ということばがあるので，被告人は犯人に違いないと考えて，「有罪」ということばのある①を選んだ人が多かったのではないだろうか。実は，正解は②なのである。

裁判員裁判で，裁判員が「合理的な疑い」を①のように理解したまま評議に臨んで無罪になるべき被告人が有罪になってしまっては大変と，法曹界では市民にわかりやすい法廷用語に取り組み始めた。このような日常語と法律用語の乖離に法曹界が対応しようと考えた時，日本の法言語学は誕生に向けて胎動を始めたのである。以下欧米諸国・アジア諸国そして日本国内における法言語学の歩みを述べていく。

2 欧米諸国における法言語学の歩み

法言語学という領域がどのようにして確立していったかについて，まずは欧米諸国から見てみよう。

2.1 イギリス

第 3 章でも述べたが，法言語学(forensic linguistics)ということばが最初に登場するのは，1968 年に出版されたスヴァートヴィック(Jan Svartvik)のエヴァンズ報告書(The Evans statements: A case for forensic linguistics)である。1960 年代のイギリスでは，スヴァートヴィックのコーパス分析を始め，捜査や裁判において言語学者や音声学者が専門家として見解を求められるようになった。しかしながら，法言語学や法音声学(forensic phonetics)に関する研究は，従来の言語学関係の学会誌に散発的に載る程度であった。

1990 年代に入ると，これらの研究をまとめて，1 つの領域として構築していく動きが出てきた。まず，1991 年の第 3 回法音声学研究会において，国際法音声学会(International Association of Forensic Phonetics and Acoustics)が設立された。翌年の 1992 年には，ベントレーの自白調書分析によりベントレーの死後特赦に寄与したクータード(Malcolm Coulthard)が，イギリスのバーミング大学で，国際法言語学者協会(International Association of Forensic Linguists)を立ち上げた。これが法言語学の学会の発祥である。

2.2 アメリカ

アメリカでは，1970 年代半ばに，文化人類学者のオバー(William O'Barr)と法学者のコンリー(John Conley)による「法と言語」の学際的なプロジェクトが始まり，1982 年にはリーヴィ(Judith Levi)が「法と言語」に関する文献集を編纂するまでになった。1985 年のアメリカ言語学会夏期研修(LSA Summer Institute)において，「司法手続きにおける言語」という部会が設けられた。これは，アメリカにおける初めての「法と言語」に関する部会で，報告者は，言語学者，社会学者，法学者，人類学者，政治学者，実務家と多岐に渡った。

法言語学分析は，第 3 章のイギリスの事例で紹介した自白調書分析だけではなく説示分析もある。説示とは，裁判官が評議室に入る前の陪審員に適用されるべき法について与える説明である。

1978 年，アメリカのイリノイ州で，23 歳の青年のフリー(James P. Free)は 2 人の女性に対する強姦未遂とそのうちの 1 人を殺害したとして逮捕され，1979 年には死刑が確定した。複雑な州や連邦の裁判所の控訴の手続きの内容については省略するが，フリーの弁護団は，裁判官の説示が陪審員に十分に理解できるものでなかったことを主張した。この説示の理解度について，法学，社会学，心理学，犯罪学，統計学，言語学の専門家が証人として呼ばれた。言語学者のリーヴィは，統語論，意味論，語用論，談話構成からこの説示を分析し，死刑判決という重大な裁判に使われる言語表現として不適切だという結論を出した。

リーヴィは，preclude という語について調査し，これを正しく定義してかつ使うことができたのは，アメリカの一流大学の学生 51 人中 3 人に過ぎないという調査結果から，陪審員にも難解な語であると述べた。次に，If, from your consideration of the evidence, you find that ... の your と you という語は単数と複数の意味があるため，各陪審員の個々の意見を指しているのかあるいは陪審員全員一致の見解を指しているのかが不明であると指摘した。また，リーヴィは，If you unanimously find that there are no mitigating factors sufficient to preclude imposition of the death sentence ... の sufficient という語は何を基準に sufficient なのかがわからないと述べている。

連邦地裁は，リーヴィの分析を採用し，フリーに勝訴を言い渡した。しかし，連邦控訴審では地裁の判決が覆され，結局，フリーは 1995 年に死刑が執行された。フリーは，苗字のように「自由」の身とはならなかったのである。

2.3 オーストラリア

オーストラリアでも，1970 年以降言語学者が専門家証人として出廷するようになったが，数が少ないため，情報交換を積極的に進める動きはなかった。しかし，1989 年には，オーストラリア言語学会(Australian Linguistic Society)にも「法と言語」の部会が設けられるようになった。

1994 年の第 5 回言語と社会心理学大会の「法領域における言語」におけるイエーズ(Diana Eades)の「コミュニケーションにおける文化差に対する司法の認識」という題の報告について紹介したい。

キナ(Robyn Bella Kina)というアボリジニの女性は，白人の内縁の夫から日常的に暴行による虐待を受けていた。1988 年 1 月 20 日，言うことを聞かないキナに腹をたてた夫は，キナの姪に暴行を加えると言ったため，キナは激怒状態に陥り(挑発(provocation))，ナイフで夫を威嚇した。夫は椅子でキナを殴り飛ばそうとしたので，キナは，自分の身を守るために(正当防衛で)持っていたナイフで夫を刺殺してしまった。

1 審の裁判で，キナは弁護士にも刺殺の理由を述べず沈黙を通したため，夫の暴行やキナの正当防衛が明らかにならず，終身刑の判決が下された。ところが，キナは服役中にテレビ局の取材を受けると事件の全貌を明らかにし，ソーシャルワーカーにも心を開いた。控訴審で弁護側は，最初の裁判でキナが沈黙し続けたのは，自分が犯した凶悪な事件について，白人男性の弁護士から，何を，どこで，なぜしたのかと直接的に聞かれたため心を閉ざしたのだと述べた。アボリジニの伝統的な情報収集方式は，通常のことでも間接的に尋ねて情報を得るため，殺人事件において白人の異性から直接に情報を収集する方式では心を開けないという社会言語学の見解を提示したのである。1993年，控訴審は弁護側見解を取り上げ，キナは釈放された。これが，オーストラリアで初めて証拠資料として採用された社会言語学の見解になった。

2.4 ドイツ

ドイツでも，1970年代から言語学者が法廷で専門家見解を述べるようになっていた。ボン大学の言語学者のクニフカ(Hannes Kniffka)は，1973年以降，話者の同定を中心に専門家証人を数多く務め，クニフカの「専門家証人としての言語学者」(Der Linguist als Gutachter bei Gericht)(Kniffka 1997)は，ドイツの法言語学の先駆的研究である。

1990年以降，法言語学研究をまとめる動きが出てきて，ドイツ応用言語学会では，「法言語学」の部門を設けている。1993年には，クータードが立ち上げた国際法言語学者協会の第1回学術大会をボン大学で開催している。

2.5 ポーランド

アダム・ミキヴィッチ大学の言語学研究所では，2006年から毎夏に比較法言語学や司法翻訳や司法通訳の国際法律言語学会(Legilinguistics)を開催している。2010年までは，学会使用言語は，ポーランド語，英語，ドイツ語，ロシア語，フランス語であったが，2011年には，ポーランド語と英語に限定して，この2言語によるセッションが同時並行で行われた。世界の言語学者や法実務家の交流を目的としているため，全体会議の講演者に英語圏以外の研究者を積極的に招待している。特に，2011年以降は，アジアの研究者も加え，世界の法言語の取り組みや課題について意見交換する場を提供している。2009年から2011年までの全体会議の講演者は，以下のとおりである。

2009 年
Olga Burukina（Higher School of Economics，ロシア）
Janet Ainsworth（Seattle University，アメリカ）
Fernando Prieto Ramos（University of Geneva，スイス）
Frank S. Ravitch（Michigan State University，アメリカ）
Irena Szczepankowska（University of Bialymstoku，ポーランド）
Maria Teresa Lizisowa（Academia Pedagogy，ポーランド）
Artur Kubacki（翻訳家，ポーランド）

2010 年
Fernando Prieto Ramos（University of Geneva，スイス）
Maria Teresa Lizisowa（Academia Pedagogy，ポーランド）
Nancy Marder（Kent College of Law，アメリカ）
Jan Engberg（University of Copenhagen，デンマーク）
Artur Kubacki（翻訳家，ポーランド）
Frederic Houbert（翻訳家，フランス）

2011 年
Dennis Kurson（University of Haifa, イスラエル）
大河原眞美（高崎経済大学，日本）
Meizhen Liao（Central China Normal University，中国）

3 アジア諸国における法言語学の歩み

言語学者にとっては，アジア大陸の広範な多言語使用は確かに興味深いものであるが，アフリカやヨーロッパと比較すると，それほど顕著ではない。しかしながら，法と言語学の視点から見ると，アジアの多言語法の広範囲と多様性は研究する価値がある。世界には翻訳なしで複数の言語使用を認める法制度は約 30 件存在するが，その半分以上はアジア地域にある。例えば，多くのインドの州では，ヒンディー語か英語とともに，公式地域言語でも法規を敷いて裁判を行う。スリランカでは，法廷言語の選択は裁判所の地理的位置及び司法的階層により決められる。マレーシアの判決文は，様々な審理段階で使用された言語や引用された判例文の言語に応じて，2 言語で作成される場合もある。多法域主義（Multijuralism）もアジア地域，特に東南アジアでは比較的に多く，同一政治体内の異なるコミュニティに対してパラレルの紛争解決に関しては伝統的に多言語法を用いることもある。例えば，マレーシアのサラワク州では，連邦裁判所は主に英語を使用し，イスラム裁判所は主にマレー語を使用し，そして慣習法のアダット裁判所は主に先住民のオーストロネシア語族の言語を使用している。

広範な多言語主義と堅固な多法主義は，法制度が植民地の起源を持つこととともに，フィリピン（Gonzalez 1996），マレーシア（Zubaidah 2002）及び他の地域においての法言語関係の初期研究が言語計画から生まれたという背景が理由になるだろう。一部の研究では，地位計画に焦点を当てながら，教育や官僚領域と並んで法的領域を言語ナショナリズムの主要な目標として挙げている。一方，スリランカ（Gunasekera 1996），香港（Cheung 1997）マレーシア（Mashudi 1994, Zaiton & Ramlah 1994, Powell 2004）やインド（Jayaram & Rajyashree 2000）に基づいた研究ではコーパス計画の視点を採用して，法的コミュニケーションでほとんど使用されていなかった言語用の専門用語創出を分析した。植民地時代に依存した法律用語と同様に包括的なコーパスはあまり発展したと言えないのに，多くのアジア地域のポスト植民地法律制度ではコーパス計画の進展は現在，勢いを失っている兆候がある。注目すべき点としてティモール・レステ［東チモール］を初め一部の地域では，法律用語の語彙創出はまだ初期段階にあるという事が挙げられる（Powell 2011）。

東南アジアを中心に，法的ディスコースの分析も比較的長い歴史がある。マレーシアでは，単一言語での法廷言語の分析が行われる位一方で（Baskaran 1995, Noraini 2007），一部の研究（David 2003, Powell 2008a）では，二言語法的ディスコースに注目が集まっており。弁護士，裁判官，さらには証人が，様々なコミュニケーション戦略を実施する中で言語を切り替えることが明らかになった。戦略的コードスイッチングは，マレーシアのイスラム裁判（Sharifah 1995, Azirah & Richard 2011）及びマレーシアで開催される仲裁（Powell & Azirah 2011）でも研究されている。香港（Ng 2009, Leung 2012）やパキスタンとスリランカ（Powell 2008b）においても二言語法廷ディスコースの法的影響に関する研究も行われている。これらの分析の多くはより強力な言語とより弱い言語との闘争の研究の枠組みを適用するが，パキスタンのある研究（Siddique 2010）では貧困や腐敗などの非言語的要素が言語的要素よりも正当性の判断に大きな影響を与える可能性に注目した。

法的翻訳及び通訳も比較的確立された研究領域である。20年前，マレーシアの法廷通訳制度の分析として，裁判所所属の翻訳者向けの調査では，職場業務を支える研修機会や報酬は不十分であることが明らかになった（Zubaidah 2002）。同国の言語多様性の多い地域で実施された研究では，裁判所通訳の不足に対策として中継通訳の使用もしいる（Rodziah 2004）。香港の司法通訳に関する最近の包括的な調査でも，報酬の低さやキャリアとしての不安定さについて議論されている（Zubaidah 2002）。同意研究では，英語，広東語と北京語を理解している（あるいはそう思われる）裁判官，弁護士，証人の多い裁判で通訳者が直面する課題が議論されている。香港の法制度が広東語にシフトし始めてから25年経過した今でも，英語の権力はまだ継続しているが，本書では英語の威信と裁判所で英語を使用する多くの人々の英語能力不足とのミスマッチ，そしてそれに伴う法的な影響が議論されている。

アジアにおいては，著者の特定，詐欺の検知，警察とのコミュニケーションなど，言語学者が法執行機関と協力して行う法言語学の中核分野に関する研究はまだ比較的少ないと言える。しかし，最近のいくつかの研究からは，この方向への動きがある可能性が示唆されている。フィリピンでは，地元の言語での口頭報告とその警察による英語で書面報告という問題が調査されている（Ng 2018）。

隣国のインドネシアでは，いくつかの大学（特にバンダル・ランプンを含む）は，警察の協力により，法的音韻論に基づいた音声証拠特定や証人及び容疑者の尋問改善などの問題（Servano 2020）に取り組んでいる。

アジアの法言語学発展は，この地域で開催される国際会議の増加によっても恩恵を受けている。例えば，2008年の広州で開催された国際法言語学会議，2009年の香港での法記号学の国際ラウンドテーブル，2012年のマレーシアでの国際法言語学者学会（IAFL）地域会議，そして2015年に広州での同学会の世界会議開催。2023年7月IAFL（現在IAFLL）世界会議はフィリピンで開催された。

4 日本国内の法言語学の歩み

4.1 法言語学の胎動

ヨーロッパやアメリカやオーストラリアでは，法言語学という新領域が着実に確立されてきた。筆者（大河原眞美）は，1994年のイエーズの報告により，法言語学という領域が存在することを知ったが，日本において法言語学が誕生するには，さらに15年を要した。この15年に関しての詳細は，「法言語学の成立と学会の誕生」（橋内2009）を参照いただきたい。

法言語学は，他の学際領域と異なった難しさがある。まず，司法領域のことばについては，法律家自身が法言語の専門家という自負があることである。さらに，法曹界の極めて閉鎖的な体質がある。また，社会的文脈を考慮しないチョムスキーの理論言語学が長い間主流にあったという日本の言語学界の実情もある。司法領域の実務家に言語学の有用性が理解されていないため，当然のことながら，取調調書や説示の言語分析の法曹界からの依頼などはなかった。法曹界からの生の資料が提供されない中でできる興味深い法言語学の研究として，商標分析が言語学者の関心を集めるようになった。このため，日本の初期の法言語学研究は，本書の第9章にも紹介されている商標研究である。法曹界とのつながりがないため，法実務から乖離していたことは否めないが，商標研究を通しての言語学者の交流が，日本の法言語学会の誕生につながった。

スナックシャネルの商標事件について新聞で関心を持ち，分析をしていた大河原と，東京大学先端科学技術研究センター（当時）で知的財産権に関する研究（ウォークマン事件，大森林事件等）を行っていた首藤佐智子と，談話分析の観点から法言語学に関心を持った橋内武で，2004年5月の日本法社会学会学術大会で「法と言語の交錯」というテーマでミニシンポジウムを設けた。報告内容は，「商標問題における類似性判断における言語学的分析の寄与」（首藤佐智子），「法領域における言語学の競合的側面」（大河原眞美），「談話分析と言語分析」（橋内武）であった。

聴衆に，司法領域の言語使用に関し認知科学，経験科学としての言語学研究を行ってきた堀田秀吾がいたことから，法と言語研究会がこの4人で始まり，同年7月に第1回の法と言語研究会を開いた。奇しくも，2004年5月は，「裁判員の参加する刑事裁判に関する法律」が成立した時でもあった。裁判員法成立を契機に，日弁連では裁判員制度実施本部が設けられ，大河原や堀田は，外部学識委員として加わることになった。初めて法曹界から要請のある研究に携わることになった。

大河原が外部学識委員を務めた「法廷用語日常語化に関するプロジェクト」では，弁護士委員7人の他に7人の外部学識委員から構成されていた。外部学識委員は，刑事法研究者，法言語学者，国語学者，社会心理学者，エグゼティブ・アナウンサーや解説委員からなる。日弁連のプロジェクトに非法律家が委員として関与するのは，日弁連のみならず法曹界では初めての試みであった。それだけ，市民の理解度を重要視していたのであろう。

「法廷用語日常語化に関するプロジェクト」は，2004年6月に開始し，2005年11月に中間報告書を公表し，広く意見を募った。それらを踏まえて，2007年12月まで37回の会合を重ね，その結果は，三省堂から弁護士用として『裁判員時代の法廷用語』，市民向けに『裁判員のための法廷用語ハンドブック』にまとめてある。

4.2 司法通訳

司法領域のことばを扱う研究でも，司法通訳は，当初から法曹界の要請に応えての研究であった。なぜならば，外国人が当事者となっている事件では，通訳の協力なしには審理は不可能である。とは言っても，司法通訳の本格的な言語学研究となると，実質的には2005年頃からと，その歴史は意外にも新しいのである(Mizuno 2006)。

司法通訳も，外国人入国者数及び犯罪が増加した1980年代後半は，外国人労働者問題の一環としての社会学者の研究対象であった。1992年になると，日本司法通訳人協会が設置され，法廷通訳の資質向上のための研修が行われるようになった。2000年には日本通訳学会(のちに日本通訳翻訳学会と改称)が設置された。同学会コミュニティ通訳分科会の水野真木子，中村幸子，吉田理加は，模擬法廷での言語分析をするチームを立ち上げ，裁判員裁判に対応した通訳研究を行っている。

覚せい剤を密輸したとして覚せい剤取締法違反の罪を問われ，1審の判決で懲役9年，罰金350万円の有罪判決が下されたベニース事件では，水野真木子，中村幸子，首藤佐智子，大河原眞美が1審の通訳に誤訳があったという鑑定書を控訴審に提出した。ベニース事件は控訴棄却となったが，水野の鑑定書は採用されている。司法通訳の研究者が，メルボルン事件，ニック・ベイカー事件と，様々な事件に積極的に取り組んできたことが評価されたためであろう。詳しくは，第5章 司法通訳を参照。

4.3 法と言語学会の設立

2007年9月には，水野真木子と中村幸子も「法と言語研究会」に加わり，2009年1月まで研究会を6回ほど開催した。研究発表内容は，司法通訳に関しては，ニック・ベイカー事件やメルボルン事件の通訳問題，警察の通訳体制，取調べの通訳，コーパスを利用した通訳付きの裁判員模擬法廷のデータ分析，そしてアメリカの司法通訳の倫理などである。法言語学では，模擬評議の計量言語学的分析，市民と法律家の認識の差異に関する研究，おとり捜査における違法性認識の司法判断，米軍の陪審員裁判研究，2ヵ国語法律制度，法律家からの言語分析に対する見解など多岐に亘っている。

「法と言語研究会」の開催を通して，日本の「法と言語学会」(JALL)の設立の機もいよいよ熟してきた。2009年5月21日に裁判員制度が施行される直前の5月17日に「法と言語学会」の設立総会が明治大学駿河台校舎で開催された。基調講演には，元国際法言語学者学会(IAFL)会長のギボンズ(John Gibbons)が，「裁判員制度と法言語学 ― 若干の問題提起」という題で，ハリデー流のレジスター分析から日本の法言語学の研究課題を示した報告を行った。「法と言語学会」の研究対象は，司法の言語，司法通訳における言語使用，司法翻訳，言語権・言語法，ことばの犯罪，ことばの証拠，司法コミュニケーションの諸問題，法言語教育，法言語学史の9領域である。

「法と言語学会」は，これまで毎年12月に年次大会が開催されている。

2011年9月18日には，日本の法言語学では初めての国際シンポジウムを京都ガーデンパレスで開催した。同シンポジウムは，日本学術振興会科学研究費補助金・新学術領域研究「裁判員裁判における言語使用と判断への影響の学融的研究」(研究代表者：堀田秀吾)の研究活動の一環である。

なお，学会のプログラムの詳細は，http://jall.jpn.org/ をご覧いただきたい。

4.4 コロナ禍での法と言語学会

2019年第11回年次大会までは，順調に大会や研究例会が開催されていたが，2020年からの学会活動は，4月に予定された研究例会が中止になるなど新型コロナ感染拡大により大きな制約を受けるようになった。

「コロナ禍での学会活動」には，次の5つの特徴があった。

①通常の対面開催が不可能になり，当初は学会開催自体が中止になった。
②オンライン（ZOOM）またはハイブリッドによる開催が行われた。
③本学会の国際的人脈を生かして，海外の研究者が来日せずに講演や研究発表が行われるようになった。例えば，講演では中根育子氏（2020年度年次大会），Evan Ng氏（2021年度年次大会）などである。
④対面開催にあった参加者同士の雑談や懇親会ができなくなったこと。

4.5 学会誌『法と言語』

法と言語学会の学会誌『法と言語』は，中村幸子編集委員長の下で2013年に創刊された。ワインレッドの表紙が高雅な印象を与えた。中村はその後第3号の編集責任者でもあったが，第4号の編集過程にあって病に倒れた。

第2号（2014年），第4号（2018年），第5号（2020年）は首藤佐智子の手で編集が進められた。その後，コロナ禍による物価高騰と本学会財政の緊縮化の要請を鑑み，2022年刊行の第6号より電子版に切り替えられた。

2013年から2022年までの10年間に全6号という刊行状況は，会員数50人前後の小学会としては，致しかないことではある。

これまで掲載された論文を領域別に整理してみると，次の点が判明する。
①司法通訳における言語使用6本，②司法通訳4本，③法言語教育3本，④ことばの犯罪2本，⑤司法の言語2本，⑥言語権1本

このことから，本学会の会員の間では，司法通訳への関心が高いことがわかる。それに対して，ことばの証拠に関する論文がほとんどないことに気付く。そのことは，欧米の司法界のように，裁判の録画が公開されていないことが起因していると思われる。

5 法言語学の今後の展望

法言語学は，法曹界や捜査機関との関係がなくては成り立たない研究分野である。よって，法言語学は，こういった司法界の要請に応えるべき研究を遂行するように務めなければならない。しかし，法曹三者のいずれかではなく，法曹界全体の要請に応える研究を目指すべきである。法言語分析は，捜査機関を持っていない弁護士側から依頼されることが多い。また，中立的な研究結果であっても，一方の当事者の偏った解釈をされる恐れもある。誰が行っても同じような結果が出る再現性の高い実証的研究を追究すべきであ

る。法言語学は，法律家にとっての暗黙知である司法言語を，法曹のみならず市民にもわかりやすく提示することによって，成熟した市民社会の形成に貢献する学問である。

注　本章は，3 節を Powell，4.5 節を首藤，それ以外は大河原が執筆した。

■ **課題** ■

1. 法実務家に対して言語学の専門的知見を示す場合に予想される困難な点を挙げなさい。
2. 法言語学者 Diana Eades の次の名句を読み，①その表意（言内の意味）と②推意（言外の意味）は何か答えなさい。

   Linguistic and sociolinguistic methods are rightly called scientific ... 〔but〕 legal professionals ... think of us as unscientific because we cannot be as dogmatic as other sciences. (Eades 1994)

さらに学びたい人のために

■ 大河原眞美（1998）「法言語学の胎動」『法社会学の新地平』（日本法社会学会編）pp. 226–236，有斐閣.

☞欧米の法言語学の紹介から法言語学という領域を解説した，最初の法言語学論文である。言語学の学会ではなく，「日本法社会学会」の創立 50 周年の記念出版物の「法領域」部門で掲載されていることが，「法言語学」という学問領域の揺籃（ようらん）期の「居場所」として興味深い。

■ 橋内 武（2009）「法言語学の成立と学会の誕生 ― 法と言語　学会設立の背景と経緯」桃山学院大学『国際文化論集』第 40 号.

☞ 2009 年の「法と言語学会」の設立に因んで，その経緯について詳細に述べた論文である。新しい学問の成立という観点から，「法と言語学会」の誕生を解説している。

■ 渡辺 修・水野真木子・長尾ひろみ（2004）『司法通訳 ― Q&A で学ぶ通訳現場』松柏社.

☞司法通訳人のために，刑事法学者と法廷通訳のプロが，刑事手続きや刑事裁判関連用語や職業倫理についてわかりやすく解説している。司法通訳に直接に関係のない人にとっても，刑法関連用語の解説が役に立つ。

学習室⑮　日本手話と手話言語条例・法

1. モーダリティから日本の言語を見る

日本には，世界の様々な国と同様に話し言葉に相当する一次言語は，大きく分けて 2 つ存在する。ここで言う一次言語とは最もわかりやすく言えば，赤ん坊が最初に学ぶ言語という意味である。大多数の人たち（マジョリティ）にとっては，音声言語がそれに相当し，日本語をはじめ英語であったり，ロシア語やタガログ語であったりする。

しかしここで多くの人たちが気づかないままでいるのがもうひとつの言語，手指言語である。手指言語はろう者（耳が聞こえない人たち）によって用いられており，生まれたばかりの赤ん坊の耳が聞こえていても，聞こえていなくても親がろうで（耳が聞こえなくて）子どもに手話で話しかけていた場合には，その赤ん坊の母語になる。実際，手指言語にも音声言語同様に喃語（赤ん坊の「ばばば」のような発語しやすい非常に初期の語）があり，手の開閉や身体への複数回の接触などが後に大人と同様な手話に発達するものであることが研究によって知られている。ただ，手話を母語として育つ赤ん坊は数としては大変に少なく，彼らは言語的マイノリティということになる。またろうの親を持つ耳が聞こえる赤ん坊で手指言語を母語として育った人たちは，コーダ（CODA, Children of Deaf Adults）として知られており，彼らの中には手話通訳者として活躍している人たちもいる。こうした音声言語 / 手指言語という区別は，その言語を発するとき，また理解するときに用いられるのが，咽頭なのか手指なのか，また聴覚なのか視覚なのかという言語の伝達経路が違うという区別でもある。これを言語のモードが違うという意味で，モーダリティということもある。

2. コードの違いと日本手話 / 手指日本語

一方，モーダリティだけが言語の違いを私たちに教えてくれるわけではない。日本語と英語，ロシア語などが異なるのは，モーダリティは同じなのに文法が異なるためである。これらは一見して，書記言語も異なるが，重要なのは書記言語以前に文法（伝達形式，コード）の違いがあることである。異なるコードを持っているため，文字に書かれなくても言語としては別のものだと認識されるわけである。これは音声言語の中での各言語の違いについて言えることであるが，手指言語についても同様である。手指言語は世界で共通なのではなく，国や地域によって異なる。さらに言うと社会階層等様々な要因ごとに違っていることも研究によって知られている。そして日本で一般に「手話」として理解されているものには，実はコードが異なる２つの手指言語がある。

ひとつは，コードが音声日本語に準じたものであり，音声日本語の言語知識を既に持っている人たちが音声を発する代わりに手指によるサインを音声言語のコードに沿って並べたもので，これは手指日本語（日本語対応手話）と呼ばれている。音声日本語をまず獲得した後に失聴した中途失聴者や音声日本語を獲得できた難聴者が用いる手指言語も手指日本語であることが多い。

一方，自然言語として手話を第一言語として獲得したろう者たちによって用いられているもうひとつの言語が，音声日本語と異なる文法を持つ手指言語で，こちらは日本手話と呼ばれている。音声日本語と異なる文法体系を持ち，基本語順こそ音声日本語と同じ SOV であるが，文末にさらに S が加わることも多い他，何，何処といった疑問詞は音声日本語のように文頭ではなく，文末に来る。形容詞が名詞の後に来ることも多く，音声日本語とは異なる語順を一部で持つ。

3. 手話言語条例・法と日本手話

だが，残念なことに手指言語について，世間では手指日本語も日本手話も一緒だと誤解して「手話」と呼ばれているのが日本の現状である。そして様々な耳が聞こえない人たちへの配慮として「手話」サービスを充実させれば良いと，全部ひとまとめにした「手話言語条例」が全国各地の自治体で成立されている。既に述べたように手指日本語と日本手話は英語と日本語が違うように互いにコードが異なる言語である。基本語順が似ているという意味では，やはり基本語順の似た韓国語と日本語が違うのと似ていると言っても良いかもしれない。しかし，書記言語のように両方の違いを際立たせるものがないため，手が動くという意味で両方とも同じような仲間だとマジョリティからみなされる。その結果，そうしたマジョリティの理解の上に立った「手話言語条例」では，両言語が併記されることはあってもどちらも同じ「手話」として，それらを自治体で支援しようという条例が全国で次々と制定されている。おまけに耳が聞こえない当事者の団体が音頭を取って条例制定運動が展開されているため，各自治体の議会も耳が聞こえない「障害者」の支援になると思い賛成に回っている。当事者団体は全国津々浦々での運動の成果として，その数を誇り，次の目標として「手話言語法」という国レベルの法律の策定を掲げている。

しかしながら，こうした「手話言語条例」や「手話言語法」という法令は手指言語というマイノリティ言語を十把一絡げにしたものであり，果たして当事者たちに幸福をもたらすか疑問である。こうしたまとめ方が言語のコードの違いを丁寧に取り扱っていないために，これはマジョリティから見て手指日本語としてまとめられるものを「手話」と再度，定義してしまうことの強化になっていることに私たちは気づかねばならない。それのみならず，下図のような音声日本語と手指日本語という 2 つの言語による日本手話への圧力につながってしまう。つまり，日本手話話者にとっては，「手話言語条例」や「手話言語法」は，彼らの言語への支援どころか，より強化された圧力にしかなっていないのである。

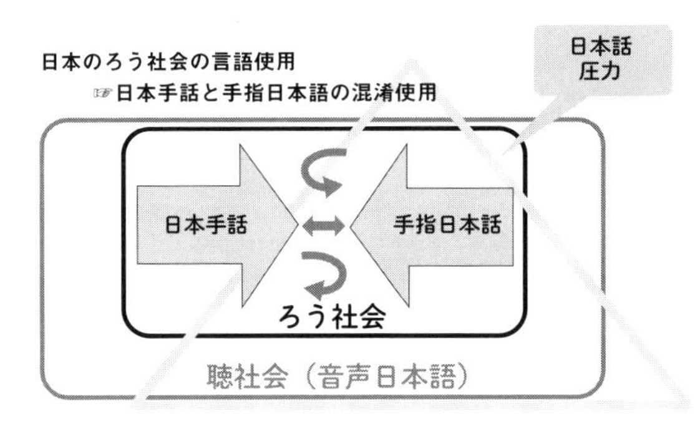

（森 壮也）

終章
法と言語 まとめ

橋内 武

1 はじめに

『法と言語－法言語学へのいざない』も終わりに近づいた。ここで，これまで学んだことを振り返ってみよう。狭義の法言語学は主に裁判(訴訟)を言語学の立場から分析・考察する学際的な学問である。「法と言語」と呼ばれる広義の法言語学はより広い視野から両者の関係を考える分野である。以下，この分野の要点を復習する。

2 法言語へのいざない(第 1 部)

法とは第一に「法律」のこと。その文章は素人には難解である。では，法律の用語と文体にはどのような特徴があるのか。第 1 章「法律のことば」では，その問いに実際の法律用語と条文から例を引きながら明快に答える。ところで，日本国憲法は，内容・構成・憲法に特徴的であるのは興味深い(第 2 章「日本国憲法のことば」)。なお，らい予防法による強制隔離政策は，憲法の保障する基本的人権の侵害であった(学習室③)。

法は「司法過程」を指すこともある。その中核を担うのが裁判である。そこで読者はまず裁判用語と判決文について読み解かなければなるまい(第 3 章「裁判のことば」)。2009 年(平成 21 年)5 月からは裁判員裁判制度が実施された。それには法令用語と法令文の市民化が要請される(学習室⑤)。市民が裁判員として裁判に関わるのであるから，私たちもそのしくみを知っておく必要があるだろう。ここでは，裁判官と裁判員のコミュニケーションの傾向について，制度実施前に試みられた模擬裁判の評議をもとに報告した(第 4 章「裁判員裁判」)。通訳人を介して裁判が進行する場合には，司法通訳(狭義には，法廷通訳)の正確さと公正さが問われる。この問いに答えるのが，法廷通訳の言語使用に関する研究(第 5 章「司法通訳」)である。裁判に関しては，地域語・方言との関係(学習室④)のみならず法廷通訳人の資格・研修制度(学習室⑥)についても知っておきたい。

3 法言語学の課題(第2部)

第2部「法言語学の課題」では，司法過程(訴訟)で争われる事柄が扱われる。第1に，「ことばの犯罪」である。これには，脅迫・詐欺(第6章)，偽証・名誉毀損(第7章)などが含まれる。これらは刑事訴訟で扱われる。ゆえに，容疑者の捜査が公正であるかどうかが問題となるだろう。

第2に，「ことばの証拠」である。それには，筆者同定(剽窃・捏造)・話者同定(誘拐)といった事柄が刑事訴訟における証拠固めに用いられる(第8章)。民事訴訟においては，商標権を侵害したかどうかで争われることがある。これが商標の類否と識別力(第9章)である。併せて，不当表示防止と製造物責任の観点から，製品の表示と注意書きについて論じられる(学習室⑨)。裁判においてこれまで医学鑑定(DNA鑑定・責任能力鑑定など)や心理学鑑定(目撃証言の信用性鑑定など)が必要に応じて行われてきたが，今後は言語学者による鑑定(コミュニケーションの証拠)も活用されるべきだろう(学習室⑩)。

第3に，「ことばの誤解」である。訴訟によっては意味内容の解釈をめぐって争われる(第10章)。これこそ言語学的議論に類するものである。

第4に，「ことばによる誤解」。与えられた刺激語によって目撃証言の記憶がゆれるという仮説が，言語心理学的実験によって実証されている(第11章)。関連して，「子どもの目撃証言」の特徴を把握した(学習室⑫)。

4 法と言語と社会(第3部)

第3部「法と言語と社会」では，より広い視野から法と言語の問題を取り上げる。自らの言語(特に母語)をめぐって，その使用が強制されず，供述を拒否できる権利が「黙秘権」(学習室⑪)であるのに対して，それを自由に使える権利が「言語権」(第12章)である。言語権は「言語法」の成立に影響し，国内(または国家連合)における少数言語や手話の法的地位が政策課題となる。学習室⑧⑬⑭⑮では，ヘイトスピーチ解消法，先住民族の言語権，日本語教育推進法，日本手話と手話言語条例等について学んだ。

第5章で取り上げた司法通訳は音声言語を訳すものであるのに対して，「法務翻訳」は書記言語を訳すものである。前者の現場は主に法廷であり，後者の現場は主に法務翻訳の事務所にある。それゆえ，全く性格の異なる営みである。法務翻訳には条約の翻訳から商取引における契約書の翻訳まであるが，改訂版では割愛した。

法言語学は言語教育に応用することもできる。私たちの立場からすれば，法教育は「法言語教育」である(第13章)。つまり，法的なものの考え方を身につけるための言語教育の実践であり，これぞ法教育の要である。国語教育では，裁判傍聴・模擬裁判，実用文や文芸作品などの教材化が考えられる。

第14章では「法言語学の歩み」を振り返り，その現状を確認した上で，今後の動向を占った。なお，学習室①「語学の達人と言語学者」にしても，学習室⑦「裁判官・検察官・弁護士」にしても，各々の職業人についての誤った思い込みを取り払うことができただろう。

以上，「法と言語―法言語学へのいざない」(全14回)の全講義と学習室についてまとめた。これまでの学びがみなさんの糧になるよう祈って，閉講の辞とする。

■ 課題 ■

1. 次の法律用語について簡潔に説明しなさい。
   ① 目撃証言　② 評議　③ 言語権　④ 契約書
2. 次の言語学用語について定義づけ，その例を挙げなさい。
   ① ことばの機能　② 地域語・方言　③ 法助動詞　④ 手話言語
3. 司法の言語に関する研究において，法律家と言語学者ではどのような違いが認められるか。特定の事例を用いて考察しなさい。

参照文献

<外国語>

Adelswärd, V., Aronsson, K., Jönsson, L., & Linell, P. (1987). The unequal distribution of interactional space: Dominance and control in courtroom interaction. *Text 7*(4), 313–346.

Agar, M. (1985). Institutional discourse. *Text 5*(3), 147–168.

Austin, J. L. (1962). *How to do things with words*. Oxford: Oxford University Press. (坂本百大訳 (1978)『言語と行為』大修館書店.)

Azirah Hashim, & Powell, R. (2011). Questioning in Syariah Courts: Contrasts and comparisons with common law. *Paper presented at 10th International Forensic Linguistics Conference*, Aston University, July 11.

Baskaran, L. (1995). Rules of Speaking in court proceedings. In Zainab Abdul Majid and Loga Baskaran (Eds.) *Rules of speaking: Verbal interactions at play* (pp. 167–180). Kuala Lumpur: Pelanduk Publications.

Beebe, B. (2008). The semiotic account of trademark doctrine and trademark culture. In G. B. Dinwoodie & M. D. Janis (Eds.), *Trademark law and theory: A handbook of contemporary research* (pp. 42–64). Cheltenham: Edward Elgar Publishing.

Berk-Seligson, S. (2002). *The bilingual courtroom*. Chicago: The University of Chicago Press.

Brown, P., & Levinson, S. C. (1987). *Politeness: Some universals in language usage.* Cambridge: Cambridge University Press.

Butters, R. R. (2008). Trademarks and other Proprietary Terms. In J. Gibbons & M. T. Turell (Eds.), *Dimensions of forensic linguistics* (pp. 231–248). Amsterdam: John Benjamins.

Butters, R. R. (2010). Trademarks: Language that one owns. In R. M. Coulthard & A. Johnson (Eds.), *The Routledge handbook of forensic linguistics* (pp. 351–364). Abingdon and New York: Routledge.

Cheung, A. (1997). Towards a bilingual legal system: The development of Chinese legal language. *Loyola of Los Angeles International and Comparative Law Review*, 315.

Clankie, S. M. (2002). *A theory of genericization on brand name change.* Lewiston: E. Mellen.

Coulthard, M. (1994a). On the use of corpora in the analysis of forensic texts. *Forensic Linguistics: The International Journal of Speech, Language, and the Law, 1*(1), 27–43.

Coulthard, M. (1994b). Powerful evidence for the defence: An exercise in forensic discouse analysis. In J. Gibbons (Ed.), *Language and the law* (pp. 414–427). Harlow: Longman.

Coulthard, M., & Johnson, A. (Eds.). (2010). *The Routledge handbook of forensic linguistics*. New York: Routledge.

Drew, P., & Heritage J. (1992). *Talk at work: Interaction in institutional settings.* Cambridge: Cambridge University Press.

David, M. K. (2003). Role and functions of code-switching in Malaysian courtrooms.

Multilingua, 22(1), 5–20.

Dian Dia-an Muniroh (2021). Addressing the gap between principles and practices in police interviewing in Indonesia. *Journal of Police and Criminal Psychology, 37*, 312–324.

Folsom, R. H., & Teply, L. L. (1980). Trademarked generic words. *Yale Law Journal, 89*(7), 1323–1359.

Fox, G. (1993). A comparison of 'policespeak' and 'normalspeak': a preliminary study. G. Fox, J.M. Sinclair, M. Hoey, G. Fox (Eds.), *Techniques of description: Spoken and written discourse* (pp. 183–195). London: Routledge.

French, P. (2007). Caller on the line: An illustrated introduction to the work of a forensic speech scientist. *Medico-Legal Journal, 75*(3), 83–96.

Gibbons, J. (Ed.)(1994). *Language and the law.* London and New York: Longman.

Gibbons, J. (1996). Distortions of the police interview process revealed by video-tape. *Forensic Linguistics, 3*(2), 289–298.

Gibbons, J. (2003). *Forensic linguistics: An introduction to language in the justice system.* Oxford: Blackwell.

Gibbons, J. (2004). Language and the law. In A. Davies & C. Elder (Eds.), *The handbook of applied linguistics* (pp. 285–303). Oxford: Blackwell.

Goffman, E. (1967). *Interaction ritual: Essays on face-to-face behavior*. New York: Anchor Books.

Gonzalez, A. (1996). Incongruity between the language of law and the language of court proceedings: The Philippine experience. *Language & Communication, 16*(3), 229–234.

Grant, T. (2022). *The idea of progress in forensic authorship analysis.* Cambridge: Cambridge University Press.

Grice, H. P. (1975). Logic and conversation. In P. Cole, & J. L. Morgan (Eds.), *Syntax and semantics, Vol. 3. Speech acts* (pp. 41–58). New York: Academic Press.

Gunasekera, R. (1996). National language policy in Sri Lanka, 1956–1996: Three studies in its implementation. *Occasional Papers: International Centre for Ethnic Studies 6.*

Hale, S. B.(2004). *The discourse of court interpreting.* Amsterdam/Philadelphia:John Benjamins.

Hale, S., Goodman-Delahunty, J., Martschuk, N., & Lim, J. (2022). Does interpreter location make a difference? A study of remote vs face-to-face interpreting in simulated police interviews. *Interpreting, 24*(2), 221–253.

Hay, J., & Plag, I. (2004). What constrains possible suffix combinations? On the interaction of grammatical and processing restrictions in derivational morphology. *Natural Language & Linguistic Theory, 22*(3), 565–596.

Hilpert, M. (2014). *Construction grammar and its application to English*. Edinburgh: Edinburgh University Press.

Horn, L. R., & Ward, G. (Eds.).(2006). *The handbook of pragmatics*. Oxford: Blackwell.

Hotta, S. (2006a). Functions of language in trademarks. *Ritsumeikan Law Review, 23*, 1–19.

Hotta, S. (2006b). A linguistic exploration of foreign terms in trademarks. In Y. Gendreau (Ed.), *Intellectual property: Bridging aesthetics and economics — Propriete intellectuelle:*

Entre l'art et l'argent (pp. 207–231). Montreal: Editions Themis.
Hotta, S. (2007). Morphosyntactic structure of Japanese trademarks and their distinctiveness: A new model for linguistic analysis of trademarks. In B. Lewandowska-Tomaszczyk (Series Ed.) & K. Kredens, & S. Gozdz-Roszkowski (Vol. Eds.), *Lodz studies in language. Vol. 16. Language and the law: International outlooks* (pp. 379–392). New York: Peter Lang.
Hotta, S. & Fujita, M. (2012). The psycholinguistic basis of distinctiveness in trademark law. In P. M. Tiersma, & L. M. Solan (Eds.), *The Oxford handbook of language and law* (pp. 478–486). New York: Oxford University Press.
Inoue, K. (1991). *MacArthur's Japanese constitution: A linguistic and cultural study of its making*. Chicago: University of Chicago Press.
Itakura, H. (2001). Describing conversational dominance. *Journal of Pragmatics*, *33*, 1859–1880.
Jakobson, R. (1960). Closing statement: Linguistics and poetics. In T. Sebeok (Ed.), *Style in language* (pp. 350–377). Cambridge, MA: MIT Press.
Jayaram, B. D., & Rajyashree K. S. (2000). *State official language policy implementation*. Mysore: Central Institute of Indian Languages.
Johnson, A. (1997). Textual kidnapping: A case of plagiarism among three student texts. *International Journal of Speech, Language, and the Law*, *4*(2), 210–225.
Kassin S. M., Tubb, V. A., Hosch, H. M., & Memon, A. (2001). On the "general acceptance" of eyewitness testimony research. *American Psychologist, 56*, 405–416.
Kniffka, H. (1997). Der Linguist als Gutachter bei Gericht. *Kriminalistik, 8*, 484–488.
Kniffka, H. (2007). *Working in language and law*. Basingstoke: Palgrave Macmillan.
Lee, J., et al. (2023). "Do Language Models Plagiarize?." arXiv preprint arXiv:2203.07618 (2022).
Lentine, G., & Shuy, R. W. (1990). Mc-: Meaning in the marketplace. *American Speech, 65*(4), 349–366.
Leung, J. (2012). Judicial discourse in Cantonese courtrooms in postcolonial Hong Kong: the judge as godfather, scholar, educator and scolding parent. *The International Journal of Speech, Language and the Law*, *19*(2), 239–261.
Levi, J. (2007). *Linguistics, language, and law: A topical biography*. Indiana University Linguistics Club.
Loftus, E. F. (1974). Reconstructive memory: The incredible eyewitness. *Psychology Today, 8*, 116–119.
Loftus, E. F., & Palmer, J. C. (1974). Reconstruction of automobile destruction: An example of the interaction between language and memory. *Journal of Verbal Learning & Verbal Behavior*, *13*, 585–589.
Mashudi Kader (1994). Peristilahan Undang-Undang [法律用語]. In Nik Safiah Karim and Faiza Tamby Chik (eds.), *Bahasa dan Undang-Undang* (pp. 81–91). Kuala Lumpur: Dewan Bahasa dan Pustaka.
Matoesian, G. M. (2010). Multimodality and forensic linguistics: Multimodal aspects of victim's narrative in direct examination. In R. M. Coulthard & A. Johnson (Eds.), *The*

Routledge handbook of forensic linguistics (pp. 541–557). Abingdon and New York: Routledge.

Mellinkoff, D. (2004). *The language of the law*. Resource Publications.

Mizuno, M. (2006). The history of community interpreting studies in Japan. *Linguistica Antverpiensia, 5,* 69–79.

Mori, S., & Sugimoto, A. (2019). Progress and problems in the campaign for sign language recognition in Japan. In M. D. Meulder, J. J. Murray and R. L. McKee (Eds.), *The legal recognition of sign languages: Advocacy and outcomes around the world*. Clevedon, UK: Multilingual Matters.

Ng, Eva (2018). *Common law in an uncommon courtroom*. Amsterdam/Philadelphie: John Benjamins.

Ng Kwai Hang (2009). *The common law in two voices: Language, law and the postcolonial dilemma in Hong Kong*. Stanford University Press.

Nini, A. (2023). *A theory of linguistic individuality for authorship analysis*. Cambridge: Cambridge University Press.

Noraini Ibrahim (2007). Building a credible and believable narrative: The role of direct examination in expert witness testimony. *Journal of Language Teaching, Linguistics and Literature*, *13*, 143–172.

Olsson, J. (2008). *Forensic linguistics*, Second edtion. New York: Continuum.

Olsson, J. (2009). *Word crime: Solving crime through forensic linguistics*. New York: Continuum.

Powell, R. (2004). Terminological creation and language shift in Malaysia's legal system. *Current Issues in Language Planning*, *5*(3), 109–130.

Powell, R. (2008a). *Motivations for language choice in Malaysian courtrooms and implications for language planning*. Kuala Lumpur: Universiti Malaya.

Powell, R. (2008b). Bilingual courtrooms: In the interests of justice? In J. Gibbons & M.Teresa Turrell (Eds.). *Dimensions of Forensic Linguistics* (pp. 131–159). Amsterdam: John Benjamins.

Powell, R. (2011). Challenges facing the construction of a vernacular legal system in Timor Leste/Timor Lorosae. Paper presented at panel on 'Language shift in postcolonial law: comparing East Asian policies and practices. *Law and Society Annual Conference*, San Francisco, June, 2011.

Powell, R. & Azirah Hashim (2011). Language disadvantage in Malaysian litigation and arbitration. *World Englishes*, *30*(1), 92–105.

Rodziah Matled (2004). Rape and constitutional law on trial. In Zubaidah, Alnian, Fauziah, Lohanayadu and Rajesway (Eds.) *Language, Linguistics and the Real World, vol II: Language Practice in the Workplace. Selected papers from the First International Conference on Language, Linguistics and the Real World, Kuala Lumpur, 2002*.

Searle, J. (1969). *Speech acts: An essay in the phisophy of language*. Cambridge: Cambridge University Press.

Servano, E. C. (2020). Modal shift and ideational shift: An analysis of English transcriptions of Cebuano oral complaints by the Philippines police.『法と言語学会年次大会』, Dec 12, 2020.

Sharifah Zaleha Syed Hassan (1995). The divorce proceedings as a patron-client discourse context. In Zainab Abdul Majid and Loga Baskaran (Eds.), *Rules of speaking: Verbal interactions at play* (pp. 182–192). Kuala Lumpur: Pelanduk Publications.

Shudo, S. (2004). Trademark distinctiveness in a global context. In S. K. Verma & R. Mittal. (Eds.), *Intellectual property rights: A global vision* (pp. 374–384). New Delhi: Indian Law Institute.

Shuy, R. W. (1993). *Language crimes: The use and abuse of language evidence in the courtroom*. Oxford, UK: Blackwell.

Shuy, R. W. (1998). Warning Labels: Language, Law, and Comprehensibility. *American Speech*, *65*, 291–303.

Shuy, R. W. (2002). *Linguistic battles in trademark disputes*. Houndsmill: Palgrave Macmillan.

Shuy, R. W. (2008). *Fighting over words*. New York: Oxford University Press.

Shuy, R. W. (2010). *The language of defamation cases*. Oxford: Oxford University Press.

Siddique, Osama. (2010). Law in practice: The Lahore District courts litigants survey (2010–2011) *DPRC Working Papers*, Development Policy Research Centre, Lahore University of Management Sciences.

Sinclair, J. (1991). *Corpus, concordance, collocation.* Oxford: Oxford University Press.

Solan, L., & Tiersma, P. (2005). *Speaking of crime: The language of criminal justice*. Chicago: University of Chicago Press.

Sperber, D., & Wilson, D. (1995). *Relevance: Communication and cognition*, second edtion. Oxford: Blackwell. (内田聖二他訳(1999).『関連性理論 — 伝達と認知』第2版 研究社.)

Stubbs, M. (1996). *Text and corpus analysis: Computer-assisted studies of language and culture*. Oxford: Blackwell.

Susanto, S., & Nanda, D. S. (2021). Analysing forensic speaker verification by utilizing artificial neural network. *Advances in Social Science, Education and Humanities Research, volume 622* (Proceedings of the International Congress of Indonesian Linguistics Society, 2021).

ten Have, P. (1991). Talk and institution: A reconsideration of the 'asymmetry' of doctor-patient interaction. In D. Boden & D. H. Zimmerman (Eds.), *Talk and social structure: Studies in ethnomethodology and conversation analysis* (pp. 138–163). Berkeley: University of California Press.

Tiersma, P. M. (1987). The language of defamation. *Texas Law Review, 66*, 303–350.

Tiersma, P. M. (1990). The language of perjury: "Literal truth," ambiguity, and the false statement requirement. *Southern California Law Review, 63*, 373–431.

Tiersma, P. M. (1993). The judge as linguist. *Loyola of Los Angeles Law Review*, *27*(1), 269–284.

Tiersma, P. M. (1999). *Legal language*. Chicago: The University of Chicago Press.

Tiersma, P. M. (2002). The Language and Law of Product Warnings. In Janet Cotterill (Ed.), *Language in the legal process* (pp. 54–71). New York: Palgrave MacMillan.

Tiersma, P. M. (2004). Did Clinton lie?: Defining "sexual relations." *Chicago-Kent Law Review, 97,* 927–957.

UN Human Rights Council (2020). Education, language and the human rights of minorities, Report of the Special Rapporteur on minority issues. https://undocs.org/A/HRC/43/47

Van Djik, T. (1987). *Communicating racism: Ethnic prejudice in thought and talk*. Newbury Park, CA: Sage.

Wilson, D. (2009). Paralles and differences in the treatment of metaphor. *Studies in Pragmatics, 11,* 42–60.

Wilson, D., & Sperber, D. (2004). Relevance Theory. In L. Horn & G. Ward (Eds.), *The handbook of pragmatics* (pp. 607–632). Oxford: Blackwell.

Wodak, R. (1988). Wie über Juden geredet wird: Textlinguistische analyse öffentlichen sprachgebrauchs in den Medien im Österreich des Jahres 1986. *Journal fur Sozialforschung, 28*(1), 117–136.

Zaiton Ab. Rahman, & Ramlah Muhamad (1994). Penterjemahan karya undang-undang [法律著作物の翻訳]. Nik Safiah Karim and Faiza Tamby Chik (Eds.), *Bahasa dan Undang-Undang*, 113–121. Kuala Lumpur: Dewan Bahasa dan Pustaka.

Zipf, G. K. (1935). *The psychobiology of language: An introduction to dynamic philology*. Boston: Houghton Mifflin.

Zubaidah Ibrahim (2002). *Court interpreting in Malaysia in relation to language planning and policy*. Unpublished doctoral thesis, Universiti Malaya.

＜日本語＞

朝日新聞(2008)「知ってる？労働条件通知書」2008 年 1 月 23 日朝刊．朝日新聞大阪本社.

安斎育郎(2005)『だます心　だまされる心』岩波書店.

安藤貞雄(2005)『現代英文法講義』開拓社.

庵 功雄・岩田一成・佐藤琢三・柳田直美(編)(2019)『〈やさしい日本語〉と多文化共生』ココ出版.

井口 茂・吉田利宏(2010)『判例を学ぶ：判例学習入門(新版)』法学書院.

井上由里子(2008)「普通名称性の立証とアンケート調査：アメリカでの議論を素材に」『知的財産法政策学研究』20, 235–263.

井上由里子・五所万実（2022）「標識関係訴訟における《需要者アンケート》(2)：「普通名称化」に関する実証研究」『知的財産法政策学研究』64, 197–241.

石黒 圭（2016）「わかりやすい文章表現の条件」野村雅昭・木村義之(編)『わかりやすい日本語』(pp. 141–152). くろしお出版.

石塚伸一(2018)「近代市民法成立と桃太郎の大罪」土山希美枝(編著)『裁判員時代の法リテラシー　法情報・法教育の理論と実践』(pp. 271–285)日本評論社.

石部尚登(2011)『ベルギーの言語政策：方言と公用語』大阪大学出版会.

厳島行雄・仲真紀子・原 聰(2003)『目撃証言の心理学』北大路書房.

稲垣みどり・細川英雄・金 泰明・杉本篤史(編著)(2022)『共生社会のためのことばの教育：自由・幸福・対話・市民性』明石書店.

稲賀敬二・竹盛天雄他(2007)『新訂国語総合古典編』第一学習社.
イノウエ，キョウコ(1994)『マッカーサーの日本国憲法』（古関彰一監訳・五十嵐雅子訳）桐原書店.
魚住和晃(2005)『筆跡鑑定ハンドブック』三省堂.
NHK スペシャル職業 "詐欺" 取材班(2009)『職業 "振り込め詐欺"』ディスカヴァー・トゥエンティワン.
大河原眞美(2002)「類似商標裁判の言語学的分析：スナックシャネル事件」『地域政策研究』（高崎経済大学地域政策学会）4(3), 29–39.
大河原眞美(2004)「商標類否裁判：ゴールデンホース事件」『産業研究』（高崎経済大学附属産業研究所）39(2), 49–59.
大河原眞美(2005)「不正競争行為禁止請求事件における店名の言語学的分析」『法社会学』52, 186–193.
大河原眞美(2008)『市民から見た裁判員制度』明石書店.
大河原眞美(2009)『裁判おもしろ言語学』大修館書店.
大河原眞美・西口元（2019）「民法の重要法律用語の市民の理解度について」『法と社会研究』4, 65–88. 信山社出版.
大谷泰照・杉谷眞佐子・脇田博文・橋内 武・林 桂子・三好康子(2010)『EU の言語教育政策：日本の外国語教育への示唆』くろしお出版.
岡山県（2021）『障害のある人の安全安心な消費生活支援ネットワーク事業報告書』岡山県県民生活部くらし安全安心課.
梶木 壽・寺脇一峰・稲川龍也(編著)(2006)『新捜査書類全集　第 4 巻　取調べ』立花書房.
金子 宏・新堂幸司・平井宣雄(2008)『法律学小辞典』有斐閣.
上村圭介（2020）「日本言語政策学会における言語政策研究：『言語政策』1 号～ 15 号」『言語政策』16, 53–67.
上村圭介(2022)「政策課題から政策決定へ：政策プロセスと政策主体の問題」JALP 特別セミナー資料（オンライン）
関東弁護士連合会(編)(2002)『法教育：21 世紀を生きる子どもたちのために』現代人文社.
ギボンズ，ジョン(2013)『法言語学入門：司法制度におけることば』（鶴田知佳子・中村幸子・中根育子・水野真木子共訳）. 東京外国語大学出版会.
京都府（2020）『京都発　未来をつくる授業への扉　消費者市民社会をめざして 京都府消費者教育推進校事業　授業事例集』京都府消費生活安全センター（消費者教育推進校事業／京都府ホームページ　pref.kyoto.jp 参照）
金 尚均（2017）『差別表現の法的規制：排除社会へのプレリュードとしてのヘイト・スピーチ』法律文化社.
金 明哲(2009)『テキストデータの統計科学入門』岩波書店.
久野 暲(1978)『談話の文法』大修館書店.
黒田 航（2008）「言語学とは何か？また何であるべきか？：異端的研究者の見解」<http://www.hi.h.kyoto-u.ac.jp/~kkuroda/papers/my-view-of-linguistics.pdf> 2023.5.29 参照 .

呉人恵(編)(2011)『日本の危機言語：言語・方言の多様性と独自性』北海道大学出版会.
警察庁(2023)「SOS47 特殊詐欺対策ページ」<https://www.npa.go.jp/bureau/safetylife/sos47/> 2023.5.1 参照.
警視庁(2021)「特殊詐欺とは」<https://www.keishicho.metro.tokyo.lg.jp/kurashi/tokushu/furikome/index.html>> 2023.6.16 参照.
言語権研究会(編)(1999)『ことばへの権利：言語権とはなにか』三元社.
小池生夫・井出祥子・河野守夫・鈴木博・田中春美・田辺洋二・水谷修(編)(2003)『応用言語学事典』研究社.
国民生活センター(2010)「「国民生活相談センター」からの架空請求に応じないで！」< http://www.kokusen.go.jp/news/data/n-20101228_1.html ＞ 2012.2.25 参照.
国立ハンセン病資料館(編)(2021)『ハンセン病問題関連法令資料集（増補改訂版）』国立ハンセン病資料館.
小嶋 勇監修・全国ろう児をもつ親の会(編)(2004)『ろう教育と言語権：ろう児の人権救済申立の全容』明石書店.
五所万実（2021）「商標言語学の試み：類否判断における認知言語学的考察」山梨正明(編)『認知言語学論考 No. 15』(pp. 181–212) ひつじ書房.
後藤昭監修・日本弁護士連合会 裁判員制度実施本部 法廷用語の日常語化に関するプロジェクトチーム(編)(2008)『裁判員時代の法廷用語』三省堂.
小牧美江(2007)「司法書士として伝えたい日本国憲法の『触感』」渡辺治・佐藤功・竹内常一『今こそ学校で憲法を語ろう』(pp. 157–165) 青木書店.
最高検察庁(2009)「裁判員裁判における検察の基本方針」< http://www.kensatsu.go.jp/saiban_in/img/kihonhoushin.pdf >2011.1.10 参照.
最高裁判所事務総局(2012)「これから少額訴訟制度を利用しようとする方へ」＜ http://www.courts.go.jp/saiban/wadai/1902/index.html ＞ 2012.2.25 参照.
佐柄木俊郎・塩野宏・津野修・松尾浩也（1997）「法を市民に近づけるために〈座談会〉」，松尾浩也・塩野宏(編著)『立法の平易化：わかりやすい法律のために』(pp. 284–315). 信山社出版.
真田信治・庄司博史編（2005）『事典 日本の多言語社会』明石書店.
真田信治編著（2011）『日本語ライブラリー 方言学』朝倉書店.
参議院法制局「法律の現代語化・平易化」https://houseikyoku.sangiin.go.jp/column/column003.htm (2023.05.17).
静岡県警察(2012)「振り込め詐欺の被害に遭わないために 実録！生音声！」＜http: //www.police.pref.shizuoka.jp/bouhan/furikome/oreore.htm ＞ 2012.2.25 参照.
渋谷謙次郎(編)(2005)『欧州諸国の言語法：欧州統合と多言語主義』三元社.
渋谷謙次郎・小嶋勇(2007)『言語権の理論と実践』三元社.
司法制度改革審議会（2001）『司法制度改革審議会意見書：21 世紀の日本を支える司法制度』
首藤佐智子(2005)「商標の普通名称化問題における言語学的論点：ウォークマン事件を題材に」『社会言語科学』7(2), 14–24.
首藤佐智子(2010)「言語学による事実認定の可能性：商標裁判における類否判断への寄与」『人文論集』(早稲田大学法学会) 196–218.

新村 出（編）（2008）『広辞苑　第 6 版』岩波書店.
菅原郁夫・サトウタツヤ・黒沢 香（編）（2005）『法と心理学のフロンティア 第 2 巻』北大路書房.
杉本篤史（2019）「日本の国内法制と言語権：国際法上の言語権概念を国内法へ受容するための条件と課題」『社会言語科学』22（1）, 47–60.
杉本篤史（2020）「憲法学と言語権・言語政策論：研究動向と課題」『社会言語学』XX, 21–41.
杉本篤史（2020）「『日本語教育推進法案』の法的意義と課題：その制定過程の分析と施行後の状況から」『社会言語学』別冊 III, 93–118.
鈴木敏和（2000）『言語権の構造：英米法圏を中心として』成文社.
鈴木大介（2015）『老人喰い』筑摩書房.
高嶋由布子（2020）「危機言語としての日本手話」『国立国語研究所論集』18, 121–148.
高嶋由布子・杉本篤史（2020）「人工内耳時代の言語権：ろう・難聴児の言語剥奪を防ぐには」『言語政策』16, 1–28.
田崎 基（2022）『特殊詐欺』筑摩書房.
田尻英三・大津由紀雄（編）（2010）『日本の言語政策を問う！』ひつじ書房.
多田文明（2006）『なぜ，詐欺師の話に耳を傾けてしまうのか？』彩図社.
田中英夫（編）（1991）『英米法辞典』東京大学出版会.
田中成行（2005）『法学入門』有斐閣.
田村 裕（2007）『ホームレス中学生』ワニブックス.
田村善之（2012）「普通名称と記述的表示：独占適応性欠如型アプローチと出所識別力欠如型アプローチの相剋」『知的財産法政策学研究』37, 151–193.
茶園成樹（編）（2018）『商標法〔第 2 版〕』有斐閣.
辻 大介（2021）『ネット社会と民主主義』有斐閣.
津田 守・日本通訳翻訳学会（2008）『法務通訳翻訳という仕事』大阪大学出版会.
東京書籍『新編現代文』編集委員会（2005）「契約の文章」小町谷照彦（監修）『新編現代文』（pp. 182–184）東京書籍.
特許庁（編）（2020）『商標審査基準〔第 15 版〕』発明推進協会.
特許庁（編）（2022）『工業所有権法（産業財産権法）逐条解説〔第 22 版〕』発明推進協会
中川慎二・河村克俊編著（2021）『インターネットとヘイトスピーチ：法と言語の視点から』明石書店.
中島和子（2017）「継承語ベースのマルチリテラシー教育：米国・カナダ・EU のこれまでの歩みと日本の現状」『母語・継承語・バイリンガル教育（MHB）研究』13, 1–32.
永田浩三（編著）（2018）『フェイクと憎悪』大月書店.
仲 真紀子（2016）『子どもへの司法面接：考え方・進め方とトレーニング』有斐閣.
中村一成（2014）『ルポ朝鮮学校襲撃事件：＜ヘイトクライム＞に抗して』岩波書店.
中村幸子・水野真木子（2009）「第 2 回模擬法廷の言語分析：法廷における語彙選択に関する言語学的問題と法的意味」『通訳翻訳研究』9, 33–54.
中村幸子・水野真木子（2010）「法廷実験：模擬裁判員の心証形成に及ぼす通訳の影響」『裁判員裁判における言語使用に関する統計を用いた研究』（統計数理研究所共同

研究リポート 237), 53–66.
中村秩祥子(2009)「振り込め詐欺被害における受け手の解釈プロセス：架空請求書の場合」三宅和子・佐竹秀雄・竹野谷みゆき(編)『メディアとことば 4』(pp. 128–155) ひつじ書房.
西田公昭(2009)『だましの手口』PHP 研究所.
西脇正博(2006)「国語の授業と法教育：国語教師と司法書士のコラボレーション授業」『市民と法』38, 64–65.
日本経済新聞(2011)「振り込め詐欺で女性 1300 万円被害」2011 年 2 月 20 日. 日本経済新聞社.
日本弁護士連合会裁判員制度実施本部 法廷用語の日常語化に関するプロジェクトチーム(2008)『やさしく読み解く裁判員のための法廷用語ハンドブック』三省堂.
橋内 武(1997)「談話分析の基礎と応用(20)シャーロック・ホームズの言語学：法言語学」『現代英語教育』1997 年 11 月号, 45–47.
橋内 武(1999)『ディスコース：談話の織りなす世界』くろしお出版.
橋内 武(2009)「法言語学の成立と学会の誕生：法と言語　学会設立の背景と経緯」『国際文化論集』40, 67–95. 桃山学院大学.
橋内 武(2012)「言語権・言語法：言語政策の観点から」『国際文化論集』(桃山学院大学) 45, 97–114.
橋内 武(2018)「ヘイトスピーチの法と言語」『社会言語科学』20(2), 3–18.
秦 かおり・佐藤 彰・岡本能里子(編)(2020)『メディアとことば 5　特集　政治とメディア』ひつじ書房.
原 秀成(2004)『日本国憲法制定の系譜 1　戦争終結まで』日本評論社.
浜辺陽一郎(2005)『名誉起訴裁判　言論はどう裁かれるのか』平凡社.
林 大・碧海純一(編)(1981)『法と日本語』有斐閣.
韓 娥凜(2021)「ヘイトスピーチに見られる「言葉のお守り」」名嶋義直(編著)『リスクコミュニケーション：排除の言説から共生の対話へ』(pp. 101–142) 明石書店.
日名子 暁(2005)『「オレオレ」事件簿』廣済堂出版.
日名子 暁(2009)『振り込め詐欺師の正体』廣済堂出版.
平田 丞(2020)「消費者教育×国語科教育：障がいのある人に向けた教材制作と授業実践」国民生活センター『国民生活』91, 25–26.
藤田政博(2008)『司法への市民参加の可能性：日本の陪審制度・裁判員制度の実証的研究』有斐閣.
札埜和男 (2009)「法廷における方言的ことば」『社会言語学 IX』213–231.
札埜和男 (2012)「法廷における方言：『臨床ことば学』の立場から」和泉書院
札埜和男(2013)「裁判員裁判の判決文を教材とした国語科における法教育」『京都教育大学紀要』122, 111–123.
札埜和男(2014)「高校古典(漢文)における法教育：陶淵明『桃花源記』を使って憲法を考える」『法と教育』5, 83–93.
札埜和男(2015)「漢文『饅頭を畏る』・古典落語『饅頭怖い』を教材とした国語科における法教育の実践的研究」『京都教育大学紀要』126, 113–123.
札埜和男 (2016)「当事者性をはぐくむ国語教育のアイディア」おまかせ HR 研究会『こ

れならできる主権者教育　実践アイディア&プラン』学事出版
札埜和男（2022）「回顧と展望：文学模擬裁判の実践的研究」龍谷大学『人間・科学・宗教総合研究センター研究紀要』2021, 37–48.
札埜和男（2023）「文学模擬裁判の実践より：方法と理念および可能性」『法と教育』13, 65–74.
法教育研究会（2004）「報告書　我が国における法教育の普及・発展を目指して：新たな時代の自由かつ公平な社会の担い手をはぐくむために」法務省大臣官房司法法制部司法法制課.
法令用語研究会（編）（2006）『法律用語事典 第3版』有斐閣.
堀田秀吾（2004）「商標の言語学的分析の一例：言語学的分析から何が見えるか」『立命館法學』293, 91–126.
堀田秀吾（2010）『法コンテクストの言語理論』ひつじ書房.
堀田秀吾（2011）「テキストマイニングによる判決文の分析」『明治大学法学部創立130周年記念論文集』450–472.
松下竜一（1980）『豊前環境権裁判』日本評論社.
丸山絵美子（2010）「裁判例における「設計上の欠陥」と「指示・警告上の欠陥」」『名古屋大學法政論集』237, 285–302.
丸山真男（1978）『日本の思想』岩波書店.
水野真木子（2008）『コミュニティー通訳入門』大阪教育図書.
水野真木子・内藤 稔（2015）『コミュニティ通訳』みすず書房.
三井 誠・曽根威彦・吉岡一男・町野 朔・中森喜彦・西田典之（編）（2003）『刑事法辞典』信山社.
無藤 隆・森 敏昭・遠藤由美・玉瀬耕治（2004）『心理学』有斐閣.
村上直久（編）（2009）『EU情報事典』大修館書店.
メルボルン事件弁護団（編）（2012）『メルボルン事件　個人通報の記録：国際自由権規約第一選択議定書に基づく申立』現代人文社.
師岡康子（2013）『ヘイトスピーチとは何か』岩波新書.
文部科学省（2019）『高等学校学習指導要領（平成30年告示）解説　国語編』東洋館出版社.
安井 稔（1971）『変形文法の輪郭』大修館書店.
山川和彦（編）（2020）『観光言語を考える』くろしお出版.
山田隆司（2009）『名誉毀損　表現の自由をめぐる攻防』岩波書店.
渡辺 修・長尾ひろみ・水野真木子（2004）『司法通訳：Q&Aで学ぶ通訳現場』松柏社.
渡辺 修・水野真木子・中村幸子（2010）『実践司法通訳』現代人文社.
渡辺 修・水野真木子・林 智樹（2017）『聴覚障害者と裁判員裁判：DVD教材で学ぶ法廷手話』松柏社.
渡辺昭一（2005）『犯罪者プロファイリング：犯罪を科学する警察の情報分析技術』角川書店.
航 薫平（2012）『えーっ！バイト高校生も有給とれるンだって！』フォーラム・A

索引

A

あ

い

う

お

か

き

く

け

こ

さ

し

す

せ

そ

た

ち

つ

執筆者紹介

五十音順，氏名・所属（専門分野）…執筆分担

橋内 武（はしうち たけし）　桃山学院大学名誉教授............. 編者／序章，第12 章，学習室①②③⑧

堀田秀吾（ほった しゅうご）　明治大学法学部教授 .... 編者／第 2 章，第 4 章，学習室⑨

編者の専門分野等詳細は次ページに記載

◆ ◆ ◆ ◆ ◆ ◆

大河原眞美（おおかわら まみ）　高崎経済大学名誉教授（法言語学）・群馬県労働委員会公益委員・前橋家庭裁判所調停委員 .... 第 1 章，第 3 章，第 14 章，学習室⑦

岡本能里子（おかもと のりこ）　東京国際大学国際関係学部教授（日本語教育学・社会言語学）.. 学習室⑭

五所万実（ごしょ まみ）　目白大学外国語学部英米語学科専任講師（社会言語学・法言語学）.. 第 9 章

首藤佐智子（しゅどう さちこ）　早稲田大学法学学術院教授（語用論・法言語学）..... 第 10 章，第 14 章

杉本篤史（すぎもと あつぶみ）　東京国際大学国際関係学部教授（言語法学）...................... 学習室⑬⑭

寺井悠人（てらい ゆうと）　大阪大学大学院言語文化研究科博士課程（社会言語学）……学習室⑤

仲 真紀子（なか まきこ）　理化学研究所理事・立命館大学招聘研究教授・北海道大学名誉教授（法と心理学）.. 学習室⑫

中村幸子（なかむら さちこ）　元愛知学院大学文学部教授（司法通訳研究）............................... 第 5 章

中村秩祥子（なかむら ちさこ）　龍谷大学非常勤講師（英語学・語用論）...................................... 第 6 章

中根育子（なかね いくこ）　メルボルン大学 Associate Professor（法言語学）.......... 第 7 章，学習室⑩

藤田政博（ふじた まさひろ）　関西大学社会学部教授（法心理学）.. 第 11 章

札埜和男（ふだの かずお）　龍谷大学文学部准教授（国語科教育・方言学・法教育）............................. 第 13 章，学習室④

水野真木子（みずの まきこ）　金城学院大学文学部教授（司法通訳研究）................第 5 章，学習室⑥

森 壮也（もり そうや）　JETRO アジア経済研究所新領域研究センター主任研究員・早稲田大学非常勤講師（手話言語学）.. 学習室⑮

渡辺 修（わたなべ おさむ）　甲南大学名誉教授（刑事訴訟法）・弁護士.............................. 学習室⑪

John Gibbons　モナシュ大学文学部 Ajunct Professor（法言語学）.................. 学習室⑩

Richard Powell　日本大学経済学部教授（機能言語学・法言語学）..................... 第 14 章

橋内　武（はしうち たけし）

1944 年東京生まれ。青山学院大学大学院文学研究科博士課程中退（文学修士）。ノートルダム清心女子大学文学部教授・桃山学院大学国際教養学部教授を経て，2014 年 4 月より桃山学院大学名誉教授。英語学と社会言語学から出発して，談話分析・英語教育・言語政策・法と言語に関心を持つ。著書に，『パラグラフ・ライティング入門』（研究社, 1995 年），『ディスコース――談話の織りなす世界』（くろしお出版, 1999 年）のほか，*Language and Politics*（共編著，くろしお出版, 1986 年），『多文化共生社会への展望』（共編著，日本評論社, 2000 年），『EU の言語教育政策――日本の外国語教育への示唆』（共編著, くろしお出版, 2010 年），『国際的にみた外国語教員の養成』（共編著, 東信堂, 2015 年）などがある。

堀田秀吾（ほった しゅうご）

1968 年生まれ。埼玉県出身。1999 年シカゴ大学言語学部博士課程修了。言語学博士。2008 年ヨーク大学オズグッドホール・ロースクール博士課程単位取得退学。法学修士。明治大学法学部教授。専門は法言語学と理論言語学。コーパス言語学や心理言語学の知見を積極的に取り入れながら法コンテキストにおける言語現象の分析を展開している。主著に『コーパスと英語教育の接点』（共編, 松柏社, 2008 年），『法コンテキストの言語理論』（ひつじ書房, 2010 年），『裁判とことばのチカラ』（ひつじ書房, 2009 年），*Law in Japan, Law in the World*（共著, 朝日出版社, 2011 年）などがある。

法と言語（ほうとげんご）　**法言語学へのいざない**（ほうげんごがく）　**改訂版**

初　版第1刷――2012年　4月20日
改訂版第1刷――2024年　2月22日

編　者――橋内　武・堀田 秀 吾

発行人――岡野秀夫
発行所――株式会社 くろしお出版

〒102-0084　東京都千代田区二番町4-3
［電話］03-6261-2867　［WEB］www.9640.jp

印刷・製本　シナノ書籍印刷　　装　丁　工藤亜矢子

ISBN 978-4-87424-953-6 C1030